登幽州台歌

[唐]陈子昂

前不见古人，
后不见来者，
念天地之悠悠，
独怆然而涕下。

萬卷樓 EXLIBRIS 李国文 2016.4

万卷楼

李国文说唐

李国文 著

北方联合出版传媒（集团）股份有限公司

万卷出版公司

目录

唐朝的天空

这应该是 20 世纪 70 年代，或者还要早一点，两位国外学者谈起中国的事了。

日本创价学会的会长池田大作，在一次聚会上，与英国的历史学家汤因比，兴致勃勃地谈起了华夏文明。这位日本作家、政治和宗教活动家，忽发奇想，问这位专门研究东、西方文明发展、交流、碰撞、互动的英国学者："阁下如此倾情古老的神州大地，假如给你一次机会，你愿意生活在中国这五千年漫长历史中的哪个朝代？"

汤因比略略思索了一下，回答说："要是出现这种可能性的话，我会选择唐代。"

"那么——"池田大作试探地问，"你首选的居住之地，必定是长安了。"

中世纪的长安，作为唐朝的首都，面积广阔，人口稠密，商业发达，文化鼎盛，是公元 9 世纪前全球顶尖级的都市，堪与古罗马帝国的大罗马地区媲美。现在的省会西安，不过是在原来皇城及部分宫殿基础上，建起来的小而又小之的新城，与当年庞大的长安相比，简直不可同日而语。

在今天的西安，仰望苍穹，很难想象当年那近一百平方公里唐朝都城的天空，该是何等的气象恢弘。

1924 年，鲁迅到西安去了一趟，就是为了这片天空。他一直有个长篇小说的写作计划，主人公是杨贵妃。因此，他来到故事发生的背景地，无非想实地考察一下，寻找一点感觉。这种做法，在当今先锋才子眼中，自然是老派作家的迂腐行为了，会对其大摇其头，面露鄙夷之色的。

对于当下声色犬马的作家，天空已非很主要的描写对象。如果一部作品翻到第十页，男女主人公居然还没脱掉裤子和裙子的话，这位作家肯定是比较保守的了。所以，他得赶紧把作品中的他和她，撵到房间里去，房间里是没有天空的；再把这个他和她，按倒在床上，床上就更没有天空了。试想，当这位作家眼中的灼灼淫光，聚焦于脐下三寸的时候，你强求他去关注什么鸟天空，不是找挨骂吗？因为，在他们看来，为写小说而风尘仆仆地跑去看西安的什么天空，是很傻 B 的事情。不就是把李隆基搞得五迷三道的那娘们儿吗？要是放到擅写裤裆文学的作家，特别是女作家手里来写，买几张毛片，插入 DVD，荤的素的就全有了。准能写出一部令人喷血的色情小说，用不着那么费事。

"唐朝的天空"这个说法，是鲁迅 20 世纪 30 年代致日本友人山本初枝的信中提出来的。他说："五六年前我为了写关于唐朝的小说，去过长安。到那里一看，想不到连天空都不像唐朝的天空，费尽心机用幻想描绘出的计划完全被打破了，至今一个字也未能写出。原来还是凭书本来摹想的好。"

生活之树，有时也不常绿。不看倒好，一看，结果却是大失所望。

此长安已非彼长安了。在唐以前，这里曾是西周、秦、西汉、前赵、前秦、后秦、西魏、北周、隋，其中还包括黄巢的大齐，十一朝定为国都的城市，时间长达千年之久。但到唐代末年，有一个比黄巢更残忍的朱全忠，"毁长安宫室百司及民间庐舍，取其材，浮渭沿河而下，长安自此遂丘墟矣"（司马光《资治通鉴·唐纪八十》）。经过这次彻底破坏以后，如刘禹锡诗云，"金陵王气黯然收"，长安风水尽矣！嗣后，除了李自成的短命大顺，没有一个打天下坐江山者，有在这里建都立国，作长治久安之计的。所以，鲁迅以为来到这个以羊肉泡馍和秦腔闻名的西安，能够看到大唐鼎盛时期的天空，那自然要徒劳而返了。

鲁迅此次访陕，看过秦腔，买过拓片，有没有吃过羊肉泡馍，不得而知。但这些离唐朝太远的事物，大概无助于他的创作。于是，那部长篇小说《杨贵妃》，胎死腹中，成为了现代文学之憾。

不过，唐朝终究是伟大的唐朝。英国的汤因比，如果让他再活一次，竟愿舍弃伦敦而就长安。从来不作长篇小说的鲁迅，却要为唐朝的杨贵妃立传，还破天荒地跑到西安去寻找唐朝天空。我一直忖度，应该不能以今天基本贫瘠的西部状况，来考量两位智者对于那个伟大朝代的认知，从而觉得他们的想法属于"匪夷所思"之类。看来，这个朝代，这座城市，不仅在中国历史，甚至在全人类历史上，都有着难以磨灭的影响。

在中世纪，自河洛地区、关中地区，以及长安而西，越河西走廊，一直到西域三十六国，由丝绸之路贯穿起来的广袤疆域，由汉至唐，数百年间，虽然中土与边陲，域外与更远的国族之间，没断了沙场厮杀，兵戎相见，枕戈汗马，狼烟鸣镝。即使到了隋末唐兴的公元7世纪，李世民开始他的贞观之治的时候，据钱穆《国史大纲》载："自隋大业七年至唐贞观二年，前后十八年，群雄纷起者至百三十余人，拥众十五万以上者，多达五十余，民间残破已极。"但是，应该看到，冷兵器时代的战争，无论怎样铁蹄千里，怎样倾国来犯，其实，倒是某种意义上的"绿色"战争，相当程度上的"环保"战争，对于人类居住环境的危害，不是那么严重。甚至不如现在一个县城里的小化肥、小造纸、小化工、更能糟蹋地球呢！古人打完仗，拍拍屁股，回家继续种庄稼。所以，地照样绿，水照样清，空气照样清新，天空照样明亮。

中古时期，森林的蓄积，植被的完整，水土的保持，雪山的融化，河川湖泊的蒸发和补给，都还处于正常状态之中。历经战乱的古都，由于"八水绕长安"的大气环境，还能够保持郁郁葱葱、空气湿润、林木苍翠、鸟语花香的氛围。所以，才有可能出现王维《送元二使安西》的诗中前两句，"渭城朝雨浥轻尘，客舍青青柳色新"的场景。

虽然，诗的后两句"劝君更进一杯酒，西出阳关无故人"似乎有点悲凉，那也只是我们读者的感受，但当事人就未必了。实际上，元二出了阳关，到了"大漠孤烟直，长河落日圆"（《使至塞上》），"暮云空碛时驱马，秋日平原好射雕"（王维《出塞作》）的安西，即今之新疆库车，别看气候干旱，人烟稀少，沙尘肆虐，烈日炙烤，那也是另有引人向往之景的一个去处。

第一，当时的汉民族，还不那么深受礼教的束缚，敢于向往自由，能够率性而为，比后来的中国人要敢爱敢恨一些；第二，当时的少数民族，尚武少文，性腺发达，更为放荡放肆，感情强烈。来自长安的元二先生，会在那弦歌嘈杂、觥筹交错、灯红酒绿、舄履杂沓的帐篷中、毳屋里，生出"独在异乡为异客"的感觉吗？恐怕光那些达坂城的姑娘，他的眼睛也是忙不过来的了。

南北朝到隋唐的数百年间，中原的汉民族与边外的少数民族，不停地进行着胜者和败者角色互换的战争游戏：一个时期，大批被掳掠的汉人，被胡骑裹胁而西；一个时期，大批降服的胡人，进入汉人居住区域。打仗的同时，也是一个相互影响、此消彼长的融合过程。胡汉杂处的结果，便是汉民族的血液里，大量掺进胡人的剽悍精神，而胡人的灵魂中，也铭刻下汉民族的文化烙印。诚如鲁迅给曹聚仁的信中所说，"古人告诉我们唐如何盛，明如何佳，其实唐室大有胡气，明则无赖儿郎"，这种种族的杂交趋势，一直没有停止过，到了唐代，达到了顶峰。

正是这种异族血脉的流入，使唐人有与前与后大不相同的气质。

今天还能看到的唐人绘画，如张萱的《虢国夫人游春图》《捣练图》，如周昉的《簪花仕女图》，如永泰公主墓壁画《宫女图》中，那些发黑如漆，肤白如雪，胸满欲溢，像熟透了的苹果似的健妇；那些亭亭玉立，身材窈窕，情窦初开，热情奔放得不可抑制的少女。如阎立本的《步辇图》《历代帝王图》，如懿德太子墓壁画《仪仗图》，如长乐公主墓壁画《出行仪仗图》中，那些策马扬鞭、引弓满月的壮士；那些膀阔胸广、面赤髭浓的官人。试想，如此内分泌贲张的女性，如此荷尔蒙发达的男性，"金风雨露一相逢"，恐怕连整个大气层，也就是整个天空，都会洋溢着难以名状的生殖气息。

因此，出使安西的元二，也许在极目无垠的大漠里，驼铃声细，马蹄声碎，会感到寂寥和单调。但当他在绿洲憩息，与那些食牛羊肉，饮葡萄酒，骑汗血马，跳胡旋舞，逐水草而居的胡人，葡萄架下，翩翩起舞；席地小酌，美女如云；弦索弹拨，耳鬓厮磨；毡房夜宿，玉体横陈，那肯定是乐不思蜀了。

唐贞观四年（630）平东突厥，在蒙古高原设置行政机构。九年（635）败西部的吐谷浑。十四年（640）灭高昌，打通西域门户。公元7世纪，丝绸之路重现汉代的辉煌。以长安为始发站，出玉门，过敦煌，经焉耆、龟兹、碎叶，可以到大食（波斯）、天竺（印度），和更远的拂菻（拜占庭）。一直到9世纪，丝绸之路一直是一条充满生气的、联结东西方的纽带。

由于丝路重开，商贸的往来，行旅的流动，文化的互动，宗教的传播，甚至比战争行为更能加剧这种民族之间的沟通和融合。当时的长安城里，到底生活着多少胡人，至今难在典籍中查出这份统计。从唐代刘肃《大唐新语》中一则案件的记载，便可想象得知胡人在长安城里数量之多。正如文中所说，胡人戴着汉人的帽子，汉人穿上胡人的衣衫，孰胡孰汉，怕是官府也查不清楚。

贞观中，金城坊有人家为胡所劫者，久捕贼不获。时杨纂为雍州长史，判勘京城坊市诸胡，尽禁推问。司法参军尹伊异判之曰："贼出万端，诈伪非一，亦有胡着汉帽，汉着胡帽，亦须汉里兼求，不得胡中直觅，请追禁西市胡，余请不问。"纂初不同其判，遽命，觉吟少选，乃判曰："纂输一筹，余依判。"

依此推论，当时长安城内居住的胡人，要比现在北京城里的老外多得多。因此，胡人在唐代诗人的笔墨中，便经常出现。如李白诗："落花踏尽游何处？笑入胡姬酒肆中"（《少年行》），如岑参诗："君不闻胡笳声最悲，紫髯绿眼胡人吹"（《送颜真卿使赴河陇》），如李贺诗："卷发胡儿眼睛绿，高楼夜静吹横竹"，如元稹诗："女为胡妇学胡妆，伎进胡音务胡乐"（《法曲》）……都证明当时的长安城里，胡人之无处不在。

据陈寅恪《读莺莺传》考证，胡人的行踪，更渐渐由西而东，直至中原。他认为那位漂亮的崔相国之女，其实是诗人元稹有意模糊的一个文学形象。实际上，她是来自中亚粟特（今乌兹别克斯坦撒马尔罕北古布丹）的"曹"国女子，移民到长安洛阳之间的永济蒲州。他们以中亚的葡萄品种，酿成"河东之乾和葡萄酒"，那是当时的一个名牌。既美且艳的莺莺，其实是一个当垆沽酒的"酒家胡"，用今天的话说，一位三陪小姐而已。

从元稹笔下"最爱软欺杏园客，也曾辜负酒家胡"（元稹《赠崔元儒》）判断，张君瑞不过是诗人自己的化身罢了。如果曹九九（陈寅恪设想出的这位小姐芳名）不是胡女，真是相府千金，也就不至于被"始乱终弃"了。

以今观古，在 KTV 包间动手动脚的作家，在酒吧搂着小姐猛不老实的诗人，骗几个美女作家上套的评论家，吃爱好文学的女青年豆腐的编辑，我想，元稹和曹九九的春风一度，也就不必太在意了。何况事后在诗中还能写出一丝辜负之意，我对他的人格忍不住要肃然起敬了。至少不像当代文人，搞不好，还要别人为之擦屁股。

总而言之，唐朝的天空底下，是一个张开臂膀、拥抱整个世界的盛世光景。

对于李唐的西向政策，对于边外胡人的大量吸纳，唐初有过一次讨论。唐代吴兢所著的《贞观政要》一书，在《论安边第三十六》中，记载了各个论点的交锋。中书令温彦博主张："天子之于万物也，天覆地载，有归我者必养之。"秘书监魏征认为："且今降者几至十万，数年之后，滋息过倍，居我肺腑，甫迩王畿，心腹之疾，将为后患。"凉州都督李大亮更上疏："近日突厥倾国入朝，既不俘之于江淮以变其俗，乃置于内地，去京不远，虽则宽仁之义，亦非久安之计。每见一人初降，赐帛五匹、袍一领。酋长悉授大官，禄厚位尊，理多靡费。以中国之租赋，供积恶之凶虏，非中国之利也。"

讨论的结果，只有四个字："太宗不纳。"

于是，用温彦博的话来说就是："自幽州至灵州，置顺、祐、化、长四州都督府以处之，胡人居长安者近且万家。"

如果以统治者维护其政权的需求，一个由僧侣统治的国家，被统治者的最佳状态，是庙宇里的泥塑木雕；一个由法老统治的国家，那就应该是陵墓里的木乃伊；一个由太监统治的国家，他的公民应该全部都是性无能者，至少也是阳痿患者；而对一个警察统治的国家，他要求每一个被统治者，最好都是"从现在起，你说的每一句话，我都要呈堂证供"的嫌疑犯。这样，"普天之下，率土之滨"，就只有他一个人的声音。

然而，厚德载物的李世民，却是一个懂得"为君之道，必须先存百姓，若损百姓以奉其身，犹割股以啖腹，腹饱而身毙"的明主，他相信，"君，舟也；人，水也。水能载舟，亦能覆舟"（吴兢《贞观政要》）。他有大海不择细流的精神，汉人也好，胡人也好，中土也好，西域也好，都是大唐的臣民，不分畛域，不计人种，不在乎化内化外，不区分远近亲疏，都在他的胸怀之中。因此，他不害怕别人的声音，更不忌惮与他不同的声音，他在中国封建社会中，如果不是唯一，也是少有的能听得进反对声音的君主之一。

于是，我开始理解汤因比为什么要选择唐代为他的再生之地，鲁迅为什么要寻找唐朝天空为他长篇小说的背景了。这两位大师看重的，就是李唐王朝，在中国，甚至世界历史上，曾经达到如此气度闳大而不谨小慎微，包容万物而不狭隘排斥，胸怀开放而不闭塞拒绝，胆豪气壮而不畏缩懦怯的精神高度，这是其他历朝历代所不及的。

> 太宗自即位之始，霜旱为灾，米谷踊贵，突厥侵扰，州县骚然。帝志在忧人，锐精为政，崇尚节俭，大布恩德。是时，自京师及河东、河南、陇右，饥馑尤甚，一匹绢才得一斗米。百姓虽东西逐食，未尝嗟怨，莫不自

安。至贞观三年，关中丰熟，咸自归乡，竟无一人逃散。其得人心如此。（吴兢《贞观政要·论政体第二》）

到了贞观四年（630），"天下大稔，流散者咸归乡里，米斗不过三四钱，终岁断死刑才二十九人，东至于海，南极五岭，皆外户不闭，行旅不赍粮，取给于道路焉"。630年，李靖破突厥，唐王朝"东极于海，西至焉耆，南尽林邑，北抵大漠，皆为州县，凡东西九千五百一十里，南北一万九百一十八里"（司马光《资治通鉴·唐纪九》）。所谓"唐朝的天空"，从广义上讲，以长安为中心，向东，江湖河海，向西，丝绸之路，既无边界，也无极限，因为这是一个高度放开、略无羁束的精神天空。你能想象得多么遥远，它就是那样的毫无止境，你能想象得多么辽阔，它就是那样的无边无沿。

就在这一年，李靖凯旋回朝。据《新唐书》载："夷狄为中国患，尚矣。唐兴，尝与中国亢衡者有四：突厥、吐蕃、回鹘、云南是也。"曾经不可一世，曾经逼得李渊向其俯首称臣的颉利可汗，由于李靖出奇兵，终于被擒获。现在，这个最能带头作乱、最狡猾，也最卑鄙、最反复无常，且最能装孙子的，为唐之患久矣的颉利可汗，束手就擒，俯首降服，李世民等于祛除了一块心病。于是，在长安城的南门城楼上，搞了一次盛大的顺天门受降仪式。这位突厥族首领终于不得不承认李世民为天可汗。

时为太上皇的李渊，很大程度上也是拍自己儿子的马屁，连忙出面，在兴庆宫张罗了一个小型派对，赶这个热闹。"上皇闻擒颉利，叹曰：'汉高祖困白登，不能报；今我子能灭突厥，吾托付得人，复何忧哉！'上皇召上与贵臣十余人及诸王、妃、主置酒凌烟阁。"那时不兴开香槟庆祝，也不搞烟火晚会助兴，但李靖缴获的战利品中，肯定少不了产自中亚的葡萄酒。那时胡俗甚盛，街坊多酒肆，遍地皆醉人，宫廷也不例外，大家喝得醉意盎然的时候，晚会上出现了一个史官不经意写出来的细节，但仅这一点点精彩，却表现出来只有在唐朝的天空底下，才会有的精神状态。

> 酒酣，上皇自弹琵琶，上起舞，公卿迭起为寿，逮夜而归。（司马光《资治通鉴·唐纪九》）

宫廷舞会，在西方世界，是习以为常的。在东方，尤其在中国历代封建王朝里，九五之尊的天子，庄严肃穆还来不及，哪有一国之主，"手之舞之，足之蹈之"的道理？因此，凌烟阁里的这场舞会，正是钱穆在其著作《国史大纲》中所说"其君臣上下，共同望治，齐一努力的精神，实为中国史籍古今所鲜见"的最好写照。你也不能不服气在唐朝的天空里，这种在别的朝代少有的百无禁忌的强烈自信。

2002年诺贝尔文学奖获得者、匈牙利犹太裔小说家凯尔泰斯的《大屠杀作为一种文化》中，曾经引用乔治·桑塔亚纳（George Santayana）的名言："一个有活力的社会必须保有它的智慧，以及对其自身及自身条件的自我意识，并且能够不断地予以更新。"老实说，很难想象，我们中国的皇帝，从宋以后，直至清末，这一千年间，由赵匡胤数到爱新觉罗·溥仪为止，可曾有过一位，在大庭广众，即兴起舞？而且，还要跳一种高难动作的少数民族舞？李渊手里的琵琶，是胡人的乐器，那么李世民跳的舞蹈，也必然是当时流行的"胡旋舞"。这一通狂舞，绝对是那个时期里，大唐帝国活力的最高体现。

按《新唐书·礼乐志》记载，这种"舞者立毯上，旋转如风"的"胡旋舞"，节奏极火爆，情绪极热烈，动作极狂野，音乐极粗犷，是从西域流传到中土的舞蹈。白居易有一首《胡旋女》的诗，描写了一位女舞者的表演："弦鼓一声双袖举，回雪飘飘转蓬舞，左旋右转不知疲，千匝万周无已时。"可以想象李世民伸展双臂，在舞场上或旋或转，老爷子反弹琵琶，亦步亦趋，该给这个唐朝的天空，增加一抹多么鲜丽的亮色啊！

于是，我对于这位自称"年十八便为经纶王业，北剪刘武周，西平薛举，东擒窦建德、王世充。二十四而天下定，二十九而居大位。四夷降伏，海内乂安"（吴兢《贞观政要》）的李世民，钦服不已。就凭他以万乘之尊，翩然起舞这一点，其豁达豪爽之中，浪漫风流之外，所表现出来的万物皆备于我的大手笔、大作为、大自信、大开放，应该是英国的汤因比，中国的鲁迅这样的大智慧者，对盛唐的辉煌格外刮目而视的原因。

汤因比（Arnold J. Toyngee，1889—1975）生前曾经预言，"21世纪是中国人的世纪"。

若如此，我相信，那时中国的天空，将更灿烂。

唐朝的声音

李清照在她那篇最为直言不讳的批评文章《词论》的开头，讲了一个唐朝歌者的故事，很精彩，很提气。

开元、天宝间，有李八郎者，能歌擅天下。时新及第进士开宴曲江，榜中一名士，先召李，使易服隐姓名，衣冠故敝，精神惨沮，与同之宴所。曰："表弟愿与坐末。"众皆不顾。既酒行乐作，歌者进，时曹元谦、念奴为冠，歌罢，众皆咨嗟称赏。名士忽指李曰："请表弟歌。"众皆哂，或有怒者。及转喉发声，歌一曲，众皆泣下。罗拜曰："此李八郎也。"

李肇的《唐国史补》也有类似记载。

李衮善歌于江外，名动京师。崔昭入朝，密载而至。乃邀宾客，请第一部乐及京邑之名倡，以为盛会。昭言有表弟，请登末座，令衮弊衣而出，满坐嗤笑之。少顷命酒，昭曰："请表弟歌。"坐中又笑。及喉啭一声，乐人皆大惊曰："是李八郎也。"罗拜之。

李清照的《词论》，所以从李八郎讲起，她是强调，诗和词，作为一门艺术，不仅仅是文学的，更是音乐的。对歌手而言，字正腔圆，可唱是第一诉求。对词作而言，必须琅琅上口，能够唱出来，方算合格。

因此，词对声韵的考究，胜过对文义的推敲。那时，李清照二十出头的年纪，才高气盛，说话不留余地。对当代名家，甚至对欧阳修，对苏轼，也不怎么放在眼里。她说："盖诗文分平侧，而歌词分五音，又分五声，又分六律，又分清浊轻重。"在她眼中，这班大师的作品，虽然文义不错，但是音律不协。她调侃之曰："则不可歌矣。"并放言"词别是一家，知之者少"。这一句，把北宋词坛，统统否定。

这小女子，实在够有勇气的。

在宋代，词可唱，在唐代，诗也可唱。

那时的印刷术不发达，而诗人很多，诗的产量也很高。如果只是停留在文本上，依赖于书籍的传播，流通范围是相当有限的。而诗集的出版，可不是如今花几个钱，买个书号那样简单。印书是一种奢侈，一种高消费。寒酸文人筹措大笔资金，自费出书，谈何容易？因此，即使很有名气的诗人，也得靠这些男女歌者，咏他们的诗，唱他们的词，这才能家弦户诵，把自己推销出去。所以，唐代为中国音乐史、诗歌史上双双丰收的时期，也是歌唱家最吃香、最光彩，诗人最张扬，或者还可以说是最牛皮的时期。

道理很简单，诗人推动着歌手这个行业的兴盛，歌手促进着诗词这门艺术的繁荣。唐朝的诗人，要买歌手的账，同样，唐朝的歌手，也很买诗人的账。歌手没有诗人的诗，出不了名，诗人没有歌手的唱，成不了名，这是个互相需求的关系。特别有些歌手，专门唱某位诗人的诗，合作久了，那关系更密切、更亲近。例如：

> 岐王宅里寻常见，崔九堂前几度闻，正是江南好风景，落花时节又逢君。（杜甫《江南逢李龟年》）
>
> 唱得凉州意外声，旧人唯数米嘉荣，近来时世轻先辈，好染髭须事后生。（刘禹锡《与歌者米嘉荣》）

前诗中的李龟年，后诗中的米嘉荣，都是当时闻名遐迩的歌手，也是诗人的莫逆之交。而米嘉荣，更是从乌兹别克斯坦，撒马尔罕西南的米国来长安献艺的洋歌手。由此想见，当时长安城里的东市、西市的歌手，类似三里屯的歌厅、迪厅、酒吧、KTV里，吃演艺饭的唐代"京漂一族"，不仅有中土人，还有西域人。在这样华夷杂处、中外合璧的声色世界之中，唐诗跳出书面文字的羁绊，是一门益之以声韵、旋律、伴奏、表情，边歌边舞，以声音为表现手段，既有读者，更有听众的艺术。

唐玄宗李隆基，能写诗，更喜唱诗。凡搞文艺晚会，这是不能少了的节目。开元中叶，海内升平，某年某月，沉香亭畔，牡丹盛开。他兴致一来，便偕杨玉环作月夜之游。这位算得上中国最懂得人生享受的皇帝，一句话吩咐下去，烛光如炬，夜色如昼，那姹紫嫣红的花朵，那千娇百媚的美人，相互辉映，别有情趣。一般来讲，出身于农民阶层的统治者，天一黑，通常就使出全部精力于室内的床上作业。但唐玄宗，陇西贵族子弟，非蠢淫之徒，颇懂得一些风雅。于是，把这场宫廷里的烛光派对，搞得极有诗情画意。这种场合，凑趣的诗人、酬应的诗作，如同药中的甘草，菜中的味精，是不可或缺的，于是文人就派上用场了。

> 上曰："赏名花，对妃子，焉用旧乐词为？"遂命龟年持金花笺，宣赐翰林学士李白，进《清平调》词三章……上命梨园弟子约略调抚丝竹，遂促龟年以歌。太真妃持颇梨七宝杯，酌西凉州葡萄酒，笑领意甚厚。上因调玉笛以倚曲，每曲遍将换，则迟其声以媚之。（李浚《松窗杂录》）

那天，李大师事先喝得高了一点，轿子将其抬到宫内，"犹苦宿醒未解"，懵懵懂懂，不知所云。但到底是天才，援笔即成。尽管醉了，打着酒嗝，写出来的诗，却能表达出那个时代的风采。《清平词》三首，现在读起来，仍是富丽堂皇的盛唐气象。

大气、高昂、雍容、华彩，是唐朝声音的特色，也是那个时代精神的实质。

每个时代，都有其相对应的声音表征。譬如，20 世纪 60 年代，《大海航行靠舵手》，会让你想起三面红旗，浩浩荡荡。所以，宋人李清照女士，很不满意宋词之不可歌，遂著《词论》以正视听。若以她的可歌性而论，当代文人所写的旧体诗词，就让人不敢恭维了。除了五言为五个字，七言为七个字，没出数学错误外，能如美国流行音乐 RAP，能如顺口溜、莲花落、快板书、三句半，合辙押韵，八九不离十，可以说而唱之，也就谢天谢地了。

因此，说唐，不能不说唐诗。而说诗，不能不说李白。而说李白，在他全部作品中，不能不说他这首饮酒歌。

> 人生得意须尽欢，莫使金樽空对月。天生我材必有用，千金散尽还复来。
> 钟鼓馔玉不足贵，但愿长醉不复醒。古来圣贤皆寂寞，惟有饮者留其名。
> 五花马，千金裘，呼儿将出换美酒，与尔同销万古愁。（李白《将进酒》）

这首他的代表作，是表现唐人风流的诗，也是他放纵不羁的性格之歌。必须交给一位出色的歌手，持卮而唱，淋漓尽致，声情并茂，酒酣耳热，方能唱出诗人的豪迈。而从"君不见黄河之水天上来"，到"岑夫子，丹丘生，将进酒，君莫停，与君歌一曲，请君为我侧耳听"。能唱得举座皆惊，心惕神励，抚髀击案，胸臆和鸣者，除了李清照《词论》里提到的那位念奴小姐，再无别人。

这位唐朝最出色的金嗓子，五代王仁裕的《开元天宝遗事》也讲到了她。

> 念奴者，有姿色，善歌唱，未尝一日离帝左右。每

执板当席顾眄，帝谓妃子曰："此女妖媚，眼色媚人，每啭声歌喉，则声出于朝霞之上，虽钟鼓笙竽嘈杂而莫能遏。"宫妓中帝之钟爱也。

念奴，皇室歌舞团中的大牌歌星，李隆基的"钟爱"。一位歌手，在最高权力者那里，够这两个字的级别，非同小可，其御用性质不言而喻。她人美艺高，声色俱佳，人长得漂亮，歌唱得更漂亮。别看意大利的帕瓦罗蒂能唱到高音C，也就是简谱两个点的"DO"，就让全世界的男高音敬服。唐代的这位女高音，其音域之宽之高之广，估计那位歌唱巨匠，也望尘莫及。据野史载，有一次，玄宗驾幸灞桥，万民欢腾，声震天日。有近侍进言，若能令念奴引吭高歌一曲，其声所至，四野屏息，则微风拂柳之音，河水流逝之声，陛下也会听闻。一试果然，证明其穿云裂石、金声玉振的歌喉，确非虚言。也难怪具有艺术秉赋的帝王，为之倾倒而"钟爱"了。

此说或系夸张，但词牌之一《念奴娇》，因为"其调高亢"为她所擅长，成为她的主打歌曲，遂以她名为名，口口相传，直至今天，都是众所周知的。我也纳闷，那时没有作协、音协搞排行榜，搞金像奖，没有电台、电视台搞十大金曲及四大天王之类的评比，怎么她能获得以个人名为歌曲名的光荣？显然，这中间有一位不容置疑的权威人士说了话，才让她拥此不朽声名。在唐开元期间，那唯一的谁也不敢反驳的人物，我想，该是那有工夫赞扬一位小姐的眼睛，还有兴趣发表一番音乐评论的、日理万机的万乘之尊了。

金口玉言，自然他说了算。

这件事唐玄宗干得出来。第一，他有这份艺术鉴赏力，不是抖小聪明、小机灵，玩小花活。第二，他也有这份风流，堂而皇之，不扭扭捏捏，光天化日，不遮遮掩掩，直截了当，不假模假式，敢作敢当，不矫情装蒜，半点不想隐讳对这个歌手的"钟爱"。

这大概也就是唐朝的浪漫了。

李隆基不是好皇帝，但他真风流，很个性。唐以后的宋元明清诸朝，休说一国之主了，连稍稍有点权势、有点身份、有点级别的臣宰员吏，藩台府臬，也只敢偷偷风流，决不敢公开浪漫。两块"肃静""回避"的牌子，在前面开道，脸部肌肉若不硬不僵，也不对称啊！

于是，凡官必摆谱，走路迈方步，有权必拿架，张嘴说官话。于是，不苟言笑，喜怒不形于色，不让人猜透他心里的想法，便是官员们的标准面孔。因此，说他是活着的尸首，可以；说他比尸首多口气，也可以。他们即使想将这个漂亮歌唱家搞到手，也绝不可能像唐玄宗那样本色，那样潇洒，那样性情率真。"哇噻，这小妮子的一双媚眼，真能放电啊，让朕实在有点吃不消呢！"

这一点，你得佩服李隆基，你得佩服唐朝出现的这种大气，你得佩服那整整一代人张扬放肆的精神。据《旧唐书》说，这个玄宗：

> 听政之暇，教太常乐工子弟三百人为丝竹之戏，音响齐发，有一声误，玄宗必觉而正之。号为皇帝弟子，又云梨园弟子，以置院近于禁苑之梨园。太常又有别教

院，教供奉新曲。太常每凌晨，鼓笛乱发于太乐署。别教院禀食常千人，宫中居宜春院，玄宗又制新曲四十馀，又新制乐谱。每初年望夜，又御勤政楼，观灯作乐，贵臣戚里，借看楼观望。夜阑，太常乐府县散乐毕，即遣宫女于楼前缚架出眺，歌舞以娱之。若绳戏竿木，诡异巧妙，固无其比。（《旧唐书·志第八·音乐一》）

唐代宫廷的礼仪乐队，共分十部，每部又分为坐位和立位，整个加在一起，足有数千名乐手。这时的玄宗，我觉得更像那个日本人小泽征尔，在指挥着一个世界上从未有过的最庞大的交响乐团。因此，李隆基恐怕是中国历史上最能玩闹，而且玩闹得绝对正点的皇帝了。唐朝的声音到开元达到峰巅，与他有着莫大的关系。如果说，李世民 23 年的贞观之治只能算是一次盛大彩排的话，那么，在李隆基的统治下，29 年的开元之治，才算是正式的演出。中国文化史上的名诗人、名画家、名歌手、名乐手，几乎都在开元年间，联袂出现。西方历史上，也许只有 15 世纪的文艺复兴，差可比拟。

应该看到，唐玄宗如此大排场、大铺张，除了雄厚国力的支持，承平岁月的逸乐外，就其个人而言，是与他沉溺声色、生性放荡、纵情恃性、不拘形迹的胡人血统分不开的。鲁迅说过，"唐代帝王，大有胡气"。这胡气，还不仅仅是唐高祖李渊的从母为隋文帝的独孤皇后，据此判断，李姓皇帝带有鲜卑或拓跋的尚未驯化的民族本性。而且，将来有朝一日，挖开乾陵，查一查 DNA 的话，匈奴、羯、羝、羌的基因，在李姓帝王的遗骸里，可能都混有一点的。

因此，一方面，唐代与前朝、与后代采取了绝不相同的对外政策，张开怀抱，展阔胸襟，以海纳百川的气魄，去拥抱整个世界；另一方面，中土的华夏正声，已不能适应丰富多彩的盛唐气象，它需要新的音乐元素，需要新的旋律、节奏、声韵、调式，使唐朝的声音更阔大，更壮观，也是势之所趋。于是，大肆扩张的胡风胡气，从未像唐朝这样，如水银泻地，无孔不入地进入中土，其潮蜂拥而至，其势锐不可当，其变化不可遏止，其影响波澜壮阔。

从《太平广记》卷二百四的《李謩》篇，这一个极不起眼的小故事里，也能看出胡乐逐渐融入听觉主流时，新旧力量的碰撞，此消彼长的争斗，也是一个相持不下的过程。但是，旧日的风韵，不管你多么惋惜，终于是要淡出的。而新时代的声音，不管你喜欢还是不喜欢，不请自来，登堂入室，这是一种历史的必然，也是万事万物新陈代谢的必然。像李謩这样一位在教坊中，坐在首席位置上的笛手，也不得不在时风的感染下，在其特擅的笛子曲目中，注入新腔。一是潮流所至，二是饭碗所逼，这位名笛手无法抱残守缺，誓不与时代同步。

有一次，在越州镜湖，也许是绍兴的鉴湖吧？众人泛舟于碧波万顷之上，喝花雕酒，吃茴香豆，听这位长安特邀而来的吹笛国手，独奏其拿手的《凉州》一曲。顿时，"昏噎齐开，水木森然，仿佛如有鬼神之来，坐客皆更赞叹之，以为钧天之乐不如也"。在座知音，击节赞叹，偏有一位老者，不发一言。李謩认为他看不起自己，又"作一曲，更加妙绝，无不赏骇"。但这位老人，仍旧只是微微一笑，不置一词。李暮沉不住气了，“你这是瞧不起我呀，老先生，难道你是此中老手？”

独孤生乃徐曰：“公安知仆不会也？”坐客皆为李生改容谢之。独孤曰：“公试吹《凉州。》”至曲终，独孤生曰：“公亦甚能妙，然声调杂夷乐，得无有龟兹之侣乎？”李生大骇，起拜曰：“丈人神绝，某亦不自知，本师实龟兹之人也。”又曰：“第十三叠误入水调，足下知之否？”李生曰：“某顽蒙，实不觉。”独孤生乃取吹之。李生更有一笛，指试以进。独孤视之曰：“此都不堪取，执者粗通耳。”乃换之，曰：“此至入破，必裂，得无吝惜否？”李生曰：“不敢。”遂吹，声发入云，四座震况，李生蹙踖不敢动。至第十三叠，揭示谬误之处，敬伏将拜。及入破，笛遂败裂，不复终曲。

这无疑是一次复古派的胜利，但故事的结局，却并非如此。

明旦，李生并会客皆往候之，至则唯茅舍尚存，独孤生不见矣。越人知者皆访之，竟不知其所去。（出《逸史》）

胜利者的子虚乌有，这种否定之否定的收场，颇有点调侃的味道。正如李清照《一剪梅》中“花自飘零水自流”句，古老的、垂暮的、完成了历史使命的，无论是人、是事、是物，或是一种精神，哪怕具有再美好的愿望，该终结的、该衰朽的、或者该完蛋的，也总是要消失在天际的，那是一个不可逆的进程。

所以，王之涣诗《凉州词》有云："羌笛何须怨杨柳，春风不度玉门关。"这位笛子名家李謩，终于改用来自西域的羌笛。同样，杜牧诗《寄扬州韩判官》也云："二十四桥明月夜，玉人何处教吹箫。"只有夜深人静才能听到的洞箫，也被改良的乐器"尺八"所代替。正如最近入选联合国"人类口述和非物质遗产代表作"的古琴一样，中土的传统乐器，由于音量的局限，注定了其逐步边缘化、雅玩化的式微前途。

因此，魏晋时的嵇康，判了死刑，上了法场，在千百名看热闹的市民围观下，抬来桌子，铺上台布，还要架上焦尾琴，弹一曲《广陵散》，绝对是后人的夸张之笔。古琴，只宜士大夫在书斋里，写不出文章时；小姐在绣房里，找不到对象时；文学大师在府上，发现无人捧臭脚时，抚一曲《流水操》，聊以自慰。除非司马昭派电工给他接上电子音响，嵇康想在杀头前作闭幕秀，是做不成的。

于是，长安城里，自关陇直至中土，宫廷上下，自君王直至百官，无不陶醉于来自西凉、龟兹、疏勒、高昌，甚至更为遥远的域外音乐，无不耽迷于富有表现力的羌笛、胡笳、觱篥、羯鼓等胡人乐器。这样，使得唐朝的声音，出现前所未有的生气。

而在诸般乐器中，最强烈、最狂放、最亢激、最为玄宗所爱者，莫如羯鼓。

玄宗性俊迈，不好琴。会听琴，正弄未毕，叱琴者曰："待诏出！"谓内宫曰："速令花奴将羯鼓来，为我解秽。"（王谠《唐语林》）

羯鼓出外夷，以戎羯之鼓，故曰羯鼓。其声焦杀鸣烈，尤宜促曲急破，作战杖连碎之声。又以高楼台晚景，明月清风，破空透远，特异众乐。（南卓《羯鼓录》）

李龟年善羯鼓，玄宗问卿打多少杖。对曰："臣打五千杖讫。"上曰："汝殊未，我打却三竖柜也。"后数年，又闻打一竖柜，因锡一拂枚羯鼓卷。（《太平广记》卷二百五，出《传记》）

一个皇帝，练他的羯鼓，鼓槌打断了好几个柜子，其执着，其专注，其孜孜不倦，你不能不敬佩。人们也许可以指责他一千个不是，痛斥这个如此不务正业的帝王。但是，有一条，或许是更为重要的，这种在羯鼓上的投入、专心，不管不顾地我行我素，他在精神上的无禁忌，他在心灵上的无拘束，他的个性自由，他的特立独行，他的不达目的、誓不罢休的精神，他的做他想做的事情，他的找他想找的快乐，那种敢作敢为的丈夫气概，可不是所有中国人都能具有的。他用他的鼓槌，在羯鼓上敲击出唐朝的声音，而且果真也就在中国历史上，敲出了开元之治28年的辉煌。元稹诗《行宫》曰："白头宫女在，闲坐说玄宗。"就冲这一个"说"字，值得我们对他刮目相看。

在中国历史上，每个朝代，都有特定的声音表情。或刚强、或柔弱，或暴烈、或萎靡，或气宇轩昂、或低三下四，或杀气腾腾、或哀鸿遍野。没有一个朝代，比得上唐朝所发出来的声音，那样华彩美妙，那样大度充实，那样丰富融和，那样令人感到心胸开阔，以致后来的中国人，不得不恭恭敬敬地尊之为"盛唐"。

一千年后的今天，这些已经相距十分遥远的盛唐之音，仍然使我们感奋，使我们向往，甚至还受到一些鼓舞，这实在是值得后人琢磨的历史现象啊！

唐朝的胃口

现在，已经很难了解公元 618 年至 907 年期间，住在唐朝首都长安的市民，每餐饭吃些什么，喝些什么。

古代文人，能吃善吃好吃，而写吃，往往一笔带过，惜墨如金，不肯详说细节。但是，我们从字典词书上还能看到的"馎饦""馎饦""焦槌""馉䏑""不托""胡饼""冷淘"等食物，那花式品种，还是颇为繁多的，看来唐人不存在城市早点难的问题。否则在西方历史学家心目中，也不会将古长安与古罗马相提并论。因此，我不大相信居住在首善之区的长安百姓，一早爬起来，揉着惺忪的双眼，走出里坊，来到路边摊点，也像当今北京的上班族，只有油条、豆浆、煎饼，永远不变的老三样可以选择。一路走，一路吃，满手油脂麻花地往公共汽车上挤去。若如此，还算什么中古时期世界上最繁华、最富饶的都城？

但是，"馎饦""馎饦"之类面点，到底是什么样子？甜的咸的？蒸的烤的？油炸的水煮的？便不太清楚了。查《酉阳杂俎》《齐民要术》《梦溪笔谈》这类古籍，都说得十分含糊。幸好，宋代赵令畤的《侯鲭录》一书里，有一则《黄鲁直品食》，使我们能够略知距唐代不远的北宋时期，如黄庭坚等文人，他们是怎么样吃喝的。

> 黄鲁直云：烂蒸同州羊羔，沃以杏酪，食之以匕不以箸。抹南京面，作槐叶冷淘，糁以襄邑熟猪肉，炊共城香稻，用吴人脍，松江之鲈。既饱，以康王谷帘泉，烹曾坑斗品。少焉，卧北窗下，使人诵东坡赤壁前、后赋，亦足稍快。

在宋人朱弁的《曲洧旧闻》中，也有类似的记载：

> 东坡与客论食次，取纸一幅以示客云："烂蒸同州羊羔，灌以杏酪，食之以匕不以箸；南都麦心面，作槐芽温淘，糁以襄邑抹猪、炊共城香粳，荐以蒸子鹅；吴兴庖人斫松江鲙。既饱，以庐山康王谷廉泉，烹曾坑斗品茶。少焉，解衣仰卧，使人诵东坡先生赤壁前、后赋，亦足以一笑也。"东坡在儋耳，独有二赋而已。

虽然朱弁所言，算起来应该是在宋代元符年间，苏轼流放海南儋耳期间的亲笔手书，但其可信度，不及与苏轼有过来往的赵令畤所记。赵系皇室，非常崇拜苏轼，连自己的这个名字，也是苏轼为他改过的。而且这部笔记，主要是记叙他所知悉的苏轼言行，所以，赵认为是黄鲁直所云，当系他的言论，而且从行文的口气上也比较顺畅。这两则大同小异的文字，不管是黄庭坚，还是苏东坡，为我们对唐宋年间的饮食状况的了解，提供了一点线索。

老实说，这顿饭，其值不菲。这是必须具有小康以上收入水平，同时具有良好胃口的消费者，才能埋得起单，才能消化得了的一份食谱。主食有面有米，副食有羊羔、仔鹅、鲙鱼、猪肉熟食。饭后，有好泉水烹好茶叶，自是沁人心脾的上佳品位。吃罢喝罢，解衣仰卧，真是好不自在。

不过，元符元年（1098）间的苏轼，日子过得并不开心。一辈子犯小人的他，又遭贬谪，渡琼州海峡，到海南的儋耳安置。好在那时没有实施对知识分子劳动改造政策，先生还有可能写字读书。可是，毕竟是六十多岁的老人了，背井离乡，回朝无望，那坐以待毙的苦闷，那饥肠辘辘的煎熬，是他一生中最没落、最艰难的经历。也许，回味往事，举笔落墨，大师给朋友写了这幅字，作一次精神会餐，不无可能。

我们遂可揣度唐宋饮食之一斑。

北宋都城汴京，与唐东都洛阳、西都长安同属中原，饮食习惯应该是基本相似。由于从秦陇到关中，再到河洛地区的黄河流域，粮食作物以小麦种植为主，略可推断唐人的胃口，是以面食为主。"槐芽冷淘"，我想可能是捞面或者酿皮一类的面制品。我曾在豫西北怀庆府的博爱、沁阳一地劳动改造过，修过从河南焦作到山西晋城的铁路。1958年正是三面红旗招展之际，河南也是招展得特别强烈的省份，那人民公社的大食堂，那屋子大的笼屉，那脑袋大的馒头，印象很深。

所以，我很看重苏轼文字中，那盆蒸得烂熟，令人食指大张的同州羊羔，它实在是一个很重要的信号。至少表明在大唐盛世，一直延至五代、北宋，生活在黄河流域的汉民族，受到西域文明的熏染，饮食习惯上的逐步胡化，是不争的事实。国人的消化系统里，肉食渐渐成为很主要的成分，这是中华民族的一大幸事，也是中国历史上得以辉煌的物质基础。

一个人，活得好不好，一个国家、一个民族，活得好不好，胃口，是很关键的问题。

同州，即今之陕西大荔，由于南濒洛水，西临黄河，是个粮谷丰饶、水肥草美的农业县份。那里出产的胡羊，肉质细嫩，味美可口，乃泡馍的首选羊肉，至今有名。但在东坡文中，最应该引起我们关注的，不是羊肉的质地问题，而是他所说的做法和吃法，虽只不过是一道菜，但却有改变中国的重要意义。

在地球上，凡食肉类动物，都凶猛，凡食草类动物，都温驯。唐代同胞可能从不断侵扰中原的胡人身上得到教训，人强欺侮人，人弱受欺侮，因此，神农氏的草食主义，在唐代，逐渐失去市场。同州，距离西域甚远，吃羊羔，绝对皈依西域正宗。

这盆蒸得稀烂的羊羔，更接近美国人的感恩节或圣诞节的火鸡，而与祭孔时全猪、全羊、全牛毫无共同之处。第一，在做法上"灌以杏酪"，绝非中国人的传统；第二，在吃法上"食之以匕不以箸"，也是对尝百草的神农精神予以革命和否定。

"食之以匕不以箸"，看似小事一桩，但对唐人来讲，这个突破，意义重大。

世界上从来没有恒定不变的东西，民族特性也非铁板一块，饮食习惯并不是永远不可改变。所以，对付这只羊羔，除了一把锋利的刀，一副坚固的牙，一个强壮的胃，还需要那种绝非汉人所有，而是胡人天生的吃心理，方能左手割肉，右手持杯，享咀嚼之趣；方能食膻唼腺，大快朵颐，得饕餮之乐。酒足饭饱之后，再加之一壶浓酽滚烫的好茶，沁人心脾，那就齐了。

放下筷子，拿起刀子，在唐代，便是不以为奇的事情了。

> 肃宗为太子，尝侍膳。尚食置熟俎，有羊臂臑。上顾太子，使太子割。肃宗既割，余污漫刃，以饼洁之，上熟视，不怿；肃宗徐举饼唼之，上大悦，谓太子曰："福当如此爱惜。"（宋·王谠《唐语林》）

因为不同饮食文明，表现着不同民族特性，这种食用工具的区区变动，也会起到不可小视的微调作用。一般来说，动筷，礼让谦恭，持刀，很难斯文。汉人用筷挟菜，温文尔雅，殷勤周到，多繁文缛礼之士；胡人持刀食肉，血气方刚，多剽悍强横，骑动掳掠之徒。所以，大唐盛世，与其说唐人胃口朝胡人饮食靠拢，还不如说西域文明也在影响着中原文化。交流通常是相互的，开放从来是彼此受益的。

作为中原文化和西域文化的交汇点，唐代的长安，便是当时整个社会开放政策的实施中心，也是从广义上来理解大唐盛世有一副极其良好胃口的集中体现。

谈唐代，不能不谈唐诗，谈唐诗，不能不谈李白。如果，我们从"胡姬"在其诗篇中的出现频率，也可估计，或者想象，这座都城这一形象是以怎么样的姿态，向全世界敞开怀抱了。

> 胡姬貌如花，当垆笑春风。（李白《前有一樽酒行》）
> 细雨春风花落时，挥鞭直就胡姬饮。（李白《白鼻
> 騧》）
> 落花踏尽游何处？笑入胡姬酒肆中。（李白《少年行》
> 之二）
> 何处可为别，长安青绮门。胡姬招素手，延客醉金
> 樽。（李白《送裴十八图南归嵩山》之一）

从这些诗句所提供的意境，若能在冥思遐想中，神游一千多年前的古长安，那将是怎样一个体验啊！不过，我还是郑重劝一句，你若是读过白行简的《李娃传》，建议你先不要到唐代的红灯区平康里去。那儿是李娃和她姐妹们活动的领地，你的荷包里，若没有过多的银两，你无法承担得起那里的高消费。而是要到西市、金街一带，那里的食肆、酒店、歌楼、舞榭、倡馆、茶寮、戏场、杂市，才是好红火、好热闹的去处，才绝对是一个值得你逗留的风流所在。否则，李白跑那里去做什么？

你会发现那些打扮得粉妆玉琢、花枝招展的胡姬，玉脸生春，眉目传情，向你嫣然一笑，令你心旌荡漾，向你挥摆纤手，令你举步踟蹰。那摆动的绦带，曳地的长裙，袒露的襟领，洁白的肌肤，在扑面而来的香风里，弥漫着这些异域女子的荷尔蒙气息，该是怎样挑逗这个城市的勃然生机啊！

这就是唐朝的胃口，这就是长安的浪漫。

那时候，政治上不分畛域，张开怀抱，经济上不分族别，竞争谋生，宗教上不分信仰，相互容忍，族别上不分胡汉，悉为臣民。胡人几乎融进了城市生活的各个方面，甚至在服饰上，也在模糊着中外文化疏隔的界限，"汉着胡帽，胡着汉冠"。

我很钦佩唐朝的这种广义上的好胃口，它意味着一份自信，一份豪壮，一份担承，一份敢把天下纳入我胸怀的大气。那些阳痿患者，你就是打死他，他连这样想一想的勇气，也不会有的。自南宋至清末，中国之一蹶不振，吃亏就在胃口。都像林黛玉那样，只能夹一筷子螃蟹肉吃，小命都难保，焉谈爱？焉谈情？焉谈雄心壮志？焉谈民族复兴？也许积弱的中国，尤其1884年鸦片战争以来，中国人实在压抑得太久太狠，大唐盛世，遂成这个民族永远被憧憬的梦。

盛唐统治的大版图、大气魄、大形势、大开放，其实是一个漫长的民族融合过程的结果。经过公元420年至589年南北朝的拉锯战，到公元618年隋朝实现统一。既是人之所为，也是势之所趋。唐代的统治者，敢作敢为，大气豁达，可能与血液中的胡人基因有关，正如国学大师钱穆所考证的：

> 近人有主李唐为蕃姓者，其事作否无确据。然唐高祖李渊母独孤氏、太宗母窦氏、外祖母宇文氏、高宗母长孙氏、玄宗母窦氏，皆胡族也。则李唐世系之深染胡化，不容争论。唐人对种族观念，亦颇不重视。即据《宰相世系表》九十八族三百六十九人中，其为异族者有十一姓二十三人，时人遂有"华戎阀阅"之语。崔慎猷

至谓:"近日中书,尽是蕃人。"又唐初已多用蕃将,甚至禁军亦杂用蕃卒。(钱穆《国史大纲》)

正是这种混杂的人种优势,正是这种胃口的胡化倾向,唐代的文治武功,达到中国历史上的高峰。加速了边外属国的归附,推动了胡人内迁的涌入,也造就了中国历史上有名的贞观之治、开元之治的黄金时代。随着民风民俗的广泛传播,衣食住行的深入渗透,以麦面为主的中原人,在择食主张上多近胡人。

毕罗者,番中毕氏、罗氏好食此味。(唐·李济翁《资暇集》)

今衣冠家名食,有萧家馄饨,漉去汤肥,可以瀹茶;庾家粽子,白莹如玉;韩约能作樱桃毕罗,其色不变;有能造冷胡突鲙,鲤鱼臆,连蒸诈草,草皮索饼;将军曲良翰,能为驼峰炙。(唐·段成式《酉阳杂俎》)

中土人本来擅长于制作面食,曾几何时,也时尚胡风起来。记得贺知章初到长安,投师访友,出明珠为贽见之礼,主人了不在意,嘱童持去鬻胡饼数十枚,众人共食之。可见这种潜移默化的作用,岂能低估?由此,可以看到长安城里的原住民,不得不按照地道的西域风习,来调整自己的胃口。

因为着眼于摄取更多的动物蛋白,膳食结构发生变化,使得国人的体质、气质、精神、心态,也在嬗变之中。肉食增多,势必带来某些人种学上的演化。唐朝男人的豪放自信,唐朝女人的妩媚可爱，正是这种食物结构成分发生了变化的结果。

这个结论，很可能使有识者嗤之以鼻，但一杯牛奶，改变一个民族，却是发生在 20 世纪日本有目共睹的事情，那是有目共睹的。

在《资暇集》中，有一则《熊白啖》的故事，你从中便懂得唐人的好胃口了。

> 贞元初，穆宁为和州刺史，其子故宛陵尚书，及给事已下尚未分官，列侍宁前。时穆氏家法切峻。宁命诸子直馔，稍不如意则杖之。诸子将至直日，必探求珍异，罗于鼎俎之前，竞新其味，计无不为。然而未尝免挞斥之过者。一日给事直馔，鼎前有熊白及鹿脩，忽曰："白肥而脩瘠相滋，其宜乎？"遂同试，曰："甚异常品。"即以白裹脩改之而进，宁果再饱。宛陵与诸季望给事盛形于色，曰："非免免笞，兼当受赏。"给事颇亦自得。宁饭讫，戒使令曰："谁直？可与杖俱来。"于是罚如常数。给事将拜杖，遽命前曰："有此味，奚进之晚耶？"于是闻者笑而传之。

熊白，即熊的脊肉，极嫩极肥。鹿脩，即风干的鹿肉，极干极韧。两者性质不同，炒蒸以后，却效果奇佳，鲜美异常。据说，现在到西安吃仿唐菜，还可以点到这道名品。试想这么一位老爷子，每顿食肉，食不好，还要敲儿子的屁股，固然可讽之曰"肉食者鄙"，就知道那张嘴，而无远谋深虑，但不也感觉到他粗鲁豪悍的可爱乎？

什么时代，什么胃口，胃口是决定出汉子，还是出侏儒的关键。这也是清人顾亭林在《日知录》里，早就感慨万分的话题，他说：

> 余见天下州城，为唐旧治者，其城郭必皆宽广，街道必皆正直，廨舍之为唐旧创者，其基址必皆宏敞。宋以下所置，时弥近者制弥陋。人情苟且，十百于前代矣。

顾炎武所说的一朝一朝的式微，我不禁想起晚清大学士徐桐，这位给老佛爷策动义和团扶清灭洋提供理论依据、掌握宣传舆论的教父。庚子事变期间，尽管风烛残年，不得不每日进宫，以备慈禧垂询。可他，家住崇文门外，坐在轿里，往北抬，花市有洋人的教堂，他不能路过；往西抬，东交民巷有使团的洋鬼子，更不能路过；往南抬，绕路而行，又避不开当时北京城的红灯区八大胡同，可谓步履维艰。他那顶只好远走永定门，再经西直门，然后才从西华门进宫的轿子，成为京城的一个笑话。

一个人，为其狭隘的教义活到如此猥琐凿枘的地步，这个朝代，不亡何待？

这位老夫子，活了一辈子，闻夷色变，视洋为敌，闭目塞听，拒绝变革。如防洪水猛兽那样，抵制一切外来的新鲜事物。于是，倘若有谁端来唐朝穆宁吃得眉飞色舞的那盆"熊白啖"，拦住那顶笑话轿子，捧过去，基本上已是一具政治僵尸的他，是绝不敢举筷尝上一口的。

因此，好的胃口，包含着宽容、博大，体现着接受、吸纳，意味着消化、摄取，代表着健康、活力。对一个人来说，足以雄壮体格；对一个朝代来说，足以强健精神；对一个城市来说，足以鼎盛壮大，对一个国家来说，足以生生不息。

　　唐朝伟大，在于唐朝从不挑食的好胃口，这一点，很重要。

唐朝的钉梢

1931 年 10 月，鲁迅在《北斗》杂志上，发表了一篇杂文，题目就是这个《唐朝的钉梢》。

他在文中写道："上海的摩登少爷要勾搭摩登小姐，首先第一步，是追随不舍，术语谓之'钉梢'。'钉'者，坚附而不可拔也，'梢'者，末也，后也，译成文言，大约可以说是'追踪'。"

"钉梢"，为上海方言，这是清人徐珂在其《清稗类钞》中说的。"钉梢，蹑行人后，左则左之，右则右之，跬步不离之谓也。今则专适用于男子追随女后之称矣。"看来，作为"君子好逑"的这种直率手段，最早，大概仅能局限于沪上一地。因为，这种西方人表达感情的方式，只有生活在上海滩的人，才有可能耳濡目染，才会如此毫不掩饰地在大马路上紧追小姐不舍。

徐珂著书时，中国还在大清王朝的统治下，上海的勇敢者敢于"钉梢"，社会风气和公众舆论，能够容忍"钉梢"，不能不说是一种时代思想的进步，一种对于封建禁锢的突破。应该看到，鲁迅在少爷和小姐前面，加上"摩登"二字，这是最具决定性的因素。没有大环境的"摩登"潮流，没有勇敢者的"摩登"意识，大街上不会看到男追女逐的"钉梢"行为。

假如，非礼勿视、非礼勿听的孔孟之道，男女授受不亲的程朱理学，仍旧牢牢桎梏着人们的精神，你借给这位少爷胆子，他也不敢跟在一个不相识的小姐后边套近乎。当然，没有相对稳定的岁月，没有相对温饱的生活，四面楚歌，饥寒交迫，惶惶然不可终日，即使中国四大美人之一的西施，捧心而过，之二的王嫱，含情而来，这位少爷也不会生出"钉梢"的冲动。相反，路边摊的大饼油条，小吃店的生煎馒头，店铺炸油饼的大锅，可能更使他馋涎欲滴。

因此，这最早的浪漫，始于西风东渐的上海，始于中国最早对外通商口岸，是再正常不过的事情。对于这最早的勇敢者，我表示钦佩。那时中国的青年人，在封建礼教、儒家伦理的高压下，爱不敢爱，恨不敢恨，活得怪可怜的。

清末民初的上海，是当时中国最发达，也是最洋气的城市。有一位广东籍的作家吴趼人，当时在上海办小报，混饭吃。以"我佛山人"的笔名，写了不少名媛贵妇交际花的艳闻、达官豪商风流客的趣事。那张园盛会，花前月下，寻芳觅俊，绅士淑女，莺歌燕语的场面，那跑马比赛，玉马雕鞍，男追女逐，霓裳歌舞，蝶飞蜂浪的风景，可以想象，在大家还拖着辫子的时代，大庭广众，光天化日，摩登少爷公然勾搭摩登小姐的"钉梢"行为，对愚塞的国人而言，你不能不估计到开风气之先的作用。

鲁迅的文章，是由《花间集》中一首词引起的。他说："一向以为（'钉梢'现象）现在的洋场上才有的，今看《花间集》，乃知唐朝就已经有了这样的事。"

词如下：

> 晚逐香车入凤城，东风斜揭绣帘轻，慢回娇眼笑盈盈。消息未通何计是，便须佯醉且随行，依稀闻道太狂生。（张泌《浣溪沙》）

在中国这块土地上，不论什么大事小情，只要盛行起来，连阿猫阿狗也介入，如阿Q那样高喊我要革命的热烈，放心吧，会慢慢演变，会彻底变质。"钉梢"一事，民国以后，大都成为戏子坤角、妓女嫖客的游龙戏凤了。

小市民意识，其实就是某种意义的精神染缸，优雅的事物，高尚的境界，只泡进去一锅煮，也就必然统统成为粗鄙化和庸俗化的糊涂糍子。结果，风流和下流混淆不分，"钉梢"与"盯骚"化为一谈。这最早的浪漫和诗意，便化为百分百的低级趣味。

到鲁迅写这篇《唐朝的钉梢》的上个世纪三十年代，"钉梢"每况愈下，更是不成气候，唱主角的，已非当年的摩登少爷和摩登小姐，而是鲁迅笔下出现的，那个毫不知耻地宣布："弗轧姘头，到上海来做啥呢"的"上海人叫娘姨，外国人叫阿妈"的阿金了。于是，在马路上看到的男尾女随、死皮涎脸、勾搭不舍、打情骂俏的场面，就尤加不堪入目了。

所以，鲁迅将张泌这首词，译成白话文，便带有三十年代的市民气息了。

夜赶洋车路上飞，东风吹起印度绸衫子，显出腿儿

肥。乱丢俏眼笑迷迷。难以扳谈有什么法子呢？只能带

着油腔滑调且钉梢，好像听得骂道"杀千刀！"

这种以上海为发源地的，有着旖旎风光，有着十足风情，令人遐思绮想的唐朝"钉梢"，也如鲁迅当年跑到西安，再也找不到他心目中的唐朝天空那样，这唐朝的"钉梢"，也彻底变质了。

中国人，喜欢把事情搞到极致，一旦搞到极致，也就走到头了。官场如此，文坛如此，大人物如此，小八腊子也如此。作家、诗人，过去的、现在的，谁也不能例外。

作这首吊膀子词的张泌，据近人李一氓氏的考证，不一定就是后来由南唐仕宋的中书舍人。但他是五代的一位文人，确凿无疑。鲁迅由这首《浣溪沙》，以为唐朝就有"钉梢"，显然是一个小小的笔误。

晚唐，五代词作为唐诗的余绪，经常是合二而一地加以考量的。无论如何，唐朝的浪漫，体现在唐朝的四万多首诗上；同样，唐朝的诗，也十足表现出唐朝的三百年浪漫。因此，后世很容易把五代诗歌的浪漫，算到唐朝头上。固然，没有浪漫，不可能有诗，没有诗，也就谈不上浪漫。诗和浪漫，犹如一枚硬币的正反面。但是，到了张泌这一代花间诗人，这种中国人的喜欢极端、喜欢绝对的形而上毛病，又浮上台面。他们将浪漫推向了极致，除此以外别无长物。似乎从公元907年到960年的半个世纪里，中国人只有情，只有爱，

只有性，只有色，每个人都处于发情期、求偶期，这岂不是天大的笑话？

这样，透过《花间集》，或是《尊前集》，我们还能嗅出一丝时代的气息吗？除了"晚逐香车入凤城"的快乐外，文学所能表现的历史，便只好是空白了。其实，那时中国人之苦难深重、之水深火热，在一部二十四史中，也是数得着的。而发生在这一时期前后的人食人现象，则尤其骇人听闻，在世界史中也是极其罕见的。就连非洲腹地，南洋群岛的吃人吃惯了的原始部落，那些酋长大人，也是要望尘莫及的。

据唐代张鷟的《朝野金载》："隋末荒乱，狂贼朱粲起于襄、邓间，岁饥，米斛万钱，亦无得处，人民相食。粲乃驱男女小大仰一大铜钟，可二百石，煮人肉以喂贼。生灵歼于此矣。"

而据《旧唐书》，黄巢"围陈郡三百日，关东仍岁无耕，人饿倚墙壁间，贼俘人而食，日杀数千。贼有舂磨寨，为巨碓数百，生纳人于臼碎之，合骨而食，其流毒若是"。到底黄巢这座食人工厂，一共吃掉多少人，史无记载。但他"围陈州，营于州北，立宫室百司，为持久之计"。将朱粲的"舂磨寨"，发展成更大规模的"捣磨寨"，数百（一说三千）巨碓，同时开工，成为供应军粮的人肉作坊，流水作业，日夜不辍。将活生生的大批乡民，无论男女，不分老幼，悉数纳入巨舂，顷刻磨成肉糜。陈州四周的老百姓吃光了，扩大原料供应来源，"纵兵四掠，自河南、许、汝、唐、邓、孟、郑、汴、曹、徐、兖等数十州，咸被其毒"。

一个大好的中国，生是让这位食人狂，食得神州陆沉。

降至五代不远，其余部仍继续作恶。"贼首（秦宗权部），皆慓锐惨毒，所至屠残人物，燔烧郡邑。西至关内，东极青、齐，南出江淮，北至卫滑，鱼烂鸟散，人烟断绝，荆榛蔽野。贼既乏食，啖人为储，军士四出，则盐尸而从。"（《旧唐书》）

在这样一个尸骸遍野、白骨如山的中国大地上，晚唐、五代词的总集《花间集》，从第一首温庭筠的《菩萨蛮》："小山重叠金明灭，鬓云欲度香腮雪……"到最后一首李珣的《河传》："春暮，微雨，送君南浦……"整本书悉是男情女爱、浓桃艳李、风花雪月、无病呻吟的长词短令，美则美矣，可除了美之外，你不觉得这些诗人没心没肺，在那儿装孙子吗？

最差劲的莫过于韦庄，他曾经以关中的大战乱、大灾难为背景，写了一首千余言的长诗，题曰《秦妇吟》，因此得名，人称之为"秦妇吟秀才"。后来，他入蜀为相，正如当下文坛，谁不写性谁就落伍一样，他的为民鼓呼的诗篇，到了成都，与流行的花间风格大相径庭，这位老兄竟然感到很难为情，将诗作偷偷藏到不见天日的敦煌莫高窟中去了。这种受文坛风向的左右，而不能自已的作家诗人，是最没起子的一拨。

这部中国最古老的词选，成书者赵崇祚生平不详。据欧阳炯序，可以断定他是一位五代时的书商、出版家，或者是资深编辑。看他的艺术趣味，倒与当代那些爱"写"裤裆文学的作家，和爱"出"裤裆文学的出版家，不谋而合，心心相印。赵崇祚对于情爱文字、性欲隐喻、肉感陈述、猥亵动作，所表现出来的偏执的癖爱，与中国一以贯之的传统文学精神，是相当不一致的。不过，他还没有堕落到只会脱裤子，他还拥有较高的艺术审美水平，这正是《花间集》的价值所在。

从文学史的角度看，这位先生，有其叛逆正统的可贵之处，也有鼓吹情色的消极一面。

《花间集》辑得共十九家，达五百首词，着力于消闲，热衷于情致，悉皆卿卿我我、尔侬我侬、香艳感性、华彩都丽的词曲，称得上是中国文学中最早的、情色之外无他物的一部纯软性读物。在这部《花间集》中，社会现实被不屑一顾，民间疾苦的结果置若罔闻。诗人躲进象牙之塔养尊处优，而具有民族精神的大雅之作，具有时代风貌的经典之作，能够传唱千古的黄钟大吕，能够家弦户诵的传世名篇，便统统交了白卷。

据欧阳炯受"卫尉少卿字弘基"（是否即为赵崇祚，已无考）之约，为《花间集》作序，这样介绍："有唐已降，率土之滨，家家之香径春风，宁寻越艳，处处之红楼夜月，自锁嫦娥。"炯为孟蜀宰相，蜀亡，后入宋，为翰林学士，这自然是指像他这等官僚阶层的浮华生活而言。而五代十国时那些帝王，则更加骄奢淫逸，放荡堕落。前蜀王衍，终日与狎客词臣，酣饮赋诗；后蜀孟昶，沉湎于歌舞，放荡于伎乐；南唐的李璟、李煜，则更是不问国事，只知醇酒妇人的帝王，耽于安乐，迷于奢纵，一直到国破家亡。所以，侈汰浮靡，淫乱颓唐，是中原战乱以外相对稳定的边陲属国，从统治者到贵族，到官僚阶层到士大夫的上层社会风尚。

《花间集》在这样一个时代背景下出现，作家被潮流吸引，去写这类香艳文字，读者被潮流所导向，去买浓词艳曲。然后，供求双方的互动，驱使出版家为钞票拼命，这样，又对文学潮流起到推波助澜的作用，要钱要名的作家诗人又拼命炮制，恶性循环，便成为一股文学浊流。

中国文人的这种集体无意识的盲动，是将任何事情都做到极致、做到完蛋、做到不知伊于胡底的推力。中国文学在相当一个时期内不可救赎的命运，绝非危言耸听，而是命中注定的必然。要知道中国文人这支队伍，基本上是由农民和小市民组成的。而农民的短期行为和小市民的投机心理，决定了他们热衷于写贵族、写官员、写上层、写白领、写有钱的老板，写以上这各色人等的声色犬马。而所有这些从农民和小市民阶层走出来的文人，没有一个不朝思暮想当上假贵族，过上花天酒地的生活。而几乎绝大多数的作家诗人，无一不随波逐流，为时尚和风气所裹胁。第一个敢写到肚脐，第二个绝对敢写到脐下三寸，第三个，二话不说，先脱光裤子再讲。

《花间集》之所以能在文学史上有一席之地，很大程度上是因为五代的诗人要稍稍高尚些，不那么下作和下流。同样，吴趼人有滋有味地写了花花世界，固然品格不高，趣味低下；但他的《二十年目睹之怪现状》，尽述满清的颠顸腐败，列强之压迫欺凌，世风之江河日下，百姓之民不聊生。这部舒愤懑的力作，也还是令读者体念到他是一个有血有肉有激愤的文人，因此能够与之产生强烈共鸣。

现在回过头去看五代十国那半个世纪里的文人，"绮筵公子，绣幌佳人，递叶叶之花笺，文抽丽锦，举纤纤之玉指，拍按香檀"（欧阳炯《花间集序》），沉浸在绮筵幽会、含情无语，绣屏灯斜、锦帷鸳被，暮雨朝云、旧欢新梦，晚逐香车、驰骤轻尘的无忧天堂里，不过是闭着眼睛，背过脸去，不敢面对周边现实的自我陶醉罢了。

幸亏只是五十多年，要是迁延五百年，中国文学早就寿终正寝了。

到了北宋，就有"唐之文，涉五季而弊"（《宋史·欧阳修传》）之说。这里所说的"弊"，也就是对追求绮丽、竞作香艳，形成互相效尤的这股潮流的否定。正是这潮流，造成一代作家对于时代、对于现实、对于大多数人生存状态的失语。

到了南宋，陆游为当时出版的《花间集》作跋时，愤而写道："花间集，皆唐五代时人作。方斯时，天下岌岌，生民救死不暇，士大夫乃流宕至此，可叹也哉！或者，出于无聊耶！"

这种发自良知的声音，是值得每个为文者深思的。

从鲁迅的《唐朝的钉梢》，联系到这部《花间集》，一是对于古人写爱、写情、写性之长有所认识。二是对于古人背离时代、背离现实、背离百姓之短有所警惕，如果能给自己一点启示，那真是大好事了。若如此，也许数百年后，不致被人骂我们这一代文人，对于这个时代的失责吧！

唐朝的"苦迭打"

公元 626 年的夏天，唐高祖武德九年六月四日的清晨，秦王李世民在京师长安的皇宫北门，也就是太极宫的玄武门，发动了一次争夺皇位继承权的武装叛乱。这一场唐朝的"苦迭打"，使得中国历史上的"样板"皇帝，正式登上"贞观之治"的舞台。

"苦迭打"，意即"政变"。为日文的外来语，由法文的"coup d'état"音译过去。上个世纪的三十年代，一些好时髦、好洋货的知识分子，将它从东洋搬到中国来。和当下的中国文人一样，那时的知识分子要不说上几个洋人的名字，或者，要不写出几句洋人的词语，就好像早晨起床以后没有刷牙，满嘴不自在的感觉一样，这成了一种数典忘祖的病态。

"苦迭打"一词，到中国后，可能由于水土不服的缘故，很快就销声匿迹了。

然而，阴魂不散，公元 1966 年，也是个夏天。有一天，我从一份叫作《井冈山》的战斗快报上，看到在一次中央全会上的报告。这个久违了的词汇"苦迭打"，忽然跳入了眼睛，我吓了一跳。

那时，横扫一切的"革命派"，虽造反勇气无比高涨，但基本文化相当缺失。于是传了我这个"牛鬼蛇神"去。

问我，何谓"苦迭打"？

我说，即中文之"政变"。

又问，是他要"政变"别人，还是别人要"政变"他？

这个问题，不好回答，不敢回答，也不想回答，唯有咬紧牙关，三缄其口。尴尬地冷场三十秒以后，我听到头儿口中喷出一声"滚"，便马上抱头鼠窜而出。后来，这个贩自东洋的外来语，又很快在中国的语言环境中消失了。

话题还是回到唐代那次李世民的"苦迭打"上去。

大唐武德九年，六月里的这一天，都城长安的天气不错，可高祖李渊的心情却不好。尽管花红柳绿，碧水潋滟，一派宜人的仲春景色，泛舟宫内湖上的他，却没有平素里雄激素蓬勃、性冲动踊跃的样子。

这位老爷子，有点精神不振，有点情绪失常，还有一种大事不好的预感。

唐时京师的规模，现在的西安包括郊区再乘以十，恐怕都赶不上。因此，李渊在隋代大兴宫基础上扩建起来的太极宫，数倍于北京的紫禁城，当是可以肯定的。太极宫里的东海、西海、南海三池，以唐朝人的大气派、大手笔，大概比今天北京城里的后海、北海、中南海，要弘敞宽阔得多。然而，陛下的意乱心烦，让那些簇拥着他的女宠们，不知该怎样来哄老人家开心。

陪他乘船同游的裴寂、萧瑀、陈叔达等几位近臣，心里当然明晰得很，正是他的三个儿子，老大李建成、老二李世民、老三李元吉，为权位之争，已经闹到乌天黑地，不可开交的地步，这令他焦头烂额。而其中，最让他吃不准的，就是秦王。此时此刻的李世民，绝对是一座开始冒出通红岩浆的活火山，只是不知道他什么时候爆发，什么样子的爆发，是天摇地动，是翻山倒海。事情发展到这种无计可施、无能为力、无可奈何的三无境界，大家都在等待着这一触即发、非炸不可的场面，因此。整个太极宫内，笼罩着一股不祥气氛。

李世民是个好皇帝，那是后话，但他夺得权位的手段，不敢恭维。

清人王夫之责疑："况太宗之以夺大位为心，有不可示人之巨慝乎？"（王夫之《读通鉴论》）"慝"，就是邪恶。这位学者认为他"慝"得很。由于他的贞观之治，曾经是历史上令人憧憬的黄金时代，所以千年以来的中国人，通常都避而不谈他的这个"慝"。

然而，这场"苦迭打"，从玄武门对李建成射出第一箭开始，到最后将老爷子逼当太上皇为止，作为电视连续剧的每一出，每一个分镜头，无不充满了"慝"。这出他自编自导自演的大戏，足可以看到他蓄谋已久，处心积虑，全力以赴，使出浑身解数，为攫取这个国家最高权力，早就准备"蹀兄弟之血于国门"，无恶不作的。

所以，王夫之说，别以为他是什么好东西，当他"亲执弓以射杀其兄，疾呼以加刃其弟，斯时也，穷凶极惨，而人之心无毫发之存者也"。这时候，做出如此禽兽不为的恶行，他的结论是，这位中国历史上的"样板"皇帝，"不可复列于人类矣"（王夫之《读通鉴论》）。

王夫之的结论告诉我们，再伟大的人，有其"伟小"的一面，"伟小"这个词汇是不存在的，它的意思却人人都能体会。知其伟大，识其"伟小"，大概就是我们阅读历史时，应该具有的最起码的辩证法了。

然而，成者为王败者寇，在中国，谁赢了，谁就嘴大，谁就有理，谁输了，谁就是臭狗屎，谁就会被踏上千万只脚，永世不得翻身。一部二十四史，从来都是胜利者的大嘴史，失败者的完蛋史。我的古代同行，那些中国文人们，也许本意想写出真实，也许内心想有一说一，有二说二，可他们长有这份胆子吗？他们敢不视胜利者的眼色行事吗？领导画一个圈子在那里，打死他也不敢出格的。因为他们得靠皇帝老子赏饭吃，不知什么时候皇帝老子一不高兴，摸摸你的脑袋，捏捏你的脖子，怕是吃什么都不会香的了。

这样一来，文人们便努力放淡得无味的屁，尽量闭上说真话的嘴，于是，玄武门之变的负面部分、肮脏部分、黑暗部分、见不得天日的部分，也就是王夫之所说的唐太宗的"慝"，在竭力讳言、拼命粉饰、乱加窜改、尽量湮没以后，后人从那些语焉不详的记载中，休想了解当时那场骨肉屠杀的真实历史。

历史，总是让你看它要你看的那些，所以，信史不如疑史。

不过，平心而论，李世民公元626年的武装政变，夺得帝位，对他个人而言，应该得到很高的评价。与他公元617年至627年的荡平群雄，建立唐朝，与他公元627年至649

年的贞观之治，一统宇内，可视为他平生中并列的三大杰作。中国的历朝历代，宫廷政变，家常便饭，不可胜数，但达到李世民这次"苦迭打"完美水平者，找不出第二个。

李世民打江山，漂亮；治天下，漂亮；夺得帝位，也漂亮。

就政变，谈政变，你不能不佩服李世民之英明睿智，神武果断，坚定决绝，毫不"费尔泼赖"，一点也不拖泥带水的王者风度。综观这次"苦迭打"全部运作过程，那完美娴熟，毫无漏洞的韬略；那击中要害，攻势凌厉的战术；那策反御军，瓦解劲敌的阴谋；那重点消灭，下手无情的残忍；若不带王夫之的正义感，从政变学的技术角度来看，那父子三人，败倒在他名下，也是活该的。他太强了，不是一般的强，而那三位，一个是笨蛋，一个是混蛋，一个是老糊涂蛋，只好出局。

我不知道秦王府的谋士们，在策划这次政变时，事先作过政治预案没有？敌我双方要付出多大代价。但战果，当得上"多、快、好、省"四字。最少的流血，最小的成本，最短的时间，最佳的善后，几乎不到一个对时，基本结束战斗，太阳尚未完全落山，战场业已打扫干净。人不知、鬼不觉之间，太极宫出现了新的主人。

整个长安城几乎没有被这场"苦迭打"惊动，因为这个城市太大了，加之那时没有手机、可发短信，没有网络、可传消息，也没有娱记和狗仔队，报道这次政变的一个重要诱因，李渊那两个宝贝儿子，竟联合起来给他们的老爹，戴上绿帽子。也许，这次"苦迭打"的起因，是个永远的谜，究竟这对难兄难弟，睡了他父亲若干太太中的哪几位，连史家都捂着嘴，摇着头，以一句"宫禁深秘，莫能明也"，来搪塞后人。

夜色朦胧中的上弦月，照例挂在城墙的角楼上。它发现谁也不觉得六月的这一天，在玄武门所发生的一切，对大唐王朝来说，意味着什么。平康里那厢的性服务行业，姐姐们照常开门接客，酒家胡开的西域饭店，半裸的胡姬笑靥迎人，曲江池的进士们经常聚会的歌厅，妖娆的歌伎余音绕梁，总之，夜未央的长安城，仍是一派升平气象。

这种投入极少、产出极大的政变，可谓破天荒的纪录。不是我们中国人总爱炫耀那辉煌的过去，就拿这个"coup d'état"来说，翻开《不列颠百科全书》，解释这个词汇所引用的例证，简直令人笑掉大牙。书中认为 1799 年 11 月 9 日（雾月 18 日）波那巴·拿破仑推翻督政府；1851 年路易·拿破仑解散法兰西第二共和国的国民议会，为典型的政变。哦！天哪！那小儿科的叔侄俩，所搞的"苦迭打"，与大唐王朝李世民的玄武门之变，根本不在一个档次上，是无法相提并论的。

李世民政变水平何以如此之高，因为他"夺大位之心"久矣！

大唐王朝建国以来，面临着内忧外患，立足未稳，李世民当然不会搞"苦迭打"。公元 622 年（武德五年），解决了窦建德、王世充两个军阀的内忧以后，而外患突厥颉利还在集结力量之时，他认为可以腾出手来，进行"苦迭打"的谋划了。虽然正史有关玄武门之变的记载，非常简略，而且反复强调，是太子李建成和齐王李元吉逼迫陷害之下，李世民一再退让，退得无可再退的自卫反击。这当然是御用文人的说辞，掌握了国家机器和舆论导向的李世民，即使拍胸脯，让其秉笔直书，他们也不敢拿自己脑袋开玩笑的。

第一，李世民可不是一个脓包；第二，李渊、李建成、李元吉加在一起，绝不是他的对手。逼迫是有的，陷害也是有的，而李世民之所以一再忍受，不作反弹，正是其狡猾处。两兄弟根本不晓得他们自以为得意的，施之于李世民的一切恶行，恰好给了李世民用来制造舆论，用来邀买民心，用来激励部属，用来张大形象的绝妙卖点。

公元 624 年（武德七年），也是六月，李世民开始进行政变的试探。他搞了一次盛大的阅兵式，以献俘的名义，以凯旋的形式，亲率野战部队，进入京畿重镇，直接挑战太子的近卫军和皇宫的御林军，这实际上是准备武装叛乱的实兵预习。

正史是这样记载的：

> 太宗亲披黄金甲，陈铁马一万骑，甲士三万人，前后部鼓吹，俘二伪主及隋氏器物辇辂献于太庙。高祖大悦，行饮至礼以享焉。（《旧唐书》）

如此旌旗蔽日的千军万马，如此剑戟戳天的铁骑劲旅，这不是示威，还能是什么？老爷子无论如何也是"悦"不起来的。没有办法，他有愧于这个儿子，对这位拥兵自重，率部压城的秦王，他有沉重的负债心理。怎么办，李渊只能以超规格赏赐，来安抚他，实施政治上的赎买了。

高祖以谓太宗功高，古官号不足以称，乃加号天策上将，领司徒，尚书令。（《新唐书》）

十月，加号天策上将，陕东道大行台，位在王公上。增邑两万户，通前三万户。赐金辂一乘，衮冕之服，玉璧一双，黄金六千斤，前后部鼓吹及九部之乐，班剑四十人。（《旧唐书》）

为什么老爷子感到歉疚呢？据《新唐书》载："初，高祖起太原，非其本意，而事出太宗。及取天下，破宋金刚、王世充、窦建德等，太宗功益高。"没有秦王，不可能有李渊的今天。但是，武德元年，禅隋立唐，按嫡长制的封建继承传统，他立李建成为太子。这当然无可厚非，然而却是一步臭棋。这个庸君，多好说不上，多坏也说不上，指望他有超常的英明之举，立嫡选贤，是不可能的。但这样一来，摆不平这位立下汗马功劳的儿子，制造了三兄弟的尖锐矛盾，成了老爷子的心病，也成为唐朝初年的乱源。

一、李世民一心要"苦迭打"，而且除此以外，别无选择；

二、李渊怕李世民"苦迭打"，拼命采取补偿措施，封官许愿，物质满足；

三、李建成有危机感，很怕这位老弟搞"苦迭打"，便与李元吉结盟，并联络后宫佳丽，因为老爷子好色，枕头风很管用，努力打压削弱秦王。

权力，即诱惑；最高的权力，是最高的诱惑。一个芝麻绿豆大的官，还抢得头破血流呢，何况皇帝，南面为王？到了公元 626 年（武德九年），三兄弟针锋相对的权力斗争，已经公开化、白热化，基本上无法缓解了。而李渊突然火上浇油，更加剧了李世民的"苦迭打"的进展速度。

我估计，唐高祖刚刚花甲之年，已经患有老年痴呆的早期症状了。

也许中国当皇帝的人，位高权重，养尊处优，耽于声色，放纵欲望（不光光是性欲，还包括一切一切的欲），结果，反倒促使人的生理机能加剧退化。正如熟得过快的瓜，未破先娄，外观还说得过去，内里早就一锅糊涂糨子。这种越活越颠倒、越老越错乱的不死之死，似乎是中国最高执政者难逃的宿命。

> 上（即李渊）晚年多内宠，（生殖能力到老而弥壮，先后生有）小王且二十人，其母竞交结诸长子以自固。建成与元吉曲意事诸妃嫔，谄谀赂遗，无所不至，以求媚于上。或言蒸于张婕妤、尹德妃，宫禁深绝，莫能明也。

一方面，是两个儿子告御状，另一方面，是若干女人嚼舌头，李渊对李世民的政策，忽然一百八十度大转变，收回以前所有承诺，不再采取怀柔政策，与此同时，拆散他的队伍，调开他的将领，处置他的部属，削弱他的实力。高祖的变卦，不是在消解矛盾，而是在激化冲突，逼得李世民刻不容缓地启动"苦迭打"程序，决定在玄武门一锤定音。

而要将李建成、李元吉，齐聚于玄武门而歼之，他是请不动的，必须有父王的传唤，才能将他们召来。

六月三日晚，李世民决定激怒高祖，就抓住"建成元吉淫乱后宫"的这个"蒸"字，使得这只自以为雄风不倒的老公鸡，立刻血压升高，手脚冰凉。何谓"蒸"？即"下与上通奸"。接下来，李世民眼泪一把、鼻涕一把地陈情："臣于兄弟无丝毫负，今欲杀臣，似为世充、建德报雠。臣今枉死，永违君亲，魂归地下，实耻见诸贼。"在气头上的李渊，正被绿帽子弄得怒火中烧，哪里再听得下去，只是吩咐他："明当鞫问，汝宜早参。"便回后宫处置那两个淫妇去了。（袁枢《通鉴纪事本末》）

次日清晨，他一心等着这场三堂会审，当面对质。可日已当顶，既不见原告，也不见被告。还在纳闷，还在游艇上闷闷不乐之时，那宫城北门早就驳上火了。冷兵器时代，其实是无声的战争，宫城又大，战场上的厮杀动静，根本传不到他耳边。

他哪里料到，心毒手辣的李世民，早做好套子，率部包围住匆匆进宫来的两兄弟。他在暗处扯满了弓，心里在说："老哥，你就看箭吧！"他要先消灭这个抢了他太子位的哥哥，方解心头之恨。这就是杜甫那首《前出塞》的诗所写"挽弓当挽强，用箭当用长，射人先射马，擒贼先擒王"了。

虽然他们同为一母所生，但不是鱼死就是网破的决战一刻，也就无所谓血缘，无所谓亲情。他先张弓射杀其兄李建成，接着尉迟恭又与他一起杀了其弟李元吉。更无比残忍的是，喊里喀嚓，将太子五子——李承道、李承德、李承训、李承明、李承义；元吉五子——李承业、李承鸾、李承奖、李承裕、李承度，统统斩草除根，一个不留。

据说，只有李元吉的妻子，人称小杨后的漂亮女人，是唯一的例外，不但没有受到驱逐出宫的威胁，也没受到被迫为尼的处置，而是被李世民一把抱起，放在自己的坐骑上，带回到秦王府，成为新宠。《新唐书》卷八十《太宗诸子》中，曹王明之列传如此写着："曹王明，母本巢王妃，帝宠之，欲立为后，魏征谏曰：'陛下不可以辰嬴自累。'遂止。贞观二十一年，始王曹，累为都督、刺史。"从这种行为可以看到，兄死娶嫂、弟死纳媳的边外民族之风俗，对李世民来说，是再正常不过的事。魏征是中原人，自然会认为伤风败俗。

李世民先杀了一兄一弟，后杀了他俩的儿子，加在一起，共十个侄子。至此，只能一不做、二不休下去，随即进得宫内，与老头子理论。其来势汹汹的样子，其杀气腾腾的神气，在场的大臣很清楚，显然是要和这位进退失据、前后矛盾、昏庸失察、轻信谗言的老爷子算账的。如果李渊硬是不合作的话，不是手起刀落，身首分离，就是推下船去，将其溺毙。对一个六亲不认、杀红了眼的人来说，已经杀掉这么多的兄弟子侄，还怕多杀一个亲老子？

宋人洪迈在《容斋随笔》中说："唐高祖以秦王之故，两子十孙同日并命，不得已而禅位，其方寸为如何？"李渊只好识相，只能知趣。他不傻，别以为他这个儿子干不出弑父的事情来。虽然如今上了年岁，无论如何，想当年也曾经是一位枭雄，好汉不吃眼前亏的光棍原则，久惯江湖的他，还是懂得的。尤其看到那个满身披挂、持矛带刀的尉迟敬德，他儿子李世民的最得力助手，必然是这次政变的武装力量总指挥，已经命令游船靠岸。

那一张铁青的脸，使他顿时清醒。第一，他不再是昨天的李渊；第二，他儿子也不再是昨天的李世民了。昨天的李渊要李世民死，这儿子绝活不成。同样，今天的李世民不想让李渊活下去，他这个老子也是必死无疑。李渊不得不承认自己输了，更不得不表示自己服了。

第一步，他答应先确立其太子地位，马上昭示全国；第二步，他答应乖乖禅位当太上皇，保证退居二线，不碍手碍脚。有了这个许诺，裴、萧、陈三位又给他做足面子，"建成、元吉本不预义谋，又无功于天下，疾秦王功高望重，共为奸谋。今秦王已讨而诛之。秦王功盖宇宙，率土归心，陛下若处以元良，委之国事，无复事矣！上曰：'善，此吾之夙心也！'"（司马光《资治通鉴》）

李世民何等聪明角色，见好就收，马上跪下来，仰脸凑上去，吮吸老爷子的乳头，表示不忘根本。这种效忠礼节，有点莫名其妙，如此匪夷所思的场面，当然相当可笑。也许李氏祖先，出身夷狄，有这样一种奇风异俗吧？

于是，李世民从玄武门这片"血泊"中，开始他的"贞观之治"。后来，人们记住了"贞观之治"，而忽略了"血泊"，也就不去计较他的那些无法见诸光天化日的"噩"。

因为中国人对于统治他们的皇帝，要求其实是很不高的。你不杀他，他觉得万幸，你给他一口饭吃，他感到皇恩浩荡。经历了太多的庸君、昏君、淫君、暴君，居然在一筐烂苹果中，还有较为完好、说得过去的一个唐太宗，也属太难得、太稀罕、太金贵了。哪怕果皮上有些锈渍斑点，有些磕碰硬伤，也就不那么当回事，也就瑕不掩瑜，帮着他把历史的这一页翻了过去。

偶读近人陈寅恪的《隋唐制度渊源略论稿》，他谈到李世民的这次"苦迭打"时说："惟唐武德九年六月四日玄武门之变，太宗所以能制胜建成元吉者，其关键实在守玄武门之禁军，而旧史记载殊多隐讳，今得巴黎图书馆藏敦煌写本伯希和号 2640 李义府撰常何墓志铭以供参证，于当日成败所以然之故益了然可知矣。"

看来，这次"苦迭打"关键之关键，是玄武门禁军首领常何，史书都讳而不谈了。

这位李建成的部属，并非那天战场上的阵前倒戈，弃暗投明的，而是早就被李世民所笼络，所收买，而归顺成为埋在玄武门的内应。李建成、李元吉在六月三日夜里，已经得到张婕妤的线报，获悉李世民已伏兵太极宫。明知阴谋，仍敢大摇大摆地进宫，他也是深信不疑玄武门是他的地盘，禁军听他的指挥，常何是他的嫡系。没想到，一进皇宫，状况丕变，立刻陷入腹背受敌的死地，只好交出性命。

可想而知，这个收买常何的过程，自非一天两天；这个将玄武门的控制权，牢牢把握在自己手中的过程，更非一年两年。唐太宗谋权夺位之心，与后代"枪杆子里出政权"的真理不谋而合的"苦迭打"准备，也就是王夫之所说的"慝"，早就烂熟于心，早就成竹在胸，早就准备无所不用其极，早就打算用同胞兄弟的血肉骸骨作垫脚石，登上九五之尊的宝座。

这就是伟大的唐太宗很不怎么样的一面了。

因此，我对于史，从司马迁的《史记》开始，无论过去的，还是后来的，当然更包括现在的，都持半信半疑态度。可以读，不可以信，可以引以思考，不可以据以当真。大概没有偏见，无以成文人；没有矫情，难以成历史。所以鲁迅先生曾经说过的一句话，一部中国历史，概括起来，无非欺和瞒这两个字。细细想去，真是很有道理的。

也许，这话说得有点绝对，但有助于我们懂得，如何避免去做别人思想的奴隶。

唐朝的歌手

先从王昌龄、高适、王之涣这三位诗人的一次长安郊游说起。

那是一个冬天，天空中飘着不大不小的雪花。按照如今西安的气候，度量唐朝开元年间的这座都城，也应该是天寒地冻，冷得伸不出手，人们尽量蛰居在屋里的季节。现在弄不明白究竟是诗人们事先商量好了，临时无法通知更改，不得不冒雪应约而去呢，还是一千多年前，关中地区的大气环境要温湿些、要煦暖些的缘故，不像现在这样的干冷干冷，诗人根本没把这点雪花、这点寒意当回事。倘若，这两个原因都不存在的话，那就是在太平岁月里活得太滋润、太舒服、太过温饱、太过丰裕的唐朝人，一种排遣时光的浪漫了。

当时，这三位诗人，都在风尘未遇之时，诗名是有的，功名却未必。因此，也没有私家车，可以自驾出游，也不好意思向哪家出版社，或哪家文学杂志社打秋风，借用他们的公车代步。这样，诗人们在西市集合，出春明门，任由蹇驴驮着，在飞舞的雪花里，在透着格外清新的冷空气里，往郊野蹀躞而去。

也许一路走来，有些累了，也许本来就没有什么一定之规，只不过文人雅趣罢了。恰巧路边有座旗亭，便跳下驴来，自有人为你拴好头口，进得店中。唐朝到了开元年间，整个社会处于一种大富足的状态之下，以至像这类官道上的驿站，都免费向过往人等，提供食宿便利。

不过，终究是文人的缘故了，多少还有一点潇洒，还有一把风流。当然，他们属于进京待考的举子，非今天那些没着没落的北漂一族可比，是可以亮出身份，掏出官牒，享受这种优渥待遇的。但怎么说，他们已是小有名气的诗人，便格外付了点银子，讨了个雅座，要了一壶河东桑落酒，把杯弄盏，兴高采烈地谈天说地起来。文人在一起，能有什么别的话题呢？无非谁写得好，谁写得坏。无非谁写得不好，偏派红包要大家说他好，无非谁写得很坏，居然恬不知耻地捣弄到一个什么奖之类，属于言不及义的闲扯蛋而已。

正当他们三位高谈阔论之际，忽然，几辆应该称之为轩的高盖马车，停在旗亭外边。立刻，人声笑语，喧然而来，诗人们望眼窗外，只见一行人，悉皆丽服盛妆、奢华曳冶、花枝招展、灿若桃李的妙龄靓女，加上若干她们的跟包听差之流，进到店堂之中。听她们的口风，毫无疑问，这班欢场人物，显然也抱着诗人同样的心思，步履出闹市，踏雪望终南，寻求一份野趣而来。

公元713年到公元741年的唐朝开元年间，说来不长，却也不短的28年间，大概算是中国封建社会中的最好年月了。唯其难得，所以杜甫有诗云："忆昔开元全盛日"，总是忘怀不了。这之中，除了物质因素外，更憧憬的，或者更神往的，则是开元年间那种难得的浪漫精神。

唯富足，才有可能浪漫，唯太平，才有条件浪漫。而整个社会能够浪漫起来，有得浪漫，可以浪漫，是建筑在相当长时间的国泰民安上的。

若是兵荒马乱，疲于逃命，路有饿殍，民不聊生，大概很难有创作的强烈冲动，肚子都吃不饱，还能有心思做诗吗？饿得前胸贴后膛，想风流也是风流不动的，杜甫在这方面最有体会了。回想俺国三年灾荒期间，作家几乎没有什么作品拿出来贡献给大家，也是一个雄辩的证明。应该说，文学也好，艺术也好，只要赶上一个相对平稳、相对温饱，而且，相对来说还是不怎么苛虐文人和艺术家的年代，才会有一个文学艺术长足进展的黄金岁月，才会有文人和艺术家创作出来庶几乎无愧于这个大时代的作品。

其实，这三位诗人，准备一捷科举，拿得进士名头，因温习诗书，才勾留长安的。偶尔兴起，踏雪郊游的这个冬天，还只能算是"开元全盛日"的初始时期，好日月还在后边呢！

可文坛的盛唐气象已经显现出来了，像李白、贺知章、王维、孟浩然等名气更响的诗人，他们的作品，不仅为宫廷慕名，为帝王瞩目，甚至连日本、朝鲜各国，都不惜重金收购，视若瑰宝。那时的中国诗人，要比当下中国的小说家牛皮一些，不是他们巴结外国的汉学家，而是外国的汉学家跟他们猛套近乎。就看李白那首《哭晁卿衡》，他与那位日本人阿倍仲麻吕的交往，便知大概。

这时，旗亭里又走进四位绝姣好、绝艳丽的女子，毫无疑问，她们才是这次欢场人物聚会的主角。一时间里，竟十分热闹起来。这群吸引眼球的美女，鬟香鬓影，秀色可餐，令诗人目荡神移，遂不觉沉醉其中。可男欢女笑，打情骂俏，视觉上享受，听觉上痛苦，坐了一会儿，终于也打算离开了。

没想到，有人提议，际此良辰美景，何不请这几位姐姐拿出看家本领，唱上几首从教坊里传出的曲子，令吾等一新耳目呢？唐朝的歌手，在宫廷的，属于教坊，均系大腕；在藩邸的，属于乐坊，也有名角；而在民间的，属于唱班歌社，便是大众娱乐了。

这三位诗人，王昌龄居长，便在阁子里低声对高适、王之涣讲：诸君，先别忙着离开，此辈既然要歌，必歌时人之作，因不知我们是谁，这倒不失为对吾辈之诗一次难得的评断机会。到底要看看这些歌手，会唱出些什么来？

说话间，音乐声起，一位歌手引吭而歌：

寒雨连江夜入吴，平明送客楚山孤，洛阳亲友如相问，一片冰心在玉壶。（王昌龄《芙蓉楼送辛渐》）

这是王昌龄的诗，他竖起拇指。接着，又一位歌手也款款地站起来唱道：

开箧泪沾臆，见君前日书，夜台今寂寞，犹是子云居。（高适《哭单父梁九少府》）

这是高适的诗，他也竖起一指，面露喜色。随后，第三位歌手被众人推上前来，她一张口，使得王昌龄笑逐颜开。

> 奉帚平明金殿开，强将团扇两徘徊，玉颜不及寒鸦
> 色，犹带昭阳日影来。（王昌龄《长信怨》）

王昌龄竖起两指，表示他连捷。

王之涣自以为得名要较之他俩早一点，却没想到歌手们不唱他的作品，使他很没面子。遂一摆手："此辈皆潦倒乐官，所歌皆下里巴人。俗物岂敢近哉？"他指着那四位歌手中未献唱的一位，也是最出色、最俊美的一位，说道："待此子所唱，若非我诗，即终身不敢与君等抗衡矣！若是我诗，君等皆须列拜床下，奉我为师。"

大家笑着说，就依你，我们等着看她究竟会唱什么？

她姗姗地走到众人面前，樱唇初启，玉喉高啭，唱出来的果然是王之涣的成名作。

> 黄河直上白云间，一片孤城万仞山，羌笛何须怨杨
> 柳，春风不度玉门关。（王之涣《凉州词》）

王之涣也将指头竖起，"田舍郎，吾岂妄哉！"

> 因大谐笑，诸伶不解其意，皆起身曰："不知郎君，
> 何此欢噱？"昌龄等因语其事，诸伶竞拜曰："俗眼不识
> 神仙，请降清重，俯就筵席。"三子者从之，饮醉竟日。
> （《说郛》卷二五载薛用弱《集异记》）

由此可知，唐诗之所以繁荣，因为唐诗是可歌的。后来的诗，便不可歌了，于是，也就远不及唐，也就休想超越这座中国文学史上的诗歌巅峰。诗不可歌，干巴巴地停留在文字的审美意义上，诗的活力便先衰减了大半。再后来，诗变成白话，变成拆开分行的散文，连顺口都说不上，何从歌起？这样，中国的诗也就走到了尽头。

因为诗之可歌，在唐朝，也成就了歌手这一行当。

在中国，只有唐朝，这些职业歌手的名字，是正经八百地写在史书上，写在文人的作品里的。我很钦佩唐朝的歌手，他们没有禁忌，没有教条，没有框框，没有任何阻隔，也没有任何踌躇。面对那些瞪着牛大的眼珠子，视他为异端的正统派，敢把西域胡人的音乐引进中原，敢将龟兹苏祗婆琵琶七调视为华夏正声，敢将本土诗人的词章，大歌而特歌之。在印刷术还没有出现之前，是歌手的声音将诗人的文字，覆盖在整个大唐王朝的全部版图之上。

无妨如此说，唐朝的歌手将唐朝的诗人，送上缪斯的神殿。

武元衡工五言诗，好事者传之，往往播于弦管。（《旧唐书·武元衡传》）

李益每作一篇，教坊乐人，至以贿求取。（《旧唐书·李益传》）

军使高霞寓，欲聘诸娼伎，伎大夸曰："吾诵得白学士长恨歌，岂同他哉？"（白居易《与元九书》）

诗人成为香饽饽，诗篇成为抢手货，而那位李白，竟大马金刀地不买唐玄宗的账，"天子呼来不上船，自称臣是酒中仙"，这种盛况，既空前，更绝后，也就只有浪漫的唐朝才会出现。

盛唐诗歌之所以盛，很大程度上，是诗人和歌手珠联璧合的结果。诗到盛唐，蔚为大观，云蒸霞蔚，众星璀璨，歌手对他们作品的演绎、传播、推广，起到了推波助澜的强大作用。同样，诗人的华彩词章，珠玑文字，为歌手们的演唱，拓展想象空间，深入情感境地，扩大美学视野，放眼广阔世界，在艺术的完美创造上，也有着不可磨灭的功劳。在这种相得益彰的精诚合作中，诗人和歌手常常结下深厚的情谊。

我估计，当时的诗人，相当感念这些歌手。至今，在《全唐诗》中，我们还能读到留在诗人笔下的，如李氏兄弟，如米氏父子，如八郎李衮，如念奴等等歌手名字。因此，玄宗开元年间，既是唐朝的鼎盛时期，也是唐诗的鼎盛时期，更是唐朝歌手这个行当的鼎盛时期。

说来也许要让今天那些当红的歌星嫉妒，别看他们在屏幕上连跳带蹦，连吼带叫，和他们一起疯狂的歌迷，基本都是他们的同辈人，更多的是中学生。而当唐朝的歌手出场献艺的时候，谁是他们的追星族，恐怕当今那些红歌星连做梦也不敢想的。

一国之主，九五之尊，人称风流李三郎的李隆基，居然带头为之鼓掌叫好，为之神魂颠倒。"宫伎永新者善歌，最受明皇宠爱，每对御奏歌，则丝竹之声莫能遏。帝尝谓左右曰：'此女歌直千金。'"（王仁裕《开元天宝遗事 · 歌直千金》）"念奴者,有姿色,善歌唱,未尝一日离帝左右。每执板当席顾眄,帝谓妃子曰:'此女妖媚,眼色媚人,每啭声歌喉,则声出于朝霞之上,虽钟鼓笙竽嘈杂而莫能遏。'宫妓中帝之钟爱也。"(王仁裕《开元天宝遗事 · 眼色媚人》)

领衔文坛的诗人李白,翰林待诏大学士,也不嫌肉麻兮兮地来凑这份热闹,甘为女歌手的"粉丝"。"宁王宫有乐妓宠姐者,美姿色,善讴唱。每宴外客,其诸妓女尽在目前,惟宠姐客莫能见。饮至半酣,词客李白恃醉戏曰:'顷闻王有宠姐善歌,今酒有醉饱,群公宴倦,王何吝此女于众?'王笑谓左右曰:'设七宝花障。'召宠姐于障后歌之,白起谢曰:'虽不许见面,闻其声亦幸矣!'"(王仁裕《开元天宝遗事》)

由于帝王的提倡,由于诗人的支持,唐朝的歌手也自然成为快活一族,过着养尊处优的日子,享受豪华奢侈的生活,府邸不亚贵族,车马拟于王侯。以开元时期最有名的李氏兄弟为例,据郑处诲的《明皇杂录》:"乐工李龟年、彭年、鹤年兄弟三人皆有才学盛名,彭年善舞,鹤年、龟年能歌。尤妙制《渭川》,特承顾遇。于东都(洛阳)大起第宅,僭侈之制,逾于公侯。家在东都通远里,中堂制度,甲于都下。"这三弟兄在洛阳盖的连跨数坊的大宅门,恐怕当下那些红得发紫的歌星,未必有这份财力。在五环路外,买幢花园洋房,在远郊区县,盖栋郊区别墅,应该不算困难。而要他们投入上亿资金,去修一座恭王府式的建筑群,估计是力不胜任的。

所以,真浪漫,要有真本钱。开元年间这种自上而下的浪漫,就是建筑在这样一个雄厚的物质基础上的。说实在的,在玄宗开元之治前的唐朝,并非如一些历史学家所鼓吹的,是那样一个尽善尽美的大唐盛世。

据近人钱穆的观点，"（唐）贞观时代的社会情况，实未必胜于（隋）大业"。他认为，"隋室虽祚短运促，然其国计之富足，每为治史者所艳称。自汉以来，丁口之蕃息，仓廪府库之盛，莫如隋。"隋朝的综合国力，远胜于李世民、李治、武则天所经营的唐。"在其（隋炀帝）末年，天下储积，足供五六十年。"（钱穆《国史大纲》）

李唐王朝的统治者，从贞观开始，不过只是给中原百姓创造了一个休养生息的安定环境罢了。一个国家，一个民族，其人口生丁的繁殖，与社会大环境的安定丰足有着莫大关系。唐也是直到玄宗朝的开元十四年，有户七百零六万；开元二十八年，有户八百四十一万，与隋开皇中有户八百七十万，差可比拟。所以，钱穆认为："一到唐玄宗时，社会富庶已与隋代相似。"

中国人的那种百折不回的顽强抗力，那种承受磨难的经久耐力，也真是令世人赞叹不已。无论是天灾，还是人祸，无论是旷日持久的折腾，还是疾风暴雨的摧残，只要能让老百姓喘口气，假以时日，很快，这块国土上又将春风和畅、焕发生机的。

同样，盛世文章，自然也是随之而来的一片繁荣景象。

在这 28 年间，"是时，海内富实，米斗之价钱十三，青、齐间斗才三钱，绢一匹钱二百，道路列肆，具酒食以待行人，店有驿驴，行千里不持尺兵。天下岁入之物，租钱二百余万缗，粟千九百八十余万斛，庸、调绢七百四十万匹，绵百八十余万屯，布千三十五万余端。"（《新唐书·食货志》）

这 28 年，才真正称得上盛唐。要没有这点本钱，李隆基也不敢放开手脚浪漫。据唐人刘肃《大唐新语》："开元中，天下无事，玄宗听政之后，从禽自娱。又于蓬莱宫侧立教坊，以习倡优筹衍之戏。"现在也很难分得清楚，耽安宴乐的这位风流李三郎，是他带领着歌手和诗人，沉迷于物欲的渊薮中呢？还是整个社会已经形成的腐朽败坏风气，簇拥着这位陛下走向覆灭呢？

正如《旧唐书》对他的评论一样，"方其励精政事，开元之际，几致太平，何其盛也！及佚心一动，穷天下之欲不足为其乐，而溺其所甚爱，忘其所可戒，至于窜身失国而不悔。考其始终之异，其性习之相远也至于如此，可不慎哉！可不慎哉！"

这大概也是握有最高权力的中国皇帝，几乎不能逃脱的，最后必将走向自己反面的命运。公元 775 年（天宝十四载）冬，他的宠将，平卢、范阳、河东节度使安禄山，在范阳举兵叛变，南下攻入洛阳，次年占领长安。所过烧杀抢掠，生灵涂炭，中原化为丘墟。安之部将史思明攻占河北十三郡地，更是燹毁夷灭，神州陆沉。史称"安史之乱"的这场浩劫，就是这位原来的有道之君，后来成为无道之君的李隆基一手造成的。从此，李唐王朝一蹶不振，走向衰亡。

大约在公元 770 年（大历五年）左右，由于战乱的关系，流落到潭州（今湖南长沙）的诗人杜甫，恰巧遇上了同样流落到江南一带卖唱为生的李龟年。故人相见，一言难尽，彼此潦倒，唯有哽咽。诗人当时到处投奔，无所傍依，而这位开元年间排行榜总在榜首位置的名歌手，混得似乎更惨。"每

遇良辰胜赏，为人歌数阕，座中闻之，莫不掩泣罢酒。"（郑处诲《明皇杂录》）

这能让杜甫那颗诗人的心平静得下来吗？于是，就有了这首脍炙人口的诗：

> 岐王宅里寻常见，崔九堂前几度闻，正是江南好风景，落花时节又逢君。（杜甫《江南逢李龟年》）

这位盛唐歌王，这位盛唐诗圣，随着盛唐的不再，也终于鞠躬谢幕，相继退出人生舞台。

其实，回顾整个中国文学史，一个大时代的开始，总是一次新文学运动的开始。同样，一个大时代的终结，也必然是这个文学进程的终结。唐朝的歌手也好，唐朝的诗人也好，兴也固然由于盛，这是不必说的了；其实，衰也不由此盛时种下的苦果吗？

因此，总结一下时代更迭，文学盛衰的历史教训，对后人而言，也是不无裨益的。

唐朝的不死药

唐代上层社会，服长生之药，求不死之风甚盛。

人岂有不死之理，但不想死之心，人皆有之。明知其绝不可能，可没有一个人碰到这种长寿可能性的时候，会放弃的。哪怕百分之百的荒谬，也不肯与其失之交臂。即使科学发达至今天，不也有过这种功、那种功，弄得一帮愚民膜拜崇信，成为现代白痴吗？

何况，一千年前的唐朝？

在中国，怕也不止是唐代，有钱的、有名的、有权的、有势的，日子过得滋润得不行的那些人，以及没钱的、没名的、没权的、没势的，日子过得不那么舒坦快活，而在孜孜奋斗、企冀改变的那些人，都在千方百计地寻丹觅药，延年益寿，争取不死。

再则，最好的死，也不如最不好的不死。于是，可想而知，唐朝人吃不死药，比当代人吃补药的积极性高上十倍，不以为奇。当时的长安，恰逢盛世，人们自在得简直不知所以，便想办法要长久地快活，想办法能取得长久快活的灵丹妙药。于是，来自西域南洋的胡僧，来自道教名山的方士，最吃香，因为他们能炼不死神药。皇帝下帖诚邀，名流登门求教，官员趋前问候，小民望风追随。有一个名叫"那罗迩娑寐"，或"那罗迩婆娑"的高僧，是从印度尼西亚的婆罗门岛，渡海来到大唐的，那就更是不得了。最后，他混到了李世民的高级医药顾问一职，负责监制御用的长生不老之药。

在中国历史上因服用这种不死药而死的皇帝，历代都有，唐朝尤盛，李世民就是一个。就是他在太极宫的金飙门，为这个基本上为骗子的高僧建造了一座炼丹的冲天炉，白天火光熊熊，夜晚耀如白昼。

同是洋人，这个"那罗迩娑寐"，或"那罗迩婆娑"的胡僧，可比当今瑞典科学院专管诺贝尔文学奖的院士来到中国，要神气得多，牛皮得多。人称"天可汗"的万世之尊，亲下丹墀，合十礼敬。因为这位外国和尚，能让你不死，活八百岁，活一千岁，能让你与你的重孙子，一块儿再娶媳妇，能让你与你的灰孙子，一块儿重做新郎，那是金山银山也买不来的福气啊！至于挟重金而来华的洋院士，相比之下，那诺贝尔奖的区区五十万美金，就不免有点粮颜了。

唐朝的不死药，种类繁多，系统不一，方剂互异，用药有别，冶炼炮制的方法手段，也各有各的高招，通常都秘而不宣，若像做豆腐、炸油饼那么简单，那些卖野人头的胡僧，那些推销狗皮膏药的方士，还能骗谁去？这也是时下文学界经常被几个故作高深的假洋鬼子，唬得一愣一愣的原因。这也不稀奇，自有人类，就有骗子，正如盖了房子，人住进去，必然会有耗子、蟑螂一样，是不受时间控制和空间影响，是防不胜防的。

唐朝的不死药，大致有两个来源，一是魏晋时文人服用的五石散；一是域外传进中土的炼丹术。有一位名叫高罗佩的荷兰人，在他的专著《房内考》中，认为有关长生不老之术、永寿不死之药，无论在印度的，还是中国的古老性文化里面，都是作为与房中术（Sexology）相关连的一门学问。

而无论什么事情，一落到中国的犬儒主义者手里，好的变成坏的，坏的变成更坏的，学招变样，偷换概念，形同实异，荒腔走板。狸猫换太子，化严肃为粗鄙；土豆当天麻，挂羊头卖狗肉；认真求实，被油腔滑调代替；严肃高尚，被市侩侏儒嘲笑。《淮南子》曾云"橘逾淮为枳"，而经这帮王八蛋捣弄折腾，过了淮水，橘就变为驴粪蛋，为屎蜣螂，令人啼笑皆非。

因此，在李唐王朝，别看成了一个不死药的泛滥成灾的世界，其实，更是一帮骗子兴风作浪、得其所哉的世界。尼采说过，上帝要你灭亡，先让你疯狂。唐朝人攀死吃河豚地服不死药，为之命丧黄泉者，不知几许？其中包括帝王，包括诗人，但没有一个清醒的人站出来喝止这种狂热，一直到唐亡以后，不死药才在中国基本绝迹。

这就是说，人要是愚执不悟到底，必然出现蛮可怕的精神症状。就看神勇义和团攻打东交民巷时，坚信刀枪不入，一排排走向死亡的誓不回头；就看近些年来，这个功或那个功的信众，念经除病，坐地升天，吞符作法，顶礼膜拜的死不改悔，便可领教了。一千年前唐朝人，对不死药的虔信不疑，坚定不二，死也要吃，吃死不悔的铁定了心，你能说些什么呢？

唐太宗都吃的呀！武则天都吃的呀！据清人赵翼在《廿二史札记》里说，"惟武后时，张昌宗兄弟，亦曾为之合丹药，萧至忠谓其有功于圣体，则武后之饵药之可知。然寿至八十一，岂女体本阴，可服燥烈之药，男体则以火助火，必至水竭而身槁耶？"不知道这种女宜服男不可服的说法，是否具有某种科学道理，但唐王朝最杰出的这两位男女，都在为他们的子民率先垂范，所起到推广宣传的作用，能不教全体公民追随领袖，步其后尘吗？

　　所以，唐朝吃不死药，几乎成为全民参与的群众运动。

　　在服药而死的人当中，最令人喷饭的，莫过于在代宗朝，曾为怀泽潞观察使留后，在德宗朝，曾为检校工部尚书的李抱真了。他大概可以算得上唐代服不死药而死的最为典型的人物了。

　　李抱真到了晚年，"好方士，以冀长生"（《旧唐书·李抱真传》）。一个名叫孙季长的江湖骗子，投其所好，登门兜售其不死之药。说，只要服了他炼出来的金丹，短期内可以祛病延年，久服后必然成仙升天。这等绝顶的荒唐，李抱真竟被蛊惑得深信不疑。遂邀他入幕为宾，礼敬备至。给他发高薪，配助手，还拨出大批银两，供他建炉烧丹。结果弄得满院子烟熏火燎，云缠雾绕，以致居宅所在街坊，笼罩在一片乌焦巴弓的难闻气味之中，路人皆掩鼻急走，不敢停留。

　　这位留后，这位工部尚书，却兴奋之极。因为，对他而言，不死已不是问题，而他要关心的是要得道成仙，指日升天，与大家要再见的事情了。见到同僚平辈、部属下司、亲朋好友、左邻右舍，来不及地珍重道别，因为很快就要大功告成，他要升天了："此丹秦皇、汉武皆不能得，唯我遇之，他年朝上清，不复偶公辈矣。"那意思是，他要先行一步，再也见不到诸位了。

据《旧唐书》，此人先后一共"服丹二万丸，腹坚不食"，最后，服到只有进的气，没有出的气，服到如同死鱼缺氧一样直翻白眼。至此，"不知人者数日矣！"全家束手无策，只好准备办后事。有一个道士叫牛洞玄者，出了一个恶招，死马权当活马医，"以猪肪、谷漆下之。"猪肪者，即猪油，谷漆者，即泻药。经灌肠润滑，加之峻泻药物，积痞排泄出去，才算缓过气来，睁开眼睛，略晓人事。

但那个江湖骗子却跑来对他说，眼看成功在望，翩然飞升，大人你怎么能半途而废呢？这个白痴，想想在理，怪罪家人救活了他，反而更为增加药量。结果，"益服三千丸，顷之卒。"这回，真是神仙也救不活了。

人，怎么能不死呢？不过早晚而已。可一根筋到底，坚信服了不死药就会不死，你对这等傻B，只有敬谢不敏。但是，一个人，两个人，这样疯疯癫癫，只不过是饭后茶余的新闻。可在唐朝，相当长的一个时间段内，整个社会，都这样疯疯癫癫，以致服药成为时尚、时髦、流行、新潮，那可就当真是病态，当真成问题了。

风气这东西，看不见，摸不着，对社会而言，风气一旦形成，会产生正面效应，也会出现负面效果。好的风气所至，如春风化雨，润物无声；坏的风气所至，如污泥浊水，不堪收拾。一般来说，良好的风气，向上的风气，循循善诱、使人心理健康的风气，洁净自好、懂得礼义廉耻的风气，都是腿短的，很难推广，更难实行。相反，浮躁的风气，邪恶的风气，推波助澜、制造盲动混乱的风气，薄悻谲险，绝不与人为善的风气，总是不胫而走。只要蛊惑起来，煽动起来，前面有人带头，后边一定就有起哄架秧者流。接着，像滚雪球似的，一股奈何不得、邪乎得厉害、足以裹胁一切的力量，有时真会搅得天下不宁，日月无光。

说起唐朝的不死药，领风气之先的，不是别人，正是这个上梁不正下梁歪的李世民啊！

这显得有点滑稽。一位英主，一位明主，一位封建社会中称得上为样板的帝王，他知道服药不对，求仙不对，他当然更知道人总是要死的，不过是死得重如泰山，还是轻如鸿毛的分别而已。这位大政治家、大军事家，却选择了比鸿毛还轻的让人笑话他、蔑视他、看不起他的死法。服那位名叫"那罗迩娑寐"或"那罗迩婆娑"的、来自印度尼西亚婆罗门群岛的南洋高僧所炼成的金丹，而一命呜呼。

旧时的历史学家，编撰正史的史官们，哪敢如此直书乾陵毒毙的死因，那是大不敬呀！要知道，皇帝永远是对的，这是绝对真理。即使陛下错了，也是错得伟大光荣，错得英明正确的。可要是只字不提吧，为史官者，又觉得憋闷，又觉得对不住历史。

于是，《旧唐书》的作者，含着骨头露着肉，在《太宗纪》里不痛不痒地说了一句，"贞观二十二年五月，使方士那罗迩娑寐依于金飙门，造延年之药。"在《郝处俊传》里拐弯抹角地又说了一句，"先帝令婆罗门僧那罗迩娑寐依其本国旧方合长生药。胡人有异术，征求灵草异石，历年而成，先帝服之，竟无异效。大渐之际，名医莫知所为。时议者归罪于胡人，将申显戮，又恐取笑狄夷，法遂不行。"在《宪宗纪》里额外补充地说了一句，"李藩亦谓宪宗曰，文皇帝服胡僧药，遂致暴疾不救。"这样，总算让我们在这位大人物头顶上闪亮炫目的光环里，看到一个其实也并不怎么样的晦暗缺口。

也许上帝不给人百分之百，也许我们不该求全责备，也许，瑕不掩瑜，这是一个手指头与九个手指头的关系。还是尽善尽美的天可汗，还是永垂青史的贞观之治，这是毫无疑义的。但要听他公元 628 年（贞观二年），在御前会议上的一次极其冠冕堂皇的训话，与他本人实际上的所作所为，你就会觉得他的伪善，表演得不免太过分了。他说：

> 神仙事本是虚妄，空有其名。秦始皇非分爱好，为方士所诈，乃遣童男童女数千人，随其入海求神仙。方士避秦苛虐，因留不归，始皇犹海侧踟蹰以待之，还至沙丘而死。汉武帝为求神仙，乃将女嫁与道术之人，事既无验，便行诛戮。据此二事，神仙不烦妄求也。
>
> （唐·吴兢《贞观政要》）

若以这些记录在案的话，你不能不承认李世民，具有相当程度的唯物主义观点，和相信科学、破除迷信的进步思想。还颇有一点反权威的精神，敢于对秦始皇、汉武帝发难。可据《资治通鉴》，这位陛下，却是一直没有断了服种种延年益寿、壮体强身的不死药。

开府仪同三司高士廉，崩。上（李世民）将往哭之。房玄龄以上疾新愈，固谏，上曰："高公非徒君臣，兼以故旧姻戚，岂得闻其丧不往哭乎？"帅左右自兴安门出。长孙无忌在士廉丧所，闻上将至，辍哭，迎谏于马首曰："陛下饵金石，于方不得临丧，奈何不为宗庙苍生自重！"上不听，无忌中道伏卧，流涕固谏，上乃还入东苑。（司马光《资治通鉴》）

看房玄龄和长孙无忌两位臣下的坚定态度，这种因服药而有所禁忌的干预，既不是第一次，也不是最后一次。而且，还由此判断，唐太宗服的药，是中国古方，当为发轫于汉，滥觞于魏晋，至南北朝，至隋而泛滥，至唐代便大行其道的"五石散"。

读鲁迅先生的《魏晋风度及文章与药及酒之关系》，我们知道，服了这种药以后，痛苦难耐，非常人所能忍受。因其所含药物成分，《抱朴子》为丹砂、白石英、紫石英、雄黄、白矾、曾青、磁石；《诸病源候论》为石钟乳、硫黄、白石英、紫石英、赤石脂。尽管自魏至唐，其配伍方剂，至少不下十余种，莫衷一是，但都离不了以上所列硫化物及矿石等燥热上亢类药。所以服药以后，要行散，要挥发，要冷食，要静息，纯系自虐，不得安宁。否则，药性散发不出，就会出大问题，这才使得长孙无忌敢抱住唐太宗的坐骑，要陛下回宫将养。

既然服药如此受罪，为什么还自讨苦吃？因为，在古籍《神农本草经》中，这些药石被视为"轻身益气，不老延年"的上品。在《伤寒论》和《金匮要略》等传统医学书籍中，更认为其具有壮阳及治疗阳痿的功效。所以，古人服用"五石散"，实际上是看重其所能起到的"伟哥"作用。唐代孙思邈的《备急千金要方》中，有"贪饵五石，以求房中之乐"的说法，也证明了当时人服药风气所为何来。

而据荷兰人高罗佩的研究，在其《印度和中国的房中秘术》一文中，证明了性行为和延长生命力的依存关系，这两种古老文化是相互影响着的。对李世民来说，当然中西合璧，各取其长。一方面，魏晋时何晏、王衍的"五石散"及其衍生产品，得以再度弘扬；另一方面，胡僧那罗迩娑寐、卢伽阿逸多的金丹，得以成气候而光大。其根本原因，就是这种不死药，本土的也好，进口的也好，不但起到长生不老的作用，还能具有壮阳固本的作用，这正是李世民对付三宫六院所求之不得的。

唐太宗的后宫里，有多少佳丽，已不知其详。但其建制，肯定要较他为秦王时，大大扩编。然而，这好像还不能满足他的性需求，赵翼的《廿二史札记》载："太宗杀弟元吉，即以元吉妻为妃。"玄武门之变后，他很快将他的弟媳，那位漂亮的小杨妃，纳入他的后宫，宠爱有加。现在已查不出来，李世民的玄武门之变，是不是夹杂着一点男人的性动力在内。那位婀娜多姿的原教坊的舞伎，他不仅垂涎，很可能早就下了手，否则不可能很快生了一个儿子李明，封曹王。倘不是受到阻拦，甚至要立李明的娘为皇后呢！

同是赵翼的《廿二史札记》载："庐江王瑗以反诛，而其姬又入侍左右。"庐江王李瑗系李渊兄之子，因从李建成谋反伏诛，他马上将李瑗身边最美丽的侍姬，收之内廷，归为己有。一次，还向黄门侍郎王珪炫耀，问他知道这个美人是谁。"李瑗杀其夫而纳之。"下面没有说出来的话，就是如今我杀了李瑗，她复又归之于朕。王珪能对这位好色的帝王说什么呢？

而据《资治通鉴》载："故荆州都督武士彟女，年十四，上闻其美，召入后宫为才人。"看来，他对于女人，是采取多多益善的政策。结果这个才人，在后宫三千粉黛中，并不能时常受到宠幸，她就瞟上了他的儿子李治，后来成为他的老婆。所以，民间遂有"脏唐臭汉"甚为不雅的负面评价，应该是和这些宫廷秽闻分不开的。

从这位具有胡人血统的李世民，所表现出来的那种原始民族的性习惯、性观点看，仍保留着恩格斯在《家庭，私有制和国家的起源》一书中，所述及的早期社会形态的"普那路亚婚"和"劫掠婚"的野蛮性风俗，大概不错。因此，他特别不在意、不在乎中原地区的家族辈次、姻亲血缘的伦常。这种乱伦行为，他是不以为意的。所以，他活了50岁，以如此短促的生命周期，却高频率地生育出14位皇子，21位公主。若夭殇计算在内，当更多一些。

所以，他声讨秦皇汉武求仙长生的同时，半点也不觉得有什么不妥地求助于不死药。

在唐代，雄才大略如李世民者，一面唱高调，大批判，一面犯糊涂，做蠢事。说一套，做一套，最终死于饵食丹药上。而且，他开了这个头以后，他的继承人，宪宗、穆宗、敬宗、武宗、宣宗等帝，几占唐朝二十二帝的四分之一，一个接一个地走上他的这条饵药致死之路。

由于求不死而死，由于饵药石而亡，几乎成为相当普遍的社会现象。高祖朝的杜伏威，瓦岗寨式的枭雄，"好神仙术，饵云母被毒暴卒"；肃、代宗朝的李泌，一个聪明透顶的政客，因"服饵过当，暴成狂躁之疾，以至弃代"；宪宗朝的李道古，一个方士掮客，逢人推销不死之药，他自己也"终以服药，呕血而卒"。（《旧唐书》）

作为整个社会中最不安生的一群，最敏感、最激情、最冲动的一群，文人怎么不为风气所动，怎么能自外于这个大潮流呢？公元 840 年（文宗开成五年），白居易写过一首《戒药诗》，既描写上层人士求不死的痴迷狂热，也反映了那时文人热衷此道的趋之若鹜：

> 慕齿又贪生，服食求不死。朝吞太阳精，夕吸秋石髓。徼福反成灾，药误者多矣。以之资嗜欲，又望延甲子。天人阴骘间，亦恐无此理。城中有真道，所说不如此。后身如身存，吾闻诸老氏。

白香山的这首《戒药诗》，别看他站得很高，想得很开，说得漂亮，唱得好听，其实诗人本人，也是服食不死药的坚定分子。公元 837 年（开成二年），老先生的一首《烧药不成命酒独醉》五律，就是诗人的不打自招了。实际上，他和李抱真、杜伏威、李道古、李泌一样，也曾经在自家院子里炼丹熬药的，不过规模要小一点罢了。如果说大臣们是工厂化生产，诗人们就是小作坊作业，而且因为烧丹不成，诗人很感郁闷，只好靠家乡的河东桑落酒，给自己增加一点残剩之爱、一点败破之情，和坚壮不起的一点阳刚之气了。

老文人的可怜挣扎啊！这些年来，一些文章过气，风流已逝，岁月不再，齿豁脸皱的老前辈、老名流、老领导、老作家，看红颜别抱，忍欢场冷落，那一对酸出醋汁来的昏花老眼里，流露出相当难熬的痛苦光景。可文人，只要上了文坛这辆公共汽车，就是到站了，也不肯下车，还努力朝齿白唇红、胸丰臀满的美女作家那边凑过去。白居易的诗，就是这种心态了。

> 白发逢秋王，丹砂见火空。不能留姹女，争免作衰翁。赖有杯中绿，能为面上红。少年心不远，只在半酣中。

宋人叶梦得的《避暑录话》，提到白乐天，揭了老诗人的一点底。说他"未能全忘声色杯酒之累，赏物大深，犹有待而后遣者，故小蛮樊素每见于歌咏"。白居易自分司洛阳以后，在履道里定居下来，为了自娱自乐，府邸里还设了一个私家歌舞伎班。叶梦得提到的这两位漂亮小女子，一位叫小蛮的，善歌，一位叫樊素的，善舞，既是班中主要演员，更是老先生晚年的钟爱。

我想，诗人比不上唐太宗，可以延请外来的和尚炼丹，只好自己点火添柴，配药加料，察看火候，围炉巡视。为这些歌舞班里的红粉知己，老先生也必须要造药，要服药，以便贴身呵护，老树开花。

虽然累一点，可自有古代"伟哥"所提供的乐趣。老实说，唐代诗人白居易的快乐生活，远非当代那些高收入作家所能做到的。如今文人有钱者虽然很多，但要让他办一个只侍候自己的文工团，恐怕还没有这等气魄。第一，中国当代富翁级作家，多为农民出身，很难领会、更难学会白居易这种贵族式的精神享受；第二，虽然卷起的裤脚是放下来了，但是腿杆上的泥巴尚未洗净，小农经济思想也不是三朝两夕就能根除。在他们看来，如果公家不肯出钱，自掏腰包，还不如多找几位三陪小姐，打打茶围，来得经济实惠呢。

他在写《戒药诗》的前一年，公元839年（开成四年），诗人这年68岁，患了风痹症，估计当为帕金森氏综合征。终于万般无奈，忍痛割爱，将这些青春貌美、鲜活亮丽的小女子，一一送出履道里他的公馆，垂泪而别。因此，在放遣诸妓以前，年近古稀的老爷子，欲望未减，雄心不已，恐怕离不开这种"资嗜欲"和"延甲子"的壮阳药。

由于朝野上下求不死药的风气盛行，由于文人学士服强壮剂的时尚大兴，相对来说，因为服药而送命者也大有人在。70岁时的白居易，有一首《思旧》诗，一下子让我们看到，至少他的朋友，如元稹，如杜元颖，如崔群，如韩愈，耽迷斯道而撒手西去，成为不死药的牺牲品，从此人鬼异途，阴阳阻隔。这位老人家不禁为自己幸而解散了私家堂会班子，放走那几位小姐，而能苟存下来，自然要额手称庆的了。

闲日一思旧，旧游如目前。再思今何在？零落归下泉。退之服硫磺，一病讫不痊。微之炼秋石，未老身溘然。杜子得丹诀，终日断腥膻。崔君夸药力，经冬不衣

绵。或疾或暴夭，悉不过中年。唯余不服食，老命反迟
延。况在少壮时，亦为嗜欲牵。但耽荤与血，不识汞与
铅。饥来吞热面，渴来饮寒泉。诗役五藏神，酒汩三丹
田。随日合破坏，至今粗完全。齿牙未缺落，肢体尚轻
便。已开第七秩，饱食仍安眠。且进杯中物，其余皆付
天。

有人说服硫磺的退之，不是韩愈，因为韩愈是个圣人，
圣人不干这种非圣人的事。但据近人陈寅恪考证：

> 如元稹杜元颖崔群，皆当时宰相藩镇大臣，且为文
> 学词科之高选，所谓第一流人物也。此诗中之退之，固
> 舍昌黎莫属矣。考陶谷《清异录》载昌黎以硫磺饲鸡男
> 食之，号曰"火灵库"。陶为五代时人，距元和长庆时
> 代不甚远，其说当有所据。至昌黎何以如此言行相矛盾，
> 则疑当时士大夫为声色所累，即自号超脱，亦终不能免。

其实，也不必为圣人讳。圣人也是人，也有七情六欲，
这一点，陈寅恪的见解，十分精辟。且不论中国文人的矫情
伪饰，佯狂张致，心口相忤，言行不一，心、口、手、笔之
三点不能成一线，从来就是如此这般。若以总体而论，当这
些文人处于一个时代的大背景下，除具特别异秉的极个别者，
几乎无一能在风气之裹胁下，开顶风船，逆行不止；同样，
也几乎无一能在潮流之冲决中，砥柱中流，悖势而动。"云横
秦岭家何在，雪拥蓝关马不前"（韩愈《左迁至蓝关示侄孙三

相》），踟蹰前行的韩愈，能有这种大智大勇吗？

这使我想起有一个时期，简直不可思议的，没有号召，没有动员，没有开大会，也没有听传达。忽然间，打公鸡血，喝红茶菌，站鹤翔桩，作搏手疗，乃至于耳能听字，眼能透视，特异功能，五花八门，凡诸如此类的荒谬，无不望风披靡。现在想想，与唐代匪夷所思的服药行为，从本质上来讲，究竟存在着多大差别呢？

以今度古，或以古度今，本来，孔孟之道，讲求中庸，但中国人要是一窝蜂起来，常常是相当不中庸的。尤其被蛊惑到集体无意识的程度，往往歇斯底里到无所不用其极，往往偏激别扭到毫无理性可言。所以，风气这东西，潮流这东西，引导得好，有助于社会进步，引导得不好，变成一股祸水，那一定会贻害无穷的。

唐朝的不死药，虽然已是陈年往事，一个历史的笑话而已。但为什么兴起之勃，势头之盛，邪恶之广，为患之深，确是令人禁不住要多想想的。

唐朝的谎话政治
——你能相信蝗虫不吃庄稼吗?

　　《资治通鉴》记载,唐僖宗乾符二年(875)的秋天,大批蝗虫,自东而西,飞袭而来,蝗群遮天蔽日,所过之处,一片赤地,一切绿色的植物都给啃了个精光。《新唐书》对于这次黄河流域的蝗灾,也有记载:"乾符二年,蝗自东而西蔽天。"

　　京兆尹,也就是首都市长杨知至,上了一本,奏称:"这次蝗灾,全国波及,托皇上的恩庇,独我们京畿一带,蝗虫虽然也飞来了,可它们不吃庄稼,一只只都抱着荆棘而死亡了。"在朝的宰相们、大臣们,互相为之祝贺。

　　蝗虫不吃庄稼,满朝弹冠相庆,这场面实在有点匪夷所思。

　　蝗灾,在《新唐书》中,记录在册者共十八次。从唐高祖的武德六年,到唐太宗李世民的贞观二年、三年、二十一年,都发生相当范围的蝗灾。唐文宗李昂开成年号期间,共五年,隔一年就要闹一次蝗虫,遍及全国,荼害无穷。"元年夏,镇州、河中蝗。二年六月,魏博、昭义、淄青、沧州、兖海、河南蝗。三年秋,河南、河北镇定等州蝗,草木叶皆尽。五年夏,幽、魏、博、郓、曹、濮、沧、齐、德、淄、青、

86 ｜ 唐

兖、海、河阳、淮南、虢、陈、许、汝等州螟蝗害稼。占曰：'国多邪人，朝无忠臣，居位食禄，如虫与民争食，故比年虫蝗。'"

最后的这个"占"，正是遭难不浅的老百姓，用这种求神问卜、诉诸上苍的方式，宣泄怨恨；也是对"不作为"的统治者和各级官僚的一种诅咒。在史官眼里，出现蝗虫残民的灾难，"若无功而禄者然，皆贪挠之所生，先儒以为人主失礼烦苛，则旱鱼螺变为虫蝗。"看起来，祸害庄稼、颗粒无收的蝗虫，与强拿硬索、残酷剥削的官员，在与民争食上，在吞噬民脂民膏上，在无顾百姓死活上，官员和蝗虫，本质上是相同的。

历朝历代，都不乏蝗灾，唐朝当然不能例外。不过，同是在都城长安发生的蝗灾，贞观二年六月，"京畿旱蝗"，唐太宗李世民就不是不作为，而是身体力行地"作为"的："在苑中掇蝗祝之曰：'人以谷为命，百姓有过，在予一人，但当蚀我，无害百姓。'将吞之，侍臣惧帝致疾，遽以为谏。帝曰：'所冀移灾朕躬，何疾之避？'遂吞之。"至少，他把蝗虫给京畿百姓造成的灾害，放在心中。不可能像这位京兆尹，在朝廷上掀起这种不伦不类的黑色幽默的场面。

开元四年，山东螟蝗害稼，宰相姚崇分遣御史，督催各道、州、府，捕而埋之。这种积极的扑灭政策，遭到地方官员的抵制。认为十六国时期的汉国国君刘聪，也曾下令用捕杀的方法除蝗，结果越除越多，为害滋深。姚崇是位贤相，他驳斥这些不尽力除蝗的地方干部："刘聪伪主，德不胜妖，今日圣朝，妖不胜德。古之良守，蝗虫避境，若言修德可免，彼岂无德致然？今坐看食苗，忍而不救，因此饥馑，将何以安？"姚崇坚决实行对蝗虫的扑灭埋瘗之法，比李世民冀以祷祝免灾，更为着实有效。

可到了末世唐朝，国势日衰，主子也好，卿相也好，再找不出来盛唐时那种直面灾难的勇气、全力抗灾的力量。只有寄托于侥幸，寄托于幻想。而侥幸和幻想都不足以掩盖这种满目疮痍的国家局面时，就只有寄托于谎言了。

第一，蝗虫已把大半个中国的禾苗一扫而光，赤地千里，哭都来不及，何贺之有？第二，蝗虫即使抱树而死，也是"所至草木叶及畜毛靡有孑遗"，吃得无可再吃，给老百姓的灾难，已经造成，稍有良知者，皆能明辨其诬妄，纯系一派胡言，怎么有脸在那里开庆功会呢？

唐到僖宗，已经是气数尽了的衰世败象，黄巢的农民起义，流窜全国，弄得大唐王朝的日子很不好过。唯其不好过，就需要打肿脸充胖子，制造出一派大好形势。

宫阙殿堂之上，山呼万岁之中，文武百官为皇上的洪福齐天，手之舞之，足之蹈之，居然连蝗虫见了我们大唐圣明天子，也统统绝食自杀，以谢国人了，那是多么的光荣、多么的伟大、多么的值得举国欢腾啊！杨知至笑了，在场的众大臣也咧开嘴笑了，因为十几岁年纪还是个顽童的僖宗笑了。在座的除那个傻小子外，大家都明白，这是一个弥天大谎，但说谎者、助谎者，所以有恃无恐的一个根本原因，就因为僖宗需要这个谎，相信这个谎。

谎言，是政治家用来对付最高统治者的武器。

给《资治通鉴》作注的胡三省，注到这里，回顾唐代的历史说："杨国忠以霖雨不害稼，韩晃以霖雨不败盐，今杨知至以蝗不食稼抱荆棘而死，唐之臣以蒙蔽人主而成习，其来久矣！"

在最高统治者四周，其实是存在着一道包围着他的"谎之墙"，这就是胡三省所说的唐代的谎言政治。若是这位帝王头脑还算清醒，有这道墙还不至于高到挡住视线，那么他还可能看到紫禁城外的真实风景，还可能听到御河桥外的真实声音。若是这位帝王神志不算清醒，这道墙就会越砌越高，那么他就很可能隔绝于世界变化，疏远于时代潮流。如果这位帝王鸩安宴乐，昏庸失德；如果这位帝王声色犬马，行尸走肉，那他就会生于墙内，死于墙中，成为历史的垃圾。

这道墙，看不见，摸不着，但感觉得到，体会得着。唐代宦官仇士良，就是最为精通"谎之墙"的高手。二十年间，亲历顺宗、宪宗、文宗、武宗四帝，他竟一点破绽也没有出过。当他告老还乡时，曾把他如何控制皇帝的诀窍，传授给徒子徒孙："天子不可令闲，常宜以奢靡娱其耳目，使日新月盛，无暇更及他事，然后吾辈可以得志。慎勿使之读书，亲近儒生，彼见前代兴亡，心知忧惧，则吾辈疏斥矣。"（司马光《资治通鉴》）

他所说到的"娱其耳目"的"目"，他所提及的"彼见前代兴亡"的"见"，就是为什么要筑这道墙的缘由。有一次，李昂问当直学士周墀："朕可方前代何主？"周墀答："陛下尧、舜之主也。"李昂叹了口气，对这位臣下说道："朕岂敢比尧、舜，何如周赧、汉献耳？"周墀大吃一惊："彼亡国之主，岂可比圣德？"李昂最后说："赧、献受制于强诸侯，今朕受制于家奴，以此言之，朕殆不如！"（司马光《资治通鉴》）这个家奴，正是仇士良。他经营的这道"谎之墙"，牢不可摧，坚不可破，弄得这位帝王奈何不得，想跳也跳不出去。

胡三省说，"唐之臣以蒙蔽人主而成习，其来久矣！"其实，岂止人臣要以谎言来蒙蔽人主呢？甚至连人主也需要以谎言来麻醉自己，最典型的代表人物，莫过于那个女皇帝武则天了。

这个女人当上皇帝以后，心里总是有点不踏实，她的侄子武承嗣看到这一点。武是个不成器的小玩闹，因其姑成为一国之主，他跟着鸡犬升天，自然要想法给姑妈解心宽。不过，此人智商不高，琢磨出来的主意，也很不高明。雇人"凿白石为文曰：'圣母临人，永昌帝业。'末紫石杂药物填之"。但武则天实在需要这种明知是谎言的东西，好用来自慰。"庚午，使雍州人唐同泰奉表献之，称获之于洛水。太后喜，命其石曰'宝图'。擢同泰为游击将军。"（司马光《资治通鉴》）

如此拙劣的把戏，竟能大行其道，那样一个何等精明的女人，会看不穿这种连傻子都明白的花招，可她欣然笑纳，为之大张旗鼓地庆祝，为之大造舆论地宣传。由此，武氏一朝，这种"祥瑞"的公然谎言，弄得她的臣下烦不胜烦。国人好说谎者多，好拍马屁者更多，而中国的最高当局，好听信谎言者多，好被人拍马屁者更多。于是，上下结合，左右逢源，将唐朝的说谎政治推向高峰。

"太后好祥瑞，有献白石赤文者，执政诘其异，对曰：'以其赤心。'昭德怒曰：'此石赤心，他石尽反邪？'襄州人胡庆以丹漆书龟腹曰：'天子万万年。'诣阙献之。昭德以刀刮尽，奏请付法。太后曰：'此心亦无恶。'命释之。"（司马光《资治通鉴》）此风一开，便不可收拾了。

最为滑稽突梯者，有一个叫朱前疑的投机分子，给武则天上书，说他做了一个梦，梦见陛下寿满八百。这当然是所谓的痴人说梦的昏话，这位女皇帝听了以后很开心，当即赏了他一个"拾遗"的官。随后，此人再次上书，说他又做了一个梦，梦见陛下发白再玄，齿落再生。武则天居然相信这等鬼话，提拔为驾部郎中，调到她的司机班来了。这还不算，有一次，此人出差回来，竟然上书曰："闻嵩山呼万岁。"因为武则天已经到了没有谎言、无以为生的程度，"赐以绯算袋"，也就是给他挂一个功勋章的意思。

人臣蒙蔽人主，人主麻醉自己，这当然也不光是唐朝才有的政治现象。在人类社会中，在权力起到作用的政治体制中，要想完全摆脱这种人性弱点而形成的弊端，几乎是绝无可能的。

唐德宗时的一位清廉贤明的宰相陆贽，曾经在上奏里说过："流俗之弊，多徇谄谀，揣所悦意则侈其言，度所恶闻则小其事，制备失所，恒病于斯。"（司马光《资治通鉴》）因为大部分皇帝的耳朵，都患有偏听症，喜欢听顺悦己意的话，而不愿意听到逆耳不快之言。所以，报喜不报忧，便成了帝王周围的人的职业习惯。

说谎，不但是家常便饭，而且成了这些人的生存手段。不报忧，但忧实际存在着，怎么办，就要想方设法地掩饰、隐瞒，于是，只有靠撒谎来蒙蔽皇上；要报喜，而无喜可报，怎么办？就不得不编喜、造喜，制造喜的假象来哄骗主子，一句话，还是要靠谎言。

虽然，说谎话，是人类与生俱来的弱点之一。大概除了植物人之外，没有人在其一生当中不曾撒过谎。但是，朝廷之上，宫禁之中，那些良心大大坏了的政治家，不说谎话，简直就活不下去，再碰上头脑大大坏了的统治者，没有谎话，也是活不下去的。所以，一位西哲说过，"宫廷是谎言的黑暗渊薮"，这是一点也不错的。

当撒谎成为做皇帝的和做臣下的对话方式时，那必然催生下列非谎不可的状况：

一、撒谎的比不撒谎的能捞到好处；

二、撒大谎的比撒小谎的能得到更大的便宜；

三、能瞒天过海，滴水不漏，胡吹海谤，天花乱坠地撒谎，并且做到脸不红，心不跳，面不改色者，能把皇帝老子骗得鬼迷心窍，深信不疑，引为心腹，以作依靠者，那就达到撒谎的最高境界。

这样的撒谎能手，还有什么目的不能达到，还有什么事情不能做成的呢！

唐朝从太宗时的魏征起，各代都幸而有一两位贤相，魏征死得早，算他命大，其余的，结果都不大好。有的更悲惨，不是杀头，就是贬谪。这给做臣下的长了教训，为了说真话，而付出充军发配、满门抄斩的代价，就不如撒谎哄皇帝开心，还能升官发财，来得实惠了。

陆贽为什么想起来给德宗说这番话呢？也是感触实在太深的缘故。因为在唐代历朝大臣中，若要评选出一名谎话大王的话，这份光荣的桂冠，非他的同僚、德宗当政时的裴延龄莫属。此人撒起谎来，真是风云变色，天昏地暗，其玄虚离谱，其没边没沿，其瞎说八道，其荒腔走板的程度，令人张口结舌，目瞪口呆，闻所未闻，心惊肉跳。而他眼皮不抬，脸皮不动，心定气闲，胸有成竹。

撒谎，到了极限，就是一种艺术了。

德宗贞元十年（794），"上欲修神龙寺，须五十尺松，不可得。延龄曰：'臣近见同州一谷，木数千株，皆可八十尺。'上曰：'开元、天宝间，求美材于近畿犹不可得，今安得有之？'对曰：'天生珍材，固待圣君乃出，开元天宝，何从得之？'"（司马光《资治通鉴》）

这个裴延龄，当着大庭广众，言之凿凿，说他在山西同州一带，发现很多高达数十丈的栋梁之材，可供陛下盖庙建殿。这当然是鬼话连篇了。李适听后，也犯嘀咕。他知道从他祖父那时起，建宫殿，就无法在京畿（包括山西同州）一带找到一棵可用之材，怎么可能出现像裴延龄所说的那种情况，难道森林可以像发豆芽菜似的，一夜之间，就能长成参天大树？

虽然历代皇帝，弱智者多，这也是中国有许多昏君、暴君之外，还有更多无能庸君的缘故，不过，这个德宗，至少能知道同州，即今之大荔县，离长安不远，属京畿之地，从他曾祖玄宗那一辈，就难以采伐到巨材来盖宫殿，所以表示不信，说明他还不能算最糟的庸君。

但裴延龄敢当李适的面说谎，因为他把握住这位皇帝的弱点，好虚荣，图声名。"天生珍材，固待圣君乃出"，如果你坚持说同州没有树，那就等于承认自己不是圣君，如果你不想认为自己不是圣君，就得默认同州有树的事实。于是，李适便被驾着非当这个圣君不可。

同一年，这位说谎大王，又上奏一本："左藏库司多有失落，近因检阅使置簿书，乃于粪土之中，得银十三万两，其匹段杂货百万有余。此皆已弃之物，即是羡余，悉应移入杂库，以供刷敕支用。"（司马迁《资治通鉴》）胡三省注云："匹段杂货，使在粪土之中，已应腐烂不可用，虽甚愚之人亦知其妄诞也。德宗不加之罪，延龄复何所忌惮乎！"

德宗竟然相信这类到了连常识都不顾的谎话，也真让人咋舌。可见古往今来的皇帝，很容易被一些巧言令色的骗子包围蒙蔽，而上当，而执迷不悟，直到民不聊生，国破家亡，到断头台为止。丹麦的安徒生，写过一篇《皇帝的新衣》，在外国，叫作童话，在这里，童话就成为荒唐的现实。那个裁缝骗子以无作有，装模作样，不过只做一袭皇帝的新装罢了。比之这个裴延龄，发现百万有余匹段杂货，埋在粪土下多年而不朽烂，这谎撒的，那做皇帝新衣的裁缝，简直是小巫见大巫了。所以，皇上一旦喜欢听谎，老百姓也就水深火热，只好没脾气了。

到底不愧为撒谎冠军，就在前一年，他已经充分展现了瞪眼说瞎话的专长。"京城西污湿地生芦苇数亩，"可到了他的嘴里，这数亩地变成了"长安、咸阳有陂泽数百顷"。并且奏称：该地"可牧厩马"。从数亩到数百顷，这种荒唐的膨胀系数，让唐代那些天马行空的诗人，都不得不佩服这位谎话大王的想象力。

这不禁使我们想起大跃进、放卫星的神话年代，想起那

"亩产万斤粮，炉炼万吨钢，超英又赶美，公社万年长"的红旗诗歌，想起那"人有多大胆，地有多大产"的豪言壮语。说到底，也跳不出中国人习惯了的，比谁更能说谎话的比赛罢了。

到了恢复理智后的现在，我们翻出当时的旧报纸、旧杂志、旧图书，看到那些沸沸扬扬的套红大字标题，无论编造奇迹的人也好，无论相信奇迹的人也好，一定会觉得当时这种集体无意识的行径，是多么可笑的了。

结果，德宗还信以为真，还挺当回事，还派有司到那里去阅视。回来一汇报，哪里能放养牧马？纯系天方夜谭，根本没有这回事。本是该追究他欺君之罪的，可是德宗不了了之。正因为有这把大保护伞罩着，裴延龄才肆无忌惮地"恣为诡谲，皆众所不敢言亦未尝闻者，延龄处之不疑。上亦颇知其诞妄，但以其好诋毁人，冀闻外事，故亲厚之"。

有说谎者，必有信谎者。唯其有信谎者，说谎者才得售其奸；若无信谎者，说谎者没有市场，谎言也就寝息。可是德宗皇帝信谎，需要谎，这种供求关系，决定了裴延龄在他的位置上得其所哉，谁也奈何不了他。

陆贽早就对德宗说过，裴延龄是"诞妄小人"，不可用，"用之交骇物听"。到了这种地步，他不得不上书，直抒己见："……移东就西，便为课绩，取此适彼，遂号羡余，愚弄朝廷，有同儿戏。"也许是气急败坏的缘故，竟语不择句，把德宗比作了秦二世。他说："昔赵高指鹿为马，臣谓鹿之与马，物理犹同，岂若延龄，掩有为无，指无为有。"（司马光《资治通鉴》）

然而，德宗的耳朵，和其他许多皇帝一样，也患严重的偏听症，自然听不进去这番忠言。而那个集吹牛、撒谎、胡说八道与恬不知耻于一身的裴延龄，照旧当他的官，撒他的谎，拍他的马，优哉游哉。忠诚正直的陆贽，却不得不吞下一个单人独骑，逐出长安，踽踽孑行，贬往远州的苦果。等到德宗驾崩，顺宗接位，才想起把他召回，可是诏书还没到达，陆贽就命逝黄泉了。

历史从来都把说谎者绑在耻辱柱上，这也是应有的正义判决，然而，那些相信谎言，需要谎言，还为无耻之徒、卑鄙小人提供孳生土壤的统治者，正义之剑，总是很少刺及。其实，要没有唐德宗的信谎，会有裴延龄的说谎吗？所以，从这个意义上看，对握有权柄的信谎者，由于流毒所及，祸殃一方的灾难，尤其不能高抬贵手、宽贷这类主犯的。

在中国，从来就是三分天灾，七分人祸。无论水灾、旱灾、风灾、雹灾，乃至虫灾，包括公元875年这场蝗灾，总是一过性的，而人祸，则是无法愈合的创口，遗患无穷。

因此，也可以说，那些手中握有权柄的说谎者、信谎者，需要依赖谎言生存者，是比蝗虫更坏得多多的人类害虫。

唐朝的聪昏周期率

　　唐德宗李适，曾经是个很想有点作为的皇帝，但终于逃脱不了中国帝王难免的，这种聪昏周期律交替的宿命，到底还是昏庸、昏愦、昏聩、昏天黑地起来。中国历史进程中的许多悲剧，无不与最高统治者越活越颠倒，越老越错乱，越到晚年越走向反面，越到临终越无可救药，有着莫大的关系。

　　就在德宗皇帝由聪转昏、由清醒变糊涂的早期，对曾经引为股肱、视为心腹的中书侍郎，同平章事陆贽，在一个私密的场合，推心置腹地说过这样一番话："你太过于清廉和谨慎了，到了偏执的地步。各道、州、府到长安来，送给你一些礼物，是人之常情。你全都拒之门外，一律不受，那是很不合乎情理的。其实，如果送你一根马鞭、一双皮靴之类，收下了，也是无伤大雅的。"

　　历朝历代，混蛋皇帝很多，但再不像个样子、不成个气候的最高统治者，如他这样直言不讳地劝臣下纳贿，苦口婆心地动员掌管国政的宰相腐败，还真是少见。既然说受贿可以，那么索贿也就无所谓了。以同样的道理推论，某种程度上的腐化堕落，自然也在被允许之列了。这位一国之主，连表面文章也不顾，明目张胆地告诉陆贽，小小不言的进贡啊，孝敬啊，表示啊，意思意思啊，无妨笑纳，拒绝的话，反而不好。这句话一出口，其实等于明说，陆相啊，即使大撒手地贪赃枉法，大面积地收受贿赂，又有什么不可以的呢？

然而，他没有想到，陆贽不领情，断然拒绝。

陆贽（754—805），字敬舆，浙江嘉兴人。年十八登进士第，以博学宏词登科，是一个很有才干，很是正派，作风严谨，为官慎笃的政治家。德宗还在东宫当太子时，就风闻他的名声，等到登基后，很想振作一番，以使唐室中兴，就将这位干练之才，调到身边工作。先为翰林学士，后转祠部员外郎，进入决策中枢。

贽性忠荩，既居近密，感人主重知，思有以效报，故政或有缺，巨细必陈，由是顾待益厚。当德宗被叛军逼出长安，逃亡在外的时候，陆贽随行。山居艰阻之中，虽有宰臣，而谋猷参决，多出于贽，故当时目为"内相"。从幸山南，道途艰险，扈从不及，与帝相失，一夕不至，上喻军士曰："得贽者赏千金。"翌日贽谒见，上喜形于色，其宠待如此。（《旧唐书》）

可是，在唐朝，也不光是唐朝，在中国封建社会的历朝历代，有光明磊落的贤相存在，也必有卑鄙龌龊的奸臣出现，有慷慨激昂的正直之士纾难排忧，也必有恶浊邪佞的无耻之徒兴风作浪。上帝有时就像小商小贩那样打小算盘，令人无奈。卖好白菜偏搭糠心大萝卜，售鲜黄花要配臭不可闻的烂带鱼，从来不给那些封建帝王一个理想的执政班子，总是良莠不齐，好坏兼之，就看你这个当皇上的是聪还是昏。你用对了人，你江山坐稳，你看错了人，你日子就不好过。

就在德宗终于按这种周期律，逐渐混账，终于浑蛋的时候，一个在全唐史上，也数得上坏蛋之出类拔萃者，曾经注释过《史记》，也算是一个有文化、有学问的裴延龄，一步一步被信任，被宠幸。于是，这个中书侍郎，判度支，"奸宄用事，天下嫉之如仇，以得幸于天子，无敢言者。贽独以身当之，屡于廷面陈其不可，累上疏极言其弊"（《旧唐书》）。在封建社会里，正与邪的较量，谁胜谁负，关键在于德宗的屁股坐在哪一边了。

知识分子要是下流起来，也是无所不用其极的。由于"延龄日加潜毁。十年十二月，除太子宾客，罢知政事（等于逐出领导核心）。贽性畏慎（这是个严格要求自己的人），及策免私居，朝谒之外，不通宾客，无所过从。（即使如此检点，裴延龄也不放过他。）十一年春，旱，边军刍粟不给，具事论诉；延龄（栽赃）言贽与张滂、李充等摇动军情，德宗怒，将诛贽等四人，会谏议大夫阳城等极言论奏，乃贬贽为忠州别驾"。

《旧唐书》在陆贽本传的结尾，这样写道："近代论陆宣公，比汉之贾谊，而高迈之行，刚正之节，经国成务之要，激切仗义之心，初蒙天子重知，末途沦踬，皆相类也；而谊止中大夫，贽及台铉，不为不遇矣！"史官认为：贾谊在汉，只做了一个不大的官，而陆贽在唐，曾经官至宰相，执政中枢，但他未能把握住这样一个权高位重的机会，做得更好，后来弄到差点要杀头的地步，很为他惋惜。"赟居珥笔之列，调任之地，欲以片心除众弊，独手遏群邪，君上不亮其诚，群小共攻其短，欲无放逐，其可得乎？"

其实，史官却并未指出，这其中，陆赟是一贯的，德宗是变化的，起初待他如患难之交，后来待他如陌路之人，是这位皇帝的聪昏周期律所决定的。

从李适诱使臣下公开纳贿，动员陆赟与他同流合污，他已经不是被逼逃出长安，那个孤寒的、凄惶的、无援的、不知所以的皇帝了。这时，他已经坐稳江山，还小有局面，便开始聚敛无度，盘剥百姓，私欲无穷，永无厌足起来。他除了国库以外，还设"琼林""大盈"两座私库，储藏朝廷群臣和地方官员进贡的财物。

唐代诗人白居易在其名篇《秦中吟》里，有一首《重赋》："昨日输残税，因窥官库门。缯帛如山积，丝絮似云屯。号为羡余物，随月献至尊。夺我身上暖，买尔眼前恩。送入琼林库，岁久化为尘。"就是描写他的宠臣裴延龄等，为讨他的欢心，而乱立名目，强收税赋，以致民不聊生、黎庶怨恨的场景。

陆赟，一身清白，两袖清风，那时虽无三大纪律、八项注意之名目，但他从来不贪群众一针一线的便宜，从来不沾国帑一文半分的油水，当然要进行理直气壮的抗争。也许因为这种李适看来的别扭，才有这番开导臣下，适当受贿并无不妥的论调，作为帝王，如此行径，实在有点不可思议。说白了，给他立刻双规起来，判这位陛下一个教唆犯的罪名，不成问题。

于是，身为一国之主，竟想不到遭到陆赟的拒绝。这是不对的呀，陛下！"监临受贿，盈尺有刑，至于士吏之微，尚当严禁，矧居风化之首，反可通行。贿道一开，展转滋甚，鞭靴不已，必及金玉……已与交私，何能中绝其意，是以涓流不绝，溪壑成灾矣！"（司马光《资治通鉴》）

宰相不伸手，而且劝皇帝也别伸手，这使得德宗有些难堪，感到尴尬。

按照常人的理解，皇帝都开了金口，你还有什么好犹豫的呢，放手大干吧？当然，你要保持洁身自好的名声，你不想堕落到无耻地步，那也不必弄得皇帝下不了台。你可以不去做，但也不必表态表示反对。无论如何，他是一国之主，这点聪明，陆贽怎么也是应该有的。可他，本着"上不负天子，下不负所学，遑他恤乎"的信条，当面反驳了李适。

被顶撞回来的德宗，那脸上的表情，肯定只有干笑、苦笑，和无可奈何的笑，至于他心里是什么样的笑，就不得而知了。反正不是好笑，是可以料到的。从陆贽后来的下场，估计李适那时的心眼里，是阴笑，是奸笑，你算老几，竟敢对朕放肆！大概从此就种下了怨恨。

最高统治者要跟你过不去，那日子就怕很不好过了。一个科长、一个所长、一个村长，甚至一个屁毛不是的小组长，你若得罪了他，还想法给你小鞋穿呢，何况九五之尊，当朝天子？

幸好，跟他谈话那时的李适，还没有完全忘了他接位后不久的流亡生涯中，陆贽始终追随，与他同苦共难之情。那两年里，仓皇逃窜，吃尽苦头，狼狈万状，不可形容。第一次是公元 783 年（建中四年），被反叛将领朱泚，逐出长安，逃窜到乾县；公元 784 年（兴元元年），第二次又被反叛将领李怀光逐出乾县，逃窜到汉中。那期间，李适能倚重者，唯有陆贽。所以，尽管又回到长安做太平天子，对于这位老部下的率直之言，无论怎样不中听，也不好意思拍桌子，瞪眼睛，跟他翻脸的。

若是按时下的党风政纪来考量，这位古人，拒腐防变，不贪不沾，一尘不染，风骨铮铮，也算得上是个廉政的模范干部了。史称陆贽一生，律己甚严。"性本畏慎，未尝通宾客"，"小心精洁，未尝有过"。甚至他后来被奸臣构陷，这个李适差点要砍他的脑袋，总算在举刀时收了手，改为流放，谪至四川。"贽在忠州十年，常闭关静处，人不识其面，复避谤不著书，家居瘴乡，人多病疫，乃抄撮方书，为《陆氏集验方》五十卷行于代。"（《旧唐书》）

用今天的话来说，他是一个能够高标准严格要求自己的高级干部。

欧阳修在《新唐书》中，记载了陆贽早年的一则故事。他在华州任郑县尉，回老家探亲省母途中，路过寿州，曾经礼节性地拜见当地的刺史张镒。这位刺史是颇孚众望的大人物，最初没有太看得上如此年轻的后辈。但是，谈了三天三夜以后，对这位年青人的学识见解，治国方略，钦服之至，就要求和陆贽成为一对忘年朋友。

分手时，张镒送给他一笔巨款，说是："请为母夫人一日费。"陆贽说什么也不肯接受，刺史当然坚持要他收下。最后，陆贽只好让步："敢不承公之赐！"但仅仅收受了他礼物中的一点茶叶。唐代的茶叶都压成团，所以，他取了一团龙凤茶离开张府。春风杨柳，草色青青，送别途中，老先生对这位明日之星寄予多大的期望啊！

然而，在封建社会里，能不能成为明日之星，能不能成为总发光的明日之星，在于帝王。碰上聪明的帝王，碰上昏庸的帝王，碰上先聪明后昏庸的帝王，碰上压根儿就是混蛋一个的帝王，那境况是大不相同的。君择臣，臣亦择主，这里是有很多偶然性和不确定因素的。而帝王的资质，决定他的作为，能碰上像点样子的帝王，在中国，这种可能比摸彩的得奖率要低得多。

因为在封建王朝的三百多个帝王中间，基本上可分为——

第一类是无作为的，你碰上了只有自认倒霉；

第二类是有作为也不大的，你碰上了也成就不了什么大事；

第三类是曾经有作为，后来走向了反面的。当他在有作为时，你可能发挥出能量，等他走向反面时，你的能量很可能成为他要除掉你的原因；

第四类是有作为的，而且始终有作为的。但这样的英明伟大完美的帝王，不但在中国从来没有，在世界上也没有的，所以，根本不可能碰上。因为，能够称之为英主的第四类帝王，只是一种向往、一种理想、一种众望所归的虚幻形象。即使被视作中国最样板的皇帝李世民，要不是他服用婆罗门所炼长生不老药中毒死亡，驾崩时才半百年纪，来不及向自己的反面发展，要是他多活十年、二十年，恐怕和唐玄宗李隆基、唐德宗李适一样，是逃不脱中国帝王这种聪昏周期律的。

他的亲征高丽，无功而返，他的继承之惧，宫廷不安，他的大兴土木，营建浩繁，他的猜疑排斥，冤假错案，也是已露端倪的由聪而昏的转变开始。所以，在我国封建社会中，第一类和第二类的帝王，几占总数百分之九十。第三类帝王约占剩下的百分之十。从唐德宗与陆贽的始末全过程来看，其实，正是帝王聪昏周期率表现得最典型的一个例证。

应该说，当年在讨伐安禄山、史思明叛军时，李适曾为天下兵马元帅，还是相当有锐气和有朝气的。所以平乱以后，代宗因其功拜尚书令。继位之始，也曾经励精图治，革旧布新，时局为之一振。《旧唐书》对他这一阶段的表现，持非常肯定的态度。

> 德宗皇帝初总万机，励精治道。思政若渴，视民如伤。凝旒延纳于谠言，侧席思求于多士。其始也，去无名之费，罢不急之官；出永巷之嫔嫱，放文单之驯象；减太官之膳，诫服玩之奢；解鹰犬而放伶伦，止榷酤而绝贡奉。百神咸秩，五典克从，御正殿而策贤良，辍廷臣而治畿甸。此皆前王之能事，有国之大猷，率是而行，夫何敢议？

然而，这样的英明，维持不了多久。由于从人类学的角度来看，帝王家系的退化程度，要甚于常人，也是必然的结果。

1. 太过优渥的物质生活。
2. 太过消耗的性事活动。
3. 太过紧张的宫廷斗争。

4. 太过狭窄的精神世界。

这四"太"，造成中国封建社会最高统治者的智商、体能、行为力、适应力的加速消耗而呈下降趋势。所以中国出现那么众多的弱智、白痴、呆傻儿式的皇帝，是一点也不奇怪的。正如一块土地，肥力耗竭殆尽，还能指望打出什么好庄稼来吗？一般来说，每朝的开国之主，其聪昏周期律的间距，可能拉得时间长一点，因为那时的地力尚可，而随后的继承者，则是黄鼠狼下豆鼠子，一代不如一代，很快就会不成气候了。

李适为唐第十代皇帝，试想一下，古人说过，"君子之泽，五世而斩"，你都第十世了，不斩何待？姑且把李世民视作百分之百的英主，从公元7世纪初到公元8世纪末，十代过去，二百年过去，呜呼，这个源自突厥人种的陇西李氏豪强家族，那血管里的英主基因，还有几许能在李适身上残存下来？

宋人钱易在其《南部新书》里，这样描写李适的由聪而昏的周折："裴延龄尝放言德皇曰：'陛下自有本分钱物，用之不竭。'上惊曰：'何为本分钱？'延龄曰：'准天下贡赋，常分为三，一为乾豆，二为宾客，三为充君之庖。今奉九庙，与鸿胪，供蕃使，曾不用一分钱，而陛下御膳之余，其数极多，皆陛下本分钱也。'上曰：'此经义，人总未曾言。'自兹有意相奸邪矣。"

其实，作天真无知状，作如梦初醒状，作头一回听说状，李适纯粹是装孙子。早在流亡逃窜期间，他这搜括民脂民膏的劣根性，就露出狐狸尾巴来了。"初，德宗仓皇出幸，府藏委弃，凝冱之际，士众多寒，服御之外，无尺缯丈帛，及贼泚解围，诸藩供奉继至，乃于奉天（即乾县）行在，储贡物

于廊下，仍题曰'琼林'、'大盈'二库名。"（《旧唐书》）

陆贽在巡视行宫时，发现了这种不成体统的事情，赶紧对这位皇帝进谏，"臣下昨天看见行营廊下，出现'琼林'、'大盈'库名，把微臣吓了一跳。这两个库名，陛下也当了解，是玄宗皇帝当年为其藏库题写。结果，开元盛世，毁于一旦，就败于这既失民心，更失军心的私念上啊！陛下把诸道贡献的金银财宝，粮食衣料，私藏在此，供自己吃用。而你怎么不想一想，那些吃不饱、穿不暖，为你卖命打仗的将士们，看到了会作如何想？"

因为，那时，还处于战争状态之下，陆贽警告这位已经由聪转昏的德宗说，"陛下不害怕军心动摇吗？不担心临阵倒戈吗？不在乎那些军官起来造你的反吗？不觉得那些士兵有可能掉转枪口对准你脑袋吗？"一提掉脑袋这三个字，他暂时恢复理智。所有由聪而昏的帝王，只有这句话能听得进去。即使再王八蛋的君王，让他掉脑袋他还是不干的。

何况，这个李适，还记得当年被叛将朱泚包围，眼看就要束手就擒之时，他的守城部队罢战了，不给他卖命了。原因很简单，你仓库里堆积着如山的财宝，却要我们身无分文、衣食无着的战士为你牺牲，凭什么，凭什么？抠门到家的德宗慌了神，连忙派中官，也就是太监，推去两车绫罗绸缎，用以收买军心。谁知那些将士，不想侍候这个混账皇帝了，于是，逼得他出逃。也许他尚未完全昏庸到只有忘性，而无记性，库名赶紧派人取了下来，但库藏财富，仍旧被他所宠幸的中官把持着。

欧阳修在《新唐书·德宗纪》中这样剖析："猜忌刻薄，

以强明自任，耻见屈于正论，而忘受欺于奸谀，故其疑萧复之轻己，谓姜公辅为卖直而不能容，用卢杞赵赞则至于败乱，而终不悔。及奉天之难，深自惩艾，遂行姑息之政，由是朝廷益弱，而方镇愈强，至于唐亡，其患以此。"

在中国，若帝王站在正直一边，则佞幸就靠边，而反过来，帝王排斥坚贞之士，则奸宄之徒必秽乱中枢，良善者执政，人民得安生，邪恶者掌权，百姓必倒霉。中国五千年以来，有着悠久的历史，有着深远的文化，有着勤劳的大众，然而却落后于世界潮流。这其中，最重要的原因，就是掌握最高统治权的这些家伙们，浑浑噩噩，无知无耻者多，糜烂腐朽，耽迷声色者多，治国无能，破坏在行者多。而余下来曾经有所作为的君王，也很快就一百八十度拐弯，走向末路，败亡得比谁都快都坏。

因为，帝王之由聪转昏，除了自身人种学上的缺陷，在他身边的那些小人，也在推动着、加快着他的腐朽，他的堕落，他的不可救药，他的走向灭亡。欧阳修著《新唐书》，在《德宗、顺宗、宪宗》记后感叹："呜呼，小人之能败国也，不必愚君暗主，虽聪明圣智，苟有惑焉，未有不为患者也。"

如果，整个朝廷都像陆贽这样刚正不阿，清俭廉洁，直言谠论，端庄崇实，唐德宗有可能将他的聪昏周期律，拉长一点，可包围着他的却是卢杞、裴延龄以及宦官窦文场、霍仙鸣之流，同流合污，沆瀣一气。一个陆贽的拒绝，哪敌得上这一群混蛋联合体的拥趸啊！

所以，任何一个社会，像陆贽这样敢拒绝邪恶的正派力量，占上风的时候，这个时代就有希望，有生气，有前景，也有未来。反之，像陆贽这样代表正义，代表公道，代表人心所向，代表真理必胜的人物，处于孤单状态，受到排斥打击，遭遇不公对待，好人步步难行，这个社会，便会沉沦，便会黑暗，便会像堕入阿鼻地狱那样不见天日。

白居易在那组《秦中吟》诗的序言中，谈到了他的创作背景："贞元，元和之际，予在长安，闻见之间，有足悲者，因直歌其事。"而"贞元"，就是唐德宗李适的年号。于是，我们知道这位伟大的唐代诗人，是与时代同步的作家，是与社会现实密切相关的作家，也是一位现在进行式干预生活的作家。

在这组诗中，有一首《轻肥》，从最高的皇帝起，到最低的里正止，层层盘剥，税赋无穷，揭示了对百姓造成的苦难："浚我以求宠，敛索无冬春"的残酷，"里胥迫我纳，不许暂逡巡"的凶狠，"岁暮天地闭，阴风生破村"的贫寒，"幼者形不蔽，老者体无温"的悲惨，因此诗的结尾两句，"是岁江南旱，衢州人食人"，绝对是这个政权行将末日的描写。一个国家，到了人相食的地步，可想而知，这个最高统治者已经昏庸到什么程度？

难逃中国帝王聪昏周期律的李适，既然已经在小人的包围下，不可救药地堕落下去，那么陆贽，这个正直有为的、不阿群邪的臣下，这个有着抱负的文人，这个写了许多精彩文字的政论家，这个有想法的知识分子，还能有好日子过吗？

"君上不亮其诚，群小共攻其短，欲无放逐，其可得乎？"（《旧唐书》）陆贽被逐边陲十年，直到德宗死后，他儿子顺宗接位，才体会到当年陆贽对他老子的拒绝，具有多么了不起的价值和意义。来不及地下诏书，让他回到长安，在朝廷任职。

可是，诏未至，赟死，享年五十二岁。一代良臣，就以这样一个拒绝邪恶的形象，长存于史册之中。

从开元到天宝

    "开元"和"天宝",为唐玄宗李隆基的年号。加上其父唐睿宗李旦禅位时的"先天",他在位44年,共用三个年号。

    整个唐代,年号变换最多最快者,当数他的祖父高宗李治与他的祖母武后。那两口子简直发神经似的,前后执政50年,共使用32个年号,其中1年1换者11起,1年2换者5起,花样翻新,层出不穷,令人目不暇给。我估计这绝对是武则天的主意,那个强势女人,没有她做不出和做不到的事情,她的窝囊废丈夫李治,患有严重的高血压,加之时常发作的癫痫病,哪有力气陪她搞这些形式主义的名堂。武则天,精力过剩,欲望强烈,感情发达,性格外向,属于多血质型的人。绝不安分的她,不搞点惊人举动,不闹点轰动效应,那份寂寞,那份平淡,会把她憋死的。她几乎无法忍受须臾片刻的平静,为此不断制造事端,来吸引大众眼球,便成为她的嗜好。

    换年号,成为她的一项游戏,每年年初,都要向文武百官、黎民百姓颁布诏令,全国施行新的年号。年号通常两个字,她改唐为周称帝之后,甚至用过"天册万岁""万岁登封"

"万岁通天"四个字的，对她来讲，换年号如同脱衣服，儿戏一般，官府不堪其扰，民间不胜其烦。所以，公元713年，李隆基实际掌权，头一件事，改年号为开元，而且一下子坚持用了29年，终结了武则天的年号乱象。就冲这一点看李隆基，你得赞他一个。

李隆基接位时才27岁，年青有为，朝气蓬勃，他实干，他勤政，在政治上，除劲敌，在朝政上，用贤臣，在国用上，讲节俭，在吏治上，重考核，发愤图强，身体力行，励精图治，志在升平。在这个世界上，我们中国人的生存能力、恢复能力和健壮起来的能力，是最为强大的。其活力之无穷，其自愈之迅速，其刻苦耐劳之坚韧，其百折不挠之顽强，才得以使这个民族延续五千年生生不息。只要给以安定的环境、发展的空间、宽松的氛围，和相当程度上的思想解放，无论国家的底子原来多么地薄，也无论百姓的生活原来多么地差，用上十年、二十年、三十年的时间，中国人就是有办法使自己的国家，出现奇迹般的变化。往近说，改革开放三十年的辉煌成就，这是我们大家亲身经历过来的；往远说，汉代的"文景之治"，也是极著名的例子。汉文帝刘恒在位23年，汉景帝刘启在位16年，加在一起为39年的太平，结果，国家富庶到了"京师之钱累巨万，贯朽而不可校。太仓之粟陈陈相因，充溢露积于外，至腐败不可食"（司马迁《史记·平准书》）的地步。

太平，很重要，唐的开元盛世比汉的文景之治少10年，在这29年里，没有大的战争，没有大的灾难，因而也没有大的动乱。正是由于太平，"戴白之老，不识兵戈"，这才成为盛世。孙子说过，兵者，凶器也，只要一打仗，绝对没有好日子过。当然，还有一个更重要的因素，就是李隆基在这29年里，至少有20年没有大的混账。在封建社会里，最高统治者王八蛋，或者不那么王八蛋，往往决定国家是成是败，是祸是福的走向。

唐人杜祐（735—812），晚唐著名诗人杜牧的祖父。德宗朝入为同中书门下平章事，历顺宗、宪宗两朝，均以宰相兼度支使、盐铁使，是一位有头脑的经济专家，他对于开元盛世的叙述，应该是相当可信的。"至（开元）十三年（725）封泰山，米斗至十三文，青、齐谷斗至五文。自后天下无贵物，两京米斗不至二十文，面三十二文，绢一疋二百一十二文。东至宋、汴，西至岐州，夹路列店肆待客，酒馔丰盛。每店皆有驴赁客乘，倏忽数十里，谓之驿驴。南诣荆、襄，北至太原、范阳，西至蜀川、凉府，皆有店肆，以供商旅。远适数千里，不持寸刃。（开元）二十年（732），户七百八十六万一千二百三十六，口四千五百四十三万一千二百六十五。"（杜祐《通典》）

所谓"驿驴"，用时尚的话说，就是"驴的"。想想当下城市里居民打的之难，真羡慕唐朝人的这一份便利。

可想而知，唐代大诗人杜甫（712—770），从他家乡河南巩县，来到洛阳卖药，肯定没少打驴的。在《忆昔》一诗里，对于他出生的年代，对于他童年、青年所度过的年代，留恋之意，依惜之感，那些打心眼里流露出来的词句，可是千真万确的赞美。"忆昔开元全盛日，小邑犹藏万家室。稻米流脂粟米白，公私仓廪俱丰实。九州道路无豺虎，远行不劳吉日出。齐纨鲁缟车班班。男耕女桑不相失，宫中圣人奏云门，天下朋友皆胶漆。百余年间未灾变，叔孙礼乐萧何律。"诗人所写的"小邑犹藏万家室"，看似平淡，意涵深刻，因为反映出的人口繁衍现象，是衡量整个社会发展进步的重要指标。"邑"，是比都城和省会小，比区乡和村镇要大得多的中等城市，一个小的"邑"，也就是普通的小县城，居然聚集上万户人家，数万名百姓，这就说明唐代的人口，直到开元年间，才恢复到前朝隋大业年间的规模。

我们常说人口红利，没有人口，哪来红利？所以，史学家钱穆认为：人所称羡的贞观之治，其实在经济实力上，在人口总数上，都无法与隋炀帝杨广的大业年间相比。据《资治通鉴》："隋大业五年（609）是时天下凡有郡一百九十，县一千二百五十五，户八百九十万有奇。东西九千三百里，南北万四千八百一十五里。隋氏之盛极于此矣。"仅以河南巩义的洛口仓为例，这一个仓的储粮竟高达骇人听闻的 24 亿斤，比起当下国家粮贮基地，也不觉逊色，可证隋大业（605—618）朝非同小可的富有程度。然而，这个国家，这个政权，其最高决策者却是一个地地道道的混账王八蛋，从他登上帝位的那一天起，实现了南北朝统一的隋朝，便注定了昙花一现的命运。中国有两个应该辉煌，却辉煌不起来的短命王朝，一为秦，一为隋，秦败于二世胡亥，隋败于二世杨广。杨广比胡亥更能败，第一骄奢淫逸，第二穷兵黩武。修建大运河，重盖洛阳城，亲征吐谷浑，三讨高句丽，隋帝国家底再厚，也经不起这个败家子，十数年的折腾，出兵打仗，枕尸满涂，挖河建城，穷征暴敛。随后，民不聊生，举国叛起，分崩瓦解，陷入动乱，混战，杀人如麻的血劫之中，全中国差不多有三分之二的人口，都死于这场灾难之中。

李世民成为皇帝的样板，有很大程度的误会，他接手时的江山，元气大伤，既穷且破，头几年，因天灾，老百姓都吃不饱。他的伟光正，纯系文人哄抬起来的。唐贞观六年（632），日子稍有改观，拍马屁的官员奏请唐太宗泰山封禅，这是中国帝王最为虚荣的无聊把戏。举朝官员面面相觑，不敢异议，只有魏征站出来表示不同意见。"今自伊、洛以东至于海、岱，烟火尚稀，灌莽极目。"他说，"隋末大乱之后，户口未复，仓廪尚虚。"（司马光《资治通鉴》）魏征以直谏出名，李世民尽管不爱听，可一想，河洛地区麦熟之时，还得把关陇地区的饥民带出来觅食，尽管很想风光，也不起劲了。唐贞观十一年（637）侍御史马周上疏中，还在说："今之户口不及隋之什一。"这说明什么问题呢？经过两个五年计划的贞观之治，也未能改变战争造成人口锐减的现象。没有人口，谁来创造财富，战争之可怕，就在于杀人容易造人难，要把童稚养成劳动力，没有十年二十年的投入，那是极费功夫而且是急不得的。

直到唐高宗李治的永徽三年（653），户部尚书高履行奏："隋开皇中有户八百七十万，即今现有户三百八十万。"（《旧唐书》）说明唐王朝立国半个世纪，总人口还未达到隋王朝的一半，由此推断，唐太宗李世民为帝时，全国户不足三百万，口不足一千万，大概是接近于正确的。就这点小本钱，就这份小家业，封个哪门子禅啊！所以说，贞观之治，只是在封建制度的理论建设上，有所贡献，这种盛世，与百姓的肚皮无关，故而是虚的；而唐玄宗李隆基的开元之治，在政治、经济、文化上的全面开花，才是货真价实的盛世。《云仙散录》载："开元中，长安物价大减，两市卖二仪饼，一钱数对。"二仪饼，大概是今天陕、甘一带的肉夹馍，厚实的胡饼中，夹着一把碧绿的芫荽，几块烂熟的牛肉，吃起来满嘴流汤，口角留香，比麦当劳不知美味多少倍。开门七件事，柴米油盐酱醋茶，老百姓介意的，在乎的，一是米面的涨跌，二是衣被的厚薄，三是居屋的大小，四是行路的难易。对于李世民的《贞观政要》中的帝王之术，驭民之道，才不会放在心上。套用一句西哲的话，"理论是灰色的，生命之树常青"，大米白面，最是真理，只有实打实的肉夹馍，才能让讲现实主义的中国人信服。

好样的李隆基，在他的统治下，从开元元年（713）到天宝元年（742），约三十年，全国人口达到户八百三十四万，口四千五百三十一万，与隋大业朝持平。又经过十三年，据《资治通鉴》，天宝十三载（755），户部奏：天下户口九百八十六万九千一百五十四户，人口五千二百八十八万零四百八十八人，全面超过了前朝。人人有饭吃，人人有衣穿，有驴的可打，有驿站可住，半亿人口不用担忧衣食住行，这是了不起的成就。再看下面一组数字：

> 开元六、七年，天下大理，四方丰稔，百姓乐业。米每斗三钱。（《唐语林》）
>
> 开元十三年，时累岁丰稔，东都米斗十钱，青齐米斗五钱。（《旧唐书》）

开元二十五年，是时海内富实，米斗之价钱十三，青齐间斗才三钱。(《新唐书》)

开元二十八年，其时频岁丰稔，京师米斛不满二百。(《旧唐书》)

二十多年间，民以食为天的米价，始终保持平稳，无通货膨胀一说，这简直就是人间奇迹了。冲这一点，开元年间的李隆基，称为英主，是当之无愧的。因为居民物价指数，也就是CPI，是人口得以稳定增长的基础，而人口的出生率和死亡率，也是观察整个国家，是否生活安定，是否丰衣足食的重要指标。《旧唐书》史官论开元之治："我开元之有天下也，纠之以典刑，明之以礼乐，爱之以慈俭，律之以轨仪。"举国上下，同心同德，安居乐业，国力上升，以致"贞观之风，一朝复振"，"年逾三纪，可谓太平"。《新唐书》也是如此说，"开元之际，几致太平，何其盛也！"李隆基在开元年间，除了与吐蕃、突厥有过局部的、短期的战事外，没有进行过倾举国之力的征讨。外无危国之敌，内无叛乱之贼，社会保持安定，经济发达繁荣，整个国家之物富民丰程度，大大超过李世民的贞观之治。

然而，开元二十九年（741），已经成为英主的李隆基，心血来潮，忽然要改年号了。

所以说，在中国，出现英主，不一定就是老百姓的幸福，特别是那些自以为是的英主，会百分百地要给老百姓制造灾难的，这一点，有无数的历史事实加以证明。

我始终不解，按中国人的美学观念，追求十全十美的完整，是我们在世界范围里独一无二的民族特性。为什么李隆基不能再等一年，到开元三十年换个新年号，岂不是善始善终之举吗？那年他56岁，来日方长，至于如此急如星火地颁布诏令，将开元改为天宝？只有一个解释，他反对过他祖母的乱改年号，可谓不遗余力，二十多年过去，老太太那至高无上、为所欲为的遗传因子，在她的孙子的血管里发酵，基因在发生作用，出现了返祖现象。他决定改年号，迫不及待，而尤为滑稽和荒唐的，改新年号的两年以后，也就是天宝二年即将结束，天宝三年马上开始之际，一道新的诏书公示天下，从下一年起，不再称"年"而称"载"。武则天的变，只是年号本身用字用词的变，李隆基的变，则是改年为载的彻头彻尾的变。青出于蓝胜于蓝，老太太地下有灵，也得向她的孙子表示致敬，还数你凶。在整个中国封建史上，三百多个皇帝，五百多个年号，没有一个敢不以年为年的，虽然，年和载，本来是一个意思。但是，年为二声，载为四声，前者顺口，后者拗嘴。只有他，唐玄宗，一个绝非二百五的皇帝，却做了一件绝对二百五的事情。

年号之改，乃小事一桩，可开元的"年"接着天宝的"载"，对李隆基来讲，恰似一道分水岭，从此一路下坡，加速度地走向灭亡。读其一生历史，开元时期，他左右都是些什么人，为姚崇、宋璟、张九龄、张说等正直之辈，在好人堆里，在君子中间，他想做坏人，想做小人，也未必成；天宝时期，他身边都是些什么人，为李林甫、安禄山、杨国忠、高力士等奸佞之流，在恶水缸里，在化粪池中，他想出污泥而不染，也难，即使他想好，也好不了。加之，李隆基与武则天基因相同，都属于多血质型人，这种人有超强的能力，有无限的精力，但成功了容易膨胀，失败了一蹶不振，而且，患得患失，情绪波动，若是向好的方向发展，常有惊人的成绩出现，若是向坏的方向堕落，往往会不知伊于胡底的沉没。特别是开元末年武惠妃死，杨贵妃出现，李隆基扮演情圣，就一百八十度地走向自己的反面，"开元"的英主，一下子成为完全不可救药的"天宝"昏君。

欧阳修在《新唐书》的玄宗本纪后，感慨地说："及其侈心一动，穷天下之欲，不足为其乐，而溺其所甚爱，忘其所可戒，至于窜身失国而不悔。考其始终之异，其性习之相远也至于如此，可不慎哉，可不慎哉。"基因决定性格，性格决定命运，新旧唐书都称他多才多艺，充满艺术细胞，吹拉弹唱无不精通，是个精力异常的玩家，这颇足以看到他气躁轻浮的一面。野史称他喜好击鼓，光他击坏的鼓槌，堆满一房间，这也表现其玩物丧志的一面。他先后生有 30 个儿子、26 个女儿，是一个很厉害的播种者，甚至不择手段地将他儿子寿王的妃杨玉环，弄到自己床上，这正好证明此公性腺发达，激素强烈，而且不管不顾的一面。"侈心一动"，李隆基人性中的恶本质，便全面彻底地暴露出来。

自从这位情圣的魂，被杨玉环勾住以后，"后宫佳丽三千人，三千宠爱在一身。""春宵苦短日高起，从此君王不早朝。"（白居易《长恨歌》）到了天宝时期，已是甲子年纪的他，器官开始老化，是生理正常现象。但这个唐玄宗，独是他的生殖系统，依然很壮烈，很辽阔，威风不减，金枪不倒，当算得上是特异功能了。于是，大唐王朝一蹶不振，再无起色。

历朝历代的中国官员，无论职务高低，无论权力大小，最后倒台的原因，可能多种多样，其中百分之八九十，无不蹈唐玄宗覆辙，因女色而败。一直到现在，那些坐在被告席的犯罪官员，无一不从包二奶、玩小姐、养情妇起，从而腐化堕落，蜕化变质。所以，从古至今，这班败类便造出"祸水论"一说以卸己责，杨玉环，即是此论的典型代表人物，这当然是胡扯了。其实，史家称公元755年，为李唐王朝的转捩之年，而由盛而衰的真正罪魁祸首，并非杨贵妃，而是李隆基。

唐玄宗，曾经英明过，为什么后来变得如此不英明呢？道理很简单，中国历代帝王，为了维持生殖系统的强大攻势，身体的其他系统就不能不加快老化，因此，即使英明过，通常都很短促，最令人痛苦者，成为政治老人以后，仍然觉得自己很英明，仍然指手画脚，临场指导，最后，无一不成国之妖孽，这大概也是一种帝王周期律了。就在这种耽于安乐、歌舞升平的大快活中，先宠任奸相李林甫，后放手无赖杨国忠，导致朝政紊乱，国事日非，中央政府坐吃山空，穷征厚敛，地方藩镇分崩离析，尾大不掉。野心家安禄山、史思明遂以讨杨国忠（杨贵妃之兄）为名，趁机发动叛乱。

唐天宝十四载（755），安史之乱起，黄河以北的中国，陷入血流成河、尸骸遍野的拉锯战中，多年不动干戈，未上战场的官兵，哪里敌得住北方杀来的胡兵胡骑。很快攻入河洛地区，长安、洛阳，顿成一片焦土。这一仗前后打了七年，据《旧唐书》记载："宫室焚烧，十不存一，百曹荒废，曾无尺椽。中间畿内，不满千户，井邑榛封，豺狼所号。既乏军储，又鲜人力。东至郑、汴，达于徐方，北自覃、怀，经于相土，人烟断绝，千里萧条。"司马光在《资治通鉴》中说："由是祸乱继起，兵革不息，民坠涂炭，无所控诉，凡二百余年。"杜甫有一首诗："寂寞天宝后，园庐但蒿藜，我里百余家，世乱各东西。"想想他写的开元盛世，真是冰火两重天啊！

两都失守后，玄宗仓皇出逃，带上他的爱妃，带上他的爱臣，带上他的并不爱的太子李亨，目标四川，往西而去。李亨那年40岁上下，还够聪明，他盘算了一下，与其跟着老子逃亡，无论逃到哪里，头顶上永远有老子这块云彩压着，倒不如摆脱他自立门户。于是，就暗底下策划了马嵬坡的那场兵变。玄宗的爱臣被乱兵砍头，他的爱妃被臣下缢死，这位曾经的英主，虽然没有死，但从此也等于行尸走肉，苟延残喘而已。

李亨到了灵武，自立为帝，年号"至德"，仍循其父之道，称"年"曰"载"。三年以后，觉得不对味，遂改年号为"乾元"，并且在诏书里颁布，从此，改"载"为"年"。唐玄宗的这个以"年"为"载"的洋相，再也无人仿效，遂成一则笑话，留存在历史的缝隙里，以供人们一莞。

仰天大笑出门去

这是李白最得意时候的诗，也是最具李白风格的诗。

每读到这里，不但让我们想象得出这位诗人，怎么昂着头，挺着脸，走出门来，迎着太阳，大笑不止的发烧样子，甚至似乎还能听到他情不自禁的、喜从中来的、按捺不住的、兴奋不已的朗朗笑声。

只有他能这样不管不顾地得意，也只有他敢这样大张旗鼓地得意。

这就使你懂得，为什么李白写诗，最放纵、最肆意、最冲动、最无拘无束？为什么在他笔下，总是写到极致，写到顶点，写到夸张到不能再夸张的临界状态，写到其对比度强烈得不能再强烈的巅峰程度。在中国，也不光在中国，也许他是最精到、最娴熟、最大胆、最醉心于将语言表达到极致境地的杰出诗人。

> 君不见，黄河之水天上来，奔流到海不复回。君不见，高堂明镜悲白发，朝如青丝暮成雪。（李白《将进酒》）

十步杀一人，千里不留行。事了拂衣去，深藏身与名。（李白《侠客行》）

鸬鹚杓，鹦鹉杯，百年三万六千日，一日须倾三百杯。（李白《襄阳歌》）

愁来饮酒二千石，寒灰重暖生阳春。（李白《江夏赠韦南陵冰》）

楚山秦山皆白云，白云处处长随君。（李白《白云歌送刘十六归山》）

兴酣落笔摇五岳，诗成笑傲凌沧洲。（李白《江上吟》）

桃花潭水深千尺，不及汪伦送我情。（李白《赠汪伦》）

横河跨海与天通，我知尔游心无穷。（李白《元丹丘歌》）

燕山雪花大如席，片片吹落轩辕台。（李白《北风行》）

呼卢百万终不惜，报仇千里如咫尺。（李白《少年行》）

天台四万八千丈，对此欲倒东南倾。（李白《梦游天姥吟留别》）

大鹏一日同风起，扶摇直上九万里。（李白《上李邕》）

俱怀逸兴壮思飞，欲上青天揽明月。（李白《宣州谢朓楼饯别校书叔云》）

飞流直下三千尺，疑是银河落九天。（李白《望庐

山瀑布》）

朝辞白帝彩云间，千里江陵一日还。（李白《早发白帝城》）

白发三千丈，缘愁似个长。李白（《秋浦歌》）

凡中国人，无不知李白。凡中国人，无不能脱口而出数句或数首李白的诗。所以，一部中国文学史，要是缺少了李白这个名字，就好像喜马拉雅山没有珠穆朗玛峰一样，立刻，就会失去了那一股顶天立地的感觉。

李白的诗，对于中国文学的发展，其影响至为深远。

李杜文章在，光芒万丈长。（韩愈《调张籍》）

白也诗无敌，飘然思不群。（杜甫《春日忆李白》）；笔落惊风雨，诗成泣鬼神。（杜甫《寄李十二白二十韵》）

其为文章，率皆纵逸，至如《蜀道难》等篇，可谓奇之又奇，然自骚人以还，鲜有此体调。（殷璠《河岳英灵集》）

诗人各有所得，清水出芙蓉，天然去雕饰，此李白所得也。（王安石的评价，见胡仔《苕溪渔隐丛话》）

太白于乐府最深，古题无一弗拟，或用其本意，或翻案另出新意，合而若离，离而实合，曲尽拟古之妙。（胡震亨《唐音癸签》）

唐三百年一人。（李攀龙《唐诗选序》论其绝句）

而谈到李白这个人，他的来历，他的出处，他的行状，他的踪迹，就不如他写的诗那样明明白白地便于言说了。

从公元 701 年（唐武后大足元年）生，到公元 762 年（唐肃宗宝应元年）死，他的一生，有许多不确定性的记载，不是一句两句就能说清楚、说明白的。他自称祖籍陇西成纪（今甘肃秦安），先代于隋末流徙西域，因此，他出生于中亚碎叶城（今吉尔吉斯斯坦国的碑城，即托克马克城）。神龙初，随父回四川广汉，居绵州彰明县（今四川江油）清廉乡。也有一说，李白生于蜀中，更有一说，李白具有胡人血统。

公元 724 年（开元十二年），"仗剑去国，辞亲远游"，出蜀后，漫游江汉、洞庭、金陵、扬州等地。娶故相许圉师之孙女为妻，遂定居湖北安陆。

公元 730 年（开元十八年），这位倒插门女婿，不知什么缘故，在安陆待不下去，遂西去长安求发达，与张垍、崔宗之、贺知章等交游。

公元 732 年（开元二十年），虽得到玉真公主的接待，但未能被她大力引荐，谋官不成，沮丧而归。

公元 736 年（开元二十四年），于是，决心遁世，移居山东任城，与孔巢父等，隐于徂徕山，号"竹溪六逸"。

公元 742 年（天宝元年），因道士吴筠荐举，应诏入京，突然发迹起来，为供奉翰林，达其人生最高潮。

公元 745 年（天宝三年），受权贵谗谤，加之未遂"使寰区大定，海县清一"政治抱负，求去，被唐玄宗赐金放还。出京后，与杜甫、高适会于梁、宋，漫游齐、鲁，过着行吟放浪的日子。

公元 752 年（天宝十年），北上塞垣，游幽蓟，浪迹天下。

公元 756 年（天宝十四年），安史之乱，隐居庐山。

公元 757 年（至德元年，即天宝十五年），应永王李璘邀，入幕为宾。他以为是一次得以报国的机会，谁知上了贼船。

公元 758 年（至德二年），永王李璘兵败，李白亡走彭泽，坐系浔阳狱。

公元 759 年（乾元元年，即至德三年），因永王事坐罪，本来是要被杀头的，经郭子仪担保，免诛而长流夜郎。

公元 760 年（乾元二年），未至夜郎，遇赦得释。

公元 761 年(上元元年，即乾元三年)，往来于岳阳、浔阳、宣城。

公元 762 年（宝应元年），往依族叔当涂令李阳冰，是年十一月，以疾卒，年六十二。也有一说，游江上，投水死。

李白，一方面是有大才华的诗人，一方面也是有大抱负的志士。他实际是有大胸怀，想做大事业，是想达到他在诗歌上达到的成就相埒，是他一辈子不停拼搏、不断折腾的目标。可是，在封建社会里，做大事业，必须做大官，也许，做大官者不一定做大事业，但要真想做大事业，还非得做大官不可。这也是李白毛遂自荐，削尖脑袋钻营官场的由来。虽然，他很不愿意"摧眉折腰事权贵"，然而，他又不甘于"我辈岂是蓬蒿人"，因此，李白始终处于相当程度的自我矛盾之中。他有时候是自己，有时候就不是他自己，有时候他在做一个想象中应该是什么样的自己，有时候失去自己，走到不知伊于胡底的地步。

姑且相信有上帝这一说，不知为什么，祂把人造成如此充满矛盾的一个载体，而人之中的诗人，犹甚。设若矛盾在平常人身上，计数为一，那么，在诗人身上必然发酵为一百。同样一件事，你痛苦，他就痛苦欲绝，你快乐，他就快乐到极点、到狂。诗人与别人不同之处，无论痛苦，还是快乐，来得快，去得更快。于是，诗人像一只玻璃杯，总是处于矛盾的大膨胀和大收缩的状态下，很容易碎裂。

所以，真正的诗人，短命者多，死于非命者多，这也是无可奈何的事。当然，有些诗人后来还苟活着，实际上，他的诗情，早已掏空，他的五色笔，也被梦中的美丈夫收回去了，压根儿已不是诗人，只不过是原诗人或前诗人，或曾经诗人过。写不出诗，并不妨碍他仍顶着诗人的桂冠，在文坛招摇，要他的一席位置，要他的一份待遇，位置低了不行，待遇少了不干，这也是当前中国文人的现状，别看作协会员成千上万，但绝大多数都是不下蛋的鸡。

中国文学史上的最伟大的诗人之一，可以说是一生矛盾，矛盾一生。

读他的诗，如同读这个人，李白在逝世以前的那段日月，作为一个充军夜郎，遇赦折返的国事犯，羁旅江湖，家国难归，那心境怕不会是快活得起来的，他笔下只能写这种愁眉不展的诗：

> 窜逐勿复哀，惭君问寒灰。浮云本无意，吹落章华台。远别泪空尽，长愁心已摧。三年吟泽畔，憔悴几时回？（李白《赠别郑判官》）

当他春风得意那一阵，李白在长安城里，过的是他挚友

杜甫所写的那优哉游哉的日子。"李白斗酒诗百篇，长安市上酒家眠。天子呼来不上船，自称臣是酒中仙。"（杜甫《饮中八仙歌》）

也许太快乐比太痛苦更不容易激发诗的灵感，声色犬马，三陪女郎，酒足饭饱，桑那浴房，这时候的诗人只有饱嗝可打，臭屁可放，诗是绝做不出的，即使做出来，如李白这样的高手，也就不过如此。

> 凤凰初下紫泥诏，谒帝称觞登御筵。揄扬九重万乘主，谑浪赤墀青琐贤。朝天数换飞龙马，敕赐珊瑚白玉鞭。世人不识东方朔，大隐金门是谪仙。（李白《玉壶吟》）

显然，仰天大笑的蓬蒿人，终于等到了这一天，欢悦之心，喜欣之色，全在这首诗中赤裸裸地烘托出来了。对于这位诗人的童真、稚情、孩子气，也就只好一笑了之了。谁也不是圣人，谁也不是神仙，谁也不能保证自己百分百的正确。

作为供奉翰林李白，还得哄最高当局的开心，也真是够难为他的。从宋人王谠著的《唐语林》中的一则故事，可知诗人的马屁术，也挺有水平，能拍得皇帝老子蛮开心的。"玄宗燕诸学士于便殿，顾谓李白曰：'朕与天后任人如何？'白曰：'天后任人，如小儿市瓜，不择香味，唯取其肥大者；陛下任人，如淘沙取金，剖石采玉，皆得其精粹。'上大笑。"

因为武则天养男宠，"唯取其肥大者"，李白讲这个低级的色情段子，让李隆基开怀大笑，说明他很能揣摩老爷子的心理。当然，李白的作秀，或李白的佯狂，是他的一种舞台手段。他渴嗜权力，追逐功名，奔走高层，讨好豪门，是为了实现更远大的目标，宫廷侍奉，更是他必须全身心投入，才能把握得住的得以接近最高当局的唯一机会。所以，他忙得很，至少那一程子，分身乏术，忙得脚打后脑勺。下面这首近似"吹牛皮"的诗，便可了解他那时的得意心情了。

> 少年落魄楚汉间，风尘萧瑟多苦颜。自言管葛竟谁许，长吁莫错还闭关。一朝君王垂拂拭，剖心输丹雪胸臆。忽蒙白日回景光，直上青云生羽翼。幸陪鸾辇出鸿都，身骑飞龙天马驹。王公大人借颜色，金章紫绶来相趋。当时结交何纷纷，片言道合唯有君。待吾尽节报明主，然后相携卧白云。（李白《驾去温泉宫后赠杨山人》）

看这首诗的标题，就可想见诗人那一脸得意之色了。"幸陪鸾辇"，什么意思？是陪着李隆基去潼关洗温泉。也许认为自己是护驾的诗人，在这支陪同队伍中，只是最后一辆面包车上的乘客，那也了不起。

英国的莎士比亚，一生中侍奉两位君王，一位是伊丽莎白，一位是詹姆士二世，前者，他只有在舞台边幕条里探头探脑的份儿，后者，他也不过穿着骠骑兵的号衣，在宫殿里站过岗，远远地向那个跛子敬过礼。何况我们的诗人李白，不仅与李隆基同乘一辆考斯特，由西安同去临潼，一路上还相谈甚密，十分投机。《唐语林》也证实："李白名播海内，玄宗见其神气高明，轩然霞举，上不觉忘万乘之尊，与之如知友焉。"看来，诗人的"片言道合唯有君"，固然有自我发酵的成分，但大致符合实际。他给杨山人写诗的时候，肯定采取海明威的站着写作的方式，因为他已经激动得坐不住了。

天宝三年（744）第二次离开长安以后，就是虽然有点失落，但未完全失落的期间写的。有点失落，怨而不怒，是写风、雅、颂的最佳状态。完全失落，风雅不起来，颂也没兴致，一心舒愤懑，就有失温柔敦厚之意了。

> 处世若大梦，胡为劳其生。所以终日醉，颓然卧前楹。觉来盼庭前，一鸟花间鸣。借问此何时，春风语流莺。感之欲叹息，对酒还自倾。浩歌待明月，曲尽已忘情。（李白《春日醉起言志》）

正因为他还有一份对长安的憧憬，才生出"浩歌待明月"的期冀，无论如何，他终究是和皇帝在一辆考斯特车上坐过，很官方色彩过的。所以，他有一时兴来的正统情感，虽然自己倒未必坚持正统，犹如他习惯了写非主流的作品，兴之所至，偶尔主流一下，也尝未不可。大师出神入化的诗歌创作，在物我两忘的自由王国里任意翱翔，就不能以凡夫俗子的常法常理，来考量他了。

对李白这样彻头彻尾的浪漫主义者来讲，要他做到绝对的皈依正统，死心踏地地在体制内打拼，恐怕是一件最痛苦的事情，继续做笼中的金丝鸟，无异于精神的奴役。这也是他第二次终于走出长安的底因。如果我们理解李白，他在人格上，更多的是一个悖背正统的叛逆者。但是，也别指望他能大彻大悟，李白与文学史上所有大师一样，无不处于矛盾之中，一方面，建功当世，以邀圣宠，扬声播名，以求闻达，这种强烈的名欲，使他几乎不能自已；一方面，浪迹天涯，啸歌江湖，徜徉山水，看穿红尘，恨不能归隐山林；一方面，及时行乐，不受羁束，声色犬马，胡姬吴娃，离开女人简直活不下去；一方面，四出干谒，曲事权贵，奔走营逐，卖弄才华，沉迷名利场中而不拔。所以，公元733年，他第一次离开长安后，东下徂徕，竹溪友集，人在江湖，其实，还是心存紫阙的，这是诗人一辈子也休想摆脱的"我辈岂是蓬蒿人"的攀高心结。

这不仅仅是李白，世界上有几个甘于寂寞，当真去归隐的文人呢？唐代，有许多在长安捞不到官做的文人，假门假势地要去隐遁，可又不肯走得太远，就到离长安不远的终南山当隐士。隔三岔五，假借回城打油买醋，背几箱方便面在山里吃的理由，屁颠屁颠地又溜进来青绮门，窥探都城动静。

"天生我才必有用，千金散尽还复来"，《将进酒》一诗中的这两句名言，注定了诗人不能忍受的，就是不堪于默默中度过一生。公元742年（天宝元年），他的机会来了，由于他的友人道士吴筠应召入京，吴筠又向玄宗推荐了李白，唐玄宗来了好兴致，征召我们这位诗人到长安为供奉翰林。于是，他写下这首毫不掩饰自己的得意之歌。

　　白酒新熟山中归，黄鸡啄黍秋正肥。呼童烹鸡酌白酒，儿女嬉笑牵人衣。高歌取醉欲自慰，起舞落日争光辉。游说万乘苦不早，著鞭跨马涉远道。会稽愚妇轻买

臣，余亦辞家西入秦。仰天大笑出门去，我辈岂是蓬蒿人。（李白《南陵别儿童入京》）

老百姓形容某个人过分的轻狂，喜欢说，骨头轻得没有四两。我估计，这位大师此时此刻，浑身上下加在一起，怕也没有 200 克重的。最后两句，我们能够想象诗人当时那副乐不可支的模样，幸而他一向佯狂惯了，要是这幸运落在《儒林外史》中的范进头上，怕到不了长安，就笑傻了。

凡诗人，都有强烈的表现欲，哪怕他装孙子，作假收敛，作假谦谨，那眼角的余光，所流露的贪念，是打埋不住的。所以，像李白这样不遮不掩、不盖不藏的真性情，真自在、真实在的内心，真透明的灵魂，倒显得更加直率可爱。

李白倒不是浪得大名，"五岁诵六甲"，"十岁观百家，轩辕以来颇得闻矣"，"十五观奇书，作赋凌相如"，深信自己具有"申管晏之谈，谋帝王之术，奋其智能，愿为辅弼，使寰区大定，海县清一"（李白《上安州裴长史书》）的能量，正是这一份超常智慧，卓异才华，使他既自信，更自负。他在《上安州裴长史书》中说：成年以后，"仗剑去云国，辞亲远游，南穷苍梧，东涉溟海"，可以看到他读百家奇书、求治国韬略、历江湖河海、涉名山大川以后，诗创作越发成熟，求功名越发强烈，做一番大事业的欲望越发坚定，求一个大位置的野心也越发迫切。

在《与韩荆州书》中的他，那豪放狂傲，不可一世的性格，和他干谒求售时急不可待的心情，两者如此巧妙地结合，不能不令人对其笔力所至，无不尽意的折服："白，陇西布衣，流落楚汉，十五好剑术，偏干诸侯。三十成文章，历抵卿相。虽长不满七尺，而心雄万夫。皆王公大人许以义气，此畴曩心迹，安敢不尽于君侯哉？"把自己狠狠吹了一通以后，又把荆州刺史韩朝宗，足足捧了一顿。"君侯制作侔神明，德行动天地。笔参造化，学究天人。幸愿开张心颜，不以长揖见拒，必若接之以高宴，纵之以清谈，请日试万言，倚马可待。"然后，进入主题，凡吹，凡拍，无不有明确的目标。"今天下以君侯为文章之司命，人物之权衡，一经品题，便作佳士。而今君侯何惜阶前盈尺之地，不使白扬眉吐气，激昂青云耶！"

李白的吹，吹出了水平，吹出了高度，怎样吹自己，是一门学问，以上引文，不足百字，要吹的全吹了，要达到的目标全表达了，而且，文采斐然，豪气逼人。我绝无厚古薄今的意思，当今一些作家、诗人在包装促销，炒作高卖方面，可谓瞠乎其后。到底是大诗人，大手笔，连吹，也吹出这一篇难得再见的绝妙文章。直到今天，李白先生吹自己的杰作，还被莘莘学子捧读，还能读得十分动情。时下文坛上那些吹者和被吹者，三个月，不，一个月以后，还有人记得吗？

一个作家，写了些东西，想让人叫好，是很正常的情绪。在信息泛滥得无所适从的今天，给读者打个照会，不必不好意思，无非广而告之。适当吹吹，无伤大雅。如今铺天盖地的广告，有几份是有一说一、有二说二的呢？因此，街头吆喝，巷尾叫卖，推销产品，便属必要。所以，别人不吹，自己来吹，老王卖瓜，自卖自夸，不是什么丢人现眼的事，拉点赞助，雇人鼓掌，也不必大惊小怪。

文人好吹，当然不是李白开的头，但不管怎么说，李白的诗和文章，却是第一流的，在文学史上的地位，也是众所周知的。所以，有得吹的吹，并不是一件坏事，让人痛苦的，是没得吹的也吹，充其量，一只瘪皮臭虫，能有多少脓血，硬吹成不可一世的鲲鹏，吹者不感到难堪，别人就会觉得很痛苦了。

但是，假冒伪劣产品，由于质次价廉的缘故，碰上贪便宜的顾客，相对要卖得好些。货真价实的李白，一脑子绝妙好诗，一肚子治国方略，就是推销不出去，第一次到长安，他只有坐冷板凳的份儿。

> 秋坐金张馆，繁阴昼不开。空烟迷雨色，萧飒望中来。翳翳昏垫苦，沉沉忧恨催。清秋何以慰，白酒盈吾杯。吟咏思管乐，此人已成灰。独酌聊自勉，谁贵经纶才？弹剑谢公子，无鱼良可哀。（李白《玉真公主别馆苦雨》）

好容易走了驸马爷张垍的门子，以为能一登龙门，便身价十倍，哪知权力场的斗争，可不是如诗人想象的那样简单。他两进长安，兴冲冲地来，灰溜溜地走，都栽在了官场倾轧、宫廷纷争之中。大概，一个真正的文学家，政治智商是高不到哪里去的，同样，一个真正的政治家，其文学才华，总是有限，这是鱼和熊掌不可得兼的事。不错，英国的丘吉尔获得过 1953 年的诺贝尔文学奖，与其说奖他的文学，不如说奖他坚定的反对共产主义的一生，来得更确切些。驸马将李白扔在了终南山里那位道姑的别墅里，再也不理不问，细雨蒙蒙之时，希望渺渺之际，能不发出感叹系之的悲鸣吗？

毛泽东曾用毛与皮的关系，比喻知识分子的依存问题。封建社会中所谓的"士"，也是要考虑"皮之不存，毛将焉附"的。李白为了找这块可以附着的皮，第二次进了长安。这回可是皇帝叫他来的，从此能够施展抱负了，虽然，他那诗人的灵魂，"安能摧眉折腰事权贵，使我不得开心颜"，不能完全适应这份新生活，只好以酒度日，长醉不醒。而李隆基分派下来的写诗任务，不过哄杨玉环开心而已。无法参预朝政，得不到"尽节报明主"的机会，眼看着"光景不待人，须臾发成丝"。最后，他只好连这份吃香喝辣的差使也不干了。终于打了辞职报告，卷起铺盖，告别长安。

本来他以为从此进入决策中枢，一显才智。可在帝王眼里，供奉翰林与华清池的小太监一样，一个搓背擦澡，一个即席赋诗，同是侍候人的差使。也许，他未必真心想走，说不定一步一回头，盼着宫中传旨让他打道回朝，与圣上热烈拥抱呢！我们这位大诗人，在兴庆宫外，左等不来，右等不到，只好噘着嘴，骑着驴，出春明门，东下洛阳，去看杜甫了。

这就是封建社会中的知识分子，总是处于出世与入世，在野与在朝，又想吃、又怕烫，要不吃、又心痒的重重矛盾之中的原因，也是历代统治者对文人不待见，不放心，断不了收拾，甚至杀头的原因。

第二次漫游，李白走遍了鲁、晋、豫、冀、湘、鄂、苏、浙，公元 753 年（天宝十二载），在安徽宣城，又写了一首感到相当失落，但仍不甘失落的诗。

青春几何时，黄鸟鸣不歇。天涯失乡路，江外老华发。心飞秦塞云，影滞楚关月。身世殊烂漫，田园久芜没。岁晏何所从，长歌谢金阙。（李白《江南春怀》）

也许，一个人的性格可能决定了他的命运，同样，一个人的命运也可能支配着他的心路历程。十年过去，无论他兜了多么大的圈子，从那首"浩歌待明月"，到这首"长歌谢金阙"，轨迹不变，仍旧回到最初的精神起点上去。

真为我们的想不开的诗人痛苦。老先生啊，文学史记住的是你的诗，至于你的官衔，你的功名，你的房子，你的车子，你的医疗待遇，你的红本派司，那是一笔带过的东西，即使写在悼词里，光荣、伟大、正确、英明，外加上高尚、雄伟、辽阔、壮观，一直到呜呼尚飨，节哀顺变，全写了，又如何？念完以后也就完了，没有一个人会听进耳朵里去。说实在的，屁还有臭味，这些谀词，连屁都不如。李白应该明白，人们记住的，是你的诗，而不是别的。

当然，能让人记住你的诗，也要写得好才行，撒烂污是不行的。现在有些诗人，诗写得很狗屁，还指望有人记住，那就是感觉失灵。其实，他人还没死，那些狗屁诗早就销声匿迹了。所以，一看到我的许多同行，诗写得没有李白的万分之一好，"李白病"却害得不轻，忙忙碌碌，蝇营狗苟，鬼鬼祟祟，东奔西走，谋这个职位，求那个差使，拍这个马屁，钻那个空子，得着，欢天喜地，笑逐颜开；得不着，呼天抢地，如丧考妣。我就想，有那精神和时间，写点东西该多好？看点闲书该多好？不写东西，也不看书，躺在草地上，四肢撑开，像一个"大"字，看天上的浮云游走，又该有多自在？

文人得了这种病！也就没治了！

我一直在思索，若是李白死心踏地地去做他的行吟诗人、云游山人、业余道人，或者大众情人，或者长醉之人，有什么不好？可他偏热衷于做官宦之人，总是心绪如麻地往长安那个方向眺望不已，难道他还看不出来，那个不可救药的李隆基，已离完蛋不远了吗？就算朝中的清醒者，聘他回长安施展治国才能，坐在火药桶上的李唐王朝，引线已经点燃，开始倒计时，他能阻止这场帝国大爆炸吗？

但诗人不，撇开他的私念不论，应该说，他还不是像我所认识的那些同行，利欲熏心，不能自已。他的心胸中，那一份爱家爱国的执着信念，那一份立功建业的强烈愿望，还是令人感动。尤其那一份"欲献济时策，此心谁见明"的急迫感，简直成了他的心狱。在登谢眺楼时，还念念不忘"何时腾风云，搏击申所能"。那个昏聩的唐玄宗，早把醉酒成篇的诗人，忘掉在九霄云外，时隔十年以后的李白，还自作多情地"弃我去者昨日之日不可留，乱我心者今日之日多烦扰"，忧国忧民不已，读诗至此，不能不为从三闾大夫起的中国文人那种多余的痴情，感到深深的悲哀。

他不爱你，你还爱他，这单相思岂不是白害了吗？

公元755年，李唐王朝的盛世光景，再也维持不下去，安史之乱终于爆发，从此，大唐元气不复，走向衰弱。同样，这场动乱也将李白推到皇室斗争的政治旋涡之中，成了牺牲品。他还没有来得及弄清谁是谁非，急忙忙站错了队，便草草地于诟辱中走完生命的最后旅程。

文学家玩政治，十有九败；政治家玩文学，十有十个，都是扯淡。

李白当然不知最后会是个什么下场，他是个快活人，即使在逃亡避难、奔走依靠途中，也不乏行吟歌啸、诗人兴会、酒女舞伎、游山逛水的快活，这是他几乎不可或缺的人生"功课"，该快活，能快活，还是要快活的。但是，诗人是个矛盾体，快活的同时，也有不快活，便是那场血洗中华的战乱，他不能不激动，不能不愤怒，不能不忧心忡忡。

> 马如一匹练，明日过吴门。乃是要离客，西来欲报恩。笑开燕匕首，拂拭竟无言。狄犬吠清洛，天津成塞垣。爱子隔东鲁，空悲断肠猿。林回弃白璧，千里阻同奔。君为我致之，轻赍涉淮原。精诚合天道，不愧远游魂。（李白《赠武十七谔》）

他那诗人的灵魂，总不会与国家的沦亡、民族的安危，了无干系的，他不可能不把目光，从酒杯和女人的胴体移开，关注两淮战事与河洛安危，"抚剑夜吟啸，雄心日千里"，"中夜四五叹，常为大国忧"，河山灰烬，社稷倾圮，爱国之情，报国之心。还是使得这位快活的诗人不快活，夜不能眠，起坐徘徊。

所以，为李白辩者，常从这个共赴国难的角度，为他应诏入永王幕表白。但那是说不通的，很难设想关心政治的李白，会糊涂到丝毫不知这个握兵重镇的李璘，正在反叛的事实。他之所以走出这一步，是经过了慎思熟虑的。我认为大唐王朝建国初期的玄武门之变，这个历史上的特例，对诗人的那根兴奋了的迷走神经来说，是一种隐隐的、说不出口，可又时刻萦注在心的强刺激。他心中有个场，就是在决胜局尚未揭晓之前，既没有胜者，也没有败者，谁知这位皇子，会不会是第二个李世民，明天的唐太宗呢？

诗人是以一个赌徒的心理，押上这一宝的。他哪里想到，这一步铸成他的大错，这一错加速他的死亡。

当他被李璘邀去参观那一支王牌水师，走上楼船的甲板时，官员们呐喊欢呼，列队欢迎，水兵们持枪致敬，恭请检阅。穿上军衣，戴上军阶，挎上军刀，行着军礼的李白，总算体验到一次运筹帷幄之威风，指挥统率之光荣，顿时间，忘乎所以，啸歌江上，脑袋发热，赞歌飞扬，把身边的野心家，当成明日之星，大发诗兴，一下子泉涌般地写了十一首颂诗。

马屁拍得也太厉害点了，诗人哪，你也太过分了吧！这实在有点破天荒，当年，李隆基点名请他赋诗，才写了三首《清平调词》。

> 三川北虏乱如麻，四海南奔似永嘉。但用东山谢安
> 石，为君谈笑静胡沙。（李白《永王东巡歌》其二）

他也不掂掂分量，就把自己比作指挥淝水之战的名将。牛皮之后，又别有用心地暗示李璘。

> 龙蟠虎踞帝王州，帝子金陵访故丘。春风试暖昭阳
> 殿，明月还过鹧鹕楼。（李白《永王东巡歌》其四）

最后，则认为天下已定，佐驾有功，就等着永王璘记公司的老板给他分红了。

试借君王玉马鞭，指挥戎虏坐琼筵。南风一扫胡尘静，西入长安到日边。（李白《永王东巡歌》其十一）

一个本来"安能摧眉折腰事权贵"的诗人，现在，成为政治上的糊涂虫，这种文人见木不见林的短见，太实用，也太庸俗的功利主义，真不禁为误入歧途的大诗人李白叹息。

公元756年（至德元载）七月，太子李亨即位于灵武，十二月，一看没戏的永王李璘，公开打出反叛旗帜，割据金陵。公元757年（至德二载）正月，永王率水师东下，经浔阳，从庐山把诗人请了下来。政治家有时需要文学家，只不过起个招牌作用而已，李璘举事，民心不附，当然要打这样一位名流作号召。诗人有其天真的一面，当真想象他就是东晋的"斯人不出，如苍生何"的谢安，胡子一撅一撅，下山辅佐王业去了。

其实，李璘集结军队，顺流而下，分兵袭击吴郡、广陵，已引起江南士民的抵抗，李白是清楚的。急于扩大地盘，另立中央的行径，几乎没有州县响应，更无名流支持，李白也是了解的。否则就没有犹豫再三，最后经不起敦劝和诱惑，才入幕为宾的过程。

他哪里想到，那个刚登上皇位的李亨，一见后院着火，大敌当前也顾不得了，回出手来便狠狠地收拾他的兄弟。二月份在镇江的一场激战，曾被诗人歌颂过的英武水师，被打得溃不成军，诗人至此，吃什么后悔药也来不及了。

李白先是亡走彭泽，后被捕，下浔阳狱，待定罪。幸好，得到御史中丞宋若思的营救，取保释放，免受牢狱之灾。出于感激，他赶紧写了一首题目很长的诗，《中丞宋公以吴兵三千赴河南军次寻阳脱余之囚参谋幕府因赠之》，献上去。这个马屁，我们应该体谅他不得不一为之了。

独坐清天下，专征出海隅。九江皆渡虎，三郡尽还珠。组练明秋浦，楼船入郢都。风高初选将，月满欲平胡。杀气横千里，军声动九区。白猿惭剑术，黄石借兵符。戎虏行当剪，鲸鲵立可诛。自怜非剧孟，何以佐良图。

所以把这首泛泛的诗作，抄录出来，因为我实在怀疑，是不是原来打算献给永王的？如果那个野心家真的坐江山的话，这不是一首写他创业建功的现成的诗吗？

这世界上有的是小人，而皇帝有可能是最大的小人，这期间，李白还请托过大将军郭子仪，为他在陛下那里缓颊，"表荐其才可用"，但李亨很生气诗人一屁股坐在他弟弟那边，为他写诗，而不为自己写诗。那好，长放夜郎，让你明白站队站错了，必须付出代价。最可笑的，那个主犯李璘，没有定罪，而从犯李白，李亨却不肯原谅。李亨不保他，谁保也不行，诗人保外的日子很快结束，最后，给他定了"从璘"罪，流放夜郎。

《旧唐书》为史家著，对于李白之死，是这样写的："永王谋乱，兵败，白坐长流夜郎，后遇赦得还，竟以饮酒过度，醉死于宣城。"《新唐书》为文人撰，对于同行多所回避，连醉也略而不谈了。但从宋梅尧臣诗《采石月下赠功甫》说："醉中爱月江底悬，以手弄月身翻然。"宋陈善《扪虱新话》记苏东坡赠潘谷诗句："一朝入海寻李白，空看人间画墨仙。"元辛文房《唐才子传》："白晚节好黄老，度牛渚矶，乘酒捉月，沉水中。"李白醉酒落水而死，杜甫过食牛肉而亡的传说，却在民间一直流传至今。中国文人的非正常死亡，这是两个经常提及的例证。有一说，诗人醉酒泛舟江上，误以为水中月为天上月，俯身捉月，一去不回。有一说，诗人看到江上的月影，以为是九霄云外的天廷，派使者来接他上天，遂迎了过去，跃入江水之中，有去无归。

　　大鹏飞兮振八裔，中天摧兮力不济。余风激兮万世，
　游扶桑兮挂石袂。后人得之传此，仲尼亡兮谁为出涕。
　　（李白《临路歌》）

　　这是他最后一首诗作，这个一辈子视自己为大鹏，恨不能振翅飞得更高的诗人，忘了万有引力这个规律，终于还是要重重地摔落在地上的。诗人最后选择了投入江水怀抱中的这个办法，也许他想到老子那句名言："上善若水。"这个结局，说不定能给后人，多留下一点遐想的余地。

李白与王维

公元 730 年（唐开元十八年），李白经河南南阳至长安。

在此之前，他漫游天下，行至湖北安陆，因娶了故相许圉师的孙女，成了上门女婿，遂定居下来。这期间，多次向地方长官上书自荐，以求闻达，不应。于是，就如同当下很多艺术家、文化人来到北京闯世界，而成为"北漂"那样，李白要当唐朝的"长漂"一族，遂下定决心来首都长安发展。

他是中国文学史上最不肯安分的诗人之一。

这位大师总是想尽一切方法爆发他的能量，炫示他的精力，表现他的丰采，突出他的欲望。一个人，像一杯温吞水，过一辈子，"清风吹不起半点涟漪"，是一种活法；同样，像大海里的一叶扁舟，忽而腾升，忽而倾覆，忽而危殆，忽而逃生，惊涛骇浪一辈子，也未尝不是一种活法。

李白的一生，近似后者。他曾经写过一首《上李邕》的诗，大有寓意在焉。"大鹏一日同风起，扶摇直上九万里。假令风歇时下来，犹能簸却沧溟水。"诗中的主人公，其实就是他老人家自己。

这既是他对自己平生的自况，也是他对自己创作的自信。

诚然，自信，是中国文人具有强势冲击力的表现；自信，也是中国文人能够在大环境中，保持独立精神的根本。李白给中国文学留下来的众多遗产之中，这种强烈的自信，自信到"狂"而且"妄"，也是值得称道的。否则，中国文人统统都成了鼻涕虫，成了脓包蛋，成了点头哈腰，成了跪在皇帝脚下"臣罪当诛兮"的窝囊废，恐怕中国文学史上，再也找不到一篇腰杆笔直、精神昂扬的作品了。

唐代诗运之兴隆旺盛，应归功于唐代诗人的狂放。

什么叫狂放？狂放就是尽情尽性，狂放就是我行我素，狂放就是不在乎别人怎么看，狂放就是不理会别人怎么想。一个社会，安分守己者多，对于统治者来说，当然是件好事。一个文坛，循规蹈矩的诗人多了、老实本分的作家多了，恐怕就不大容易出大作品了。

诗称盛唐，其所以盛，就在于有李白这样桀骜不羁的大师。

此公活着的时候，就声名遐迩，如日中天，就期然自许，藐视群伦。因此，他认为自己有资格这样做，也就放任自己这样做，这种率性而为的自信，是他的精神支柱，也是他的生存方式。所以，无论得意的时候，还是失意的时候，他那脑袋总是昂得高高的。

文人的狂，可分两类，一是有资本的狂，一是无资本的狂。李白一生，文学资本自是充裕得不得了，可政治资本却是穷光蛋，因此，他活着的时候，所表现出来狂，对政治家而言，就是不识时务的傻狂了。文人有了成就，容易不可一世，容易旁若无人，当然也就容易招恨遭嫉，容易成为众矢之的，中国文人的许多悲剧，无不由此而生，这也实在是没有办法的事。

杜甫写过一首题曰《不见》，副题为《近无李白消息》的诗，"不见李生久，佯狂真可哀。世人皆曰杀，我独怜其才。敏捷诗千首，飘零酒一杯。匡山读书处，头白好归来。"此中的一个"杀"字，令人不寒而栗。也许杜甫说得夸张了些，但也可见当时的社会舆论，群众反映，对他的张狂，未必都欣赏的。

一个纯粹的文人，通常都一根筋，通常都不谙世务。他不明白，文学资本拥有得再多，那是不可兑换的货币。在文学圈子里面流通可以，一出这个范围，就大为贬值。那是政治资本的天下，在世人眼里，权力才是硬通货。李白的计算公式，文学资本等于政治资本，不过是一厢情愿；统治者的计算公式：文学资本不等于政治资本，才是严酷的事实。

李白一辈子没少碰钉子，一直碰到死为止，根本原因，就出在这个公式的计算错误上。从他下面这封自荐信，可见他是多么看重自己这点文学本钱。

> 前礼部尚书苏公出为益州长史，白于路中投刺，待以布衣之礼，因谓群僚曰："此子天才英丽，下笔不休，虽风力未成，且见专车之骨，若广之以学，可以相如比肩也。"四海明识，具如此谈。前此郡督马公，朝野豪彦，一见尽礼，许为奇才。因谓长史李京之曰：诸人之文，犹山无烟霞，春无草树。李白之文，清雄奔放，名章俊语，络绎间起，光明洞彻，句句动人。（李白《上安州

裴长史书》）

这本是应该出自第三者口中的褒誉之词，由当事人自己大言不惭地讲出来，从自我炒作的角度，堪称经典。在中国文学史上，借他人之嘴，吹捧自己，能如此坦然淡定；将别人看扁，抬高自己，能如此镇定自若，大概也就只有李白这位高手做得出来。你不得不对这位自我标榜时，面不改色心不跳的大师，要五体投地表示钦佩了。

还有一封《与韩荆州书》，因为收入《古文观止》的缘故，更是广为人知。在这封信里，他把自己的这点老本，强调到极致地步。"白陇西布衣，流落楚汉，十五好剑术，遍于诸侯。三十成文章，历抵卿相。虽长不满七尺，而心雄万夫，皆王公大人许与气义，此畴曩心迹，安敢不尽于君侯哉？幸愿开张心颜，不以长揖见拒。必若接之以高宴，纵之以清谈，请日试万言，倚马可待。今天下以君侯为文章之司命，人物之权衡，一经品题，便作佳士。而君侯何惜阶前盈尺之地，不使白扬眉吐气，激昂青云耶？"

其实，安州裴长史也好，荆州韩朝宗也好，能帮李白什么忙？这些官场人物，不过是政客而已，因为喜欢舞文弄墨，傍几个诗人作家，作风雅状，装门面而已。即使大政治家、大军事家，了不起的领袖又如何？也是不把文人雅士当一回事的。公元 1812 年 6 月，拿破仑一世大举进攻莫斯科，曾经带了一个连的诗人同往。准备在他进入这座城池时，向他贡献歌颂武功的十四行诗。结果大败而归，狼狈逃窜，诗人的鹅毛笔没派上用场。副官问这位小个子统帅，拿这班诗人怎么办才是，拿破仑说，将他们编入骡马辎重队里当力夫好了。

这就充分说明，当政治家附庸风雅的时候，可能对文人假之以颜色，待之以宾客，而当他进入权力角逐的状态下，再大的诗人，再棒的作家，也就成为可有可无、可生可杀的草芥了。

但是，李白这两通吃了闭门羹的上书，并没有使他有足够的清醒。中国文人，成就愈高，自信愈强，待价而沽的欲望，也就愈烈，将文学资本兑换成为政治资本的念头，一发而不可收拾，这就成了李白要到长安来打拼天下的原动力。无独有偶的，早在三年前，公元727年（开元十五年），王维就离开河南淇水，舍掉那一份小差使，抱着与李白同样的目的，来到都城，也想开创一个属于自己的世界。

开元之治，史称盛世，也是这两位诗人创作的黄金季节。

王维的诗，"画中有诗，诗中有画"，涵泳大雅，无异天籁。李白的诗，高昂则黄钟大吕，金声玉振，低回则浪漫奇绝，灵思奔涌。他们作品中那无与伦比的创造力、想象力、震撼力及美学价值，构筑了盛唐诗歌的繁荣景象。

那时的中国，尚无专事捧场的评论家，尚无只要给钱就抬轿子的吹鼓手，尚无狗屁不是就敢信口雌黄的牛皮匠，尚无报刊、杂志、网站、电视台的恶俗排行榜，尚无臭虫、蟑螂、蚊子、小咬之类以叮人为业的文学小虫子。因之，唐朝读者的胃口，还没有退化到不辨薰莸；唐朝读者的智商，还没有被训练到集体无意识状态。所以，这两位大师的诗篇，只要一出手，立刻洛阳纸贵，只要一传唱，马上不胫而走。上自达官贵人，下至黎民百姓，众望所归；高自帝王后妃，低至贩夫走卒，无不宗奉。

可对诗人而言，尽管名气大，地位却不高，尽管很风光，身份却较低。这种名位上的不对称，而造成的心理上的不平衡，弄得两位大师，很有一点食不甘味、寝不安席的苦恼。王维23岁就进士及第了，巴结多年，才混到正九品下的官职，也就是一个科级干部吧！而功不成名不就的李白，更惨，虽然娶了过气高门之孙女，沾了一点门阀之光，可布衣之身，尚未"释褐"，仍是白丁，总不免自惭形秽，矮人一截。

究其根源，问题还是出在中国文人几乎都有的政治情结上。中国文人，在文学上成功者，便想在政治上有所作为，以达到相得益彰的效果；在文学上不成功者，也要借政治上的裨益来弥补，以求人五人六站稳脚跟。但是，中国文人，绝对长于文学者，也绝对短于政治，特别善于政治者，也特别不善于文学，因此，文学成就很高者，其政治智商必定很低，这两位，成功于文学，失败在政治，这大概也是中国文人难逃的宿命。

然而，他俩还是义无反顾地，要到长安打拼，加入长漂一族，求得出头之天。

依世俗的看法，这两位同来长安，同求发达的诗人，联袂出现于公开场合，叙谈契阔于文艺沙龙，寒暄问候于皇家宫苑，见面握手于殿堂宫阙，是理所当然的事。"物以类聚，人以群分"嘛！不一定很熟悉，但一定不面生，不一定很知己，但一定有接触。同进同出，亲密无间，也许不可能；但视若陌路，互不理会，总是说不过去的。

然而，后来研究唐代诗歌的人，忍不住蹊跷的，也是感到难以理解的。第一，在他们两位的全部作品中，找不到涉及对方的一字一句。第二，在所有的正史、野史里，也查不出来他们来往过，聚会过，碰过头，见过面的资料。

两位大师在长安期间，竟然毫无任何交往，这个历史上的空白，遂成了中国文学史上的斯芬克思之谜。

我们知道：王维生于公元701年，死于公元760年。李白生于公元701年，死于公元762年。两人年纪相仿，写作相类，名声相似，甚至连资本兑换的欲求也都相同，这哥儿俩，没有理由不在一起赋诗唱和，说文咏句，论道探禅，行乐遨游。那是中国历史上的开元盛世，也是中国诗歌史的黄金年代，更是中国文人最足以释放能量的无限空间啊！

可是，从公元730年至733年（开元十八年至二十一年），从公元742年至744年（天宝元年至天宝三载），先后共有5年工夫，同住在首善之区的两位诗人，却是"鸡犬之声相闻，老死不相往来"。这样，不禁要问一声"为什么"了！

同时出现在公元8世纪20年代，首都长安的李白与王维，使我们联想到20世纪20年代的古都北平，五四新文化运动肇始时期的鲁迅与胡适。也许，胡鲁或鲁胡，李王或王李，无法类比，但在领衔文坛，引导潮流，左右舆论，吸引眼球这一点上，性质多少相似。

胡鲁或鲁胡，文学观点不尽相同，政治立场也大为相左，但都在北平教书做事，无论怎样悖背不一，并不妨碍他们聚在前门外厚德福饭庄吃铁锅蛋，无论怎样分歧交恶，也不影响他们在中山公园的来今雨轩品雨前茶。

尤其天宝年间，李白与王维第二次相集长安，李很抖，被唐玄宗由布衣擢为待诏翰林，一朝得意，满身朱紫。王也很抖，为从七品上的左补阙，相当于准部级的高干，高轩华盖，随从骖乘。同在朝廷供职，同捧皇家饭碗，同是御用文人，同为诗界泰斗。但不知为什么，仍是形若水火，动若参商，仍是咫尺天涯，不谋一面，这就使人惶惑了。

唐代的长安，比之今天的西安，要大三四倍，无论怎么大，在同一座城池里，怎么找理由，怎么设法解释，李白、王维，盛唐诗坛的领军人物，不至于好几年工夫，像捉迷藏似的互相躲着。

以我所在的京城文坛为例，文联、作协、报刊社、出版界，加在一起，一年下来，没有三百场，也有二百场文学活动要举行的。这其中，至少有一百场的与会者，名单基本大同小异。因此，各路诸侯，海内文士，艺坛名宿，京都闻人，绝对有很多欢聚一堂的机会。

这种会，第一，热闹，有男有女，有老有少，亲朋好友，点头哈腰，大都一请就到；第二，滋润，茶水侍候，饭局等待，红包奉送，打的报销，不愁没人捧场。于是，上至大老，下至蔑片，呼之即来，来之能战。或捧场，或鼓吹，或炒作，或推销，或哼哈二将，吹之拍之，或四大金刚，歌之颂之，或合唱团员，附之和之，或老将拍板，一槌定音。都是再熟悉不过的那几张肉脸，那几句套话，天天见面，日日碰头，只有看腻了的可能，而无见不着的遗憾。甚者，上午一个会，下午一个会，中午还在一张宴会桌上碰杯。衮衮文坛诸公，当红风头人物，穿红着绿女记，沏茶倒水人员，基本上是两天见三次面。如果真是一日不见，倒确有如隔三秋之感。

唐代长安，虽然没有诸如此类的文学活动，如果这两位诗人，不那么故意闹别扭的话，见面碰头的机会，应是断不了有的。大家知道，王维信佛，"居常蔬食，不茹荤血"，"在京师日饭十数名僧"（《旧唐书》），很难想象这样虔诚的佛教徒，会不去佛寺祷拜祈福？大家更知道，李白风流，"落花踏尽游何处？笑入胡姬酒肆中"（李白《少年行》），是个既离不开酒，也离不开女人的声色才子，会安稳地坐在家里纳福？当时长安外廓城里，"有僧寺六十四，尼寺二十七，道士观十，女观六，波斯寺二，胡天祠四"（违述《两京新记》），遍布人烟稠密的里坊间，而著名的声色场所，如平康里的上中下三曲，也处于闹市区，歌伎胡女，僧人尼姑，比邻而居，乃长安开放社会的特色。

　　那时，王维的辋川别业，尚未完全修缮完毕，自然借住其弟王缙在城里的宅子。据清人徐松所撰的《唐两京城坊考》，属于"长漂"一族李白，并无在他名下的邸宅。倘非住在旅店，就是寄寓崇仁坊、平康坊的各地进奏院，相当于今天的外省市驻京办，与王维、王缙所居的道政坊，只有一街之隔，相距不远。因此，拈香礼佛的王维，与寻花问柳的李白，狭路相逢，绝有可能。除非他们俩，刻意回避，有心躲让，否则，这种不照面，不往来，不相识，不过话的背后，不能不令人疑窦丛生，令人费解。

　　何况，李白集中，有《赠孟浩然》《黄鹤楼送孟浩然之广陵》《春日归山寄孟浩然》等诗，交情匪浅；而王维集中，则有《送孟六归襄阳》《哭孟浩然》等诗，友谊颇深。由此判断，孟浩然乃李白、王维的共同朋友，而且不是泛泛之交，当无疑问。实际情况却是：你的朋友，可以成为我的朋友，我的朋友，也可以成为你的朋友，独独我和你，偏偏不可以成为朋友。李白和王维，就这么别扭着，岂非咄咄怪事？

如果孟浩然是一位女诗人，而且有点姿色，自然要避免这种争风吃醋的尴尬场面。正如当下的外地美女作家，来到北京推销自己，决不会把京城四大评论家、四小评论家，同时约在一家星级饭店开房间见面，哪还不得出人命案？孟浩然，当然不会有这等情色麻烦，可他怎么对待这两位朋友，估计也是很不自在的。难就难在与王在一起的时候，不能有李，而与李在一起的时候，又不能有王。这就成了一袋米、一只鸡，和一个狐狸乘船过河的脑筋急转弯的难题了。

孟浩然肯定作过努力，因为，重感情，讲友谊，喜交往，好宾客，正是这两位诗人的共同之处。王维那首"西出阳关无故人"的《送元二使安西》，是尽人皆知的。在他诗集里，这样的"送别诗"，几占总量的五分之一，说明王维之情真意挚，很看重与友人的交往。具有如此平易近人、融洽处世的性格，应该有其乐意接近李白的可能性。而李白之重然诺，讲义气，任侠仗义，敢于承担，孟浩然估计，谅不至于将朋友的朋友拒之门外吧？李白第一次东游，在扬州，为救济落魄公子，"不逾一年，散金三十余万"，何等慷慨？同游者死于中途，李白"雪泣持刃，躬申洗削，裹骨徒步，寝兴携持，行数千里归之故土"（李白《上安州裴长史书》），何等忠忱？如此两位看重友情的人，怎么可能大路朝天，各走一边，长安街头，见而佯作不识呢？

然而，孟浩然的一片好心，落空了，这哥儿俩就是别扭着。其实，作为这两位诗人的共同朋友，他应该了解，李白也好，王维也好，起决定作用的因素，是他们内心深处里，存在着难于交聚的瑜亮情结。

公元730年（唐开元十八年）前后，李白第一次到长安，王维已是第三度来长安，两人想做的是同一件事，因文学上的成功，期求政治上的得意。但两人心境却不尽相同。李白乘兴而来，一路风光，自我感觉，异常良好，志在必得，王维一再挫折，跌跌绊绊，吃过苦头，心有余悸。

历朝历代的中国文人，断不了要吃历朝历代皇帝所恩赐的苦头。于是，苦头之先吃，还是后吃，对于中国文人的性格和命运，便产生若干不同。

王维是先吃苦头，李白是后吃苦头。先吃苦头的王维，明白了天有多高，地有多厚，明白了天地之间的自己，应该摆在什么位置上，故而他身段放得很低，低到让李白大概很看不起。后吃苦头的李白，在掌声中，在鲜花中，在酩酊的醉眼蒙眬中，在胡姬的迷人回眸中，有点不知天高地厚，更不知天地之间，最可有可无的东西，就是文人。因此，他的行事方式，往往正面进攻，他的敢作敢为，常常不计后果，这大概也是王维要同他拉开距离的一个原因。

李白到长安来，可能还是靠着妻子娘家的鼎助，得以打通时任右丞相张说的关节，肯于舍出脸来为之说项，这当然是天大的面子了。而他的诗名，也为张说的儿子张垍，一位驸马爷所看重，愿意帮他这个忙，这样一来，更是胜券在握。在唐代，无论科举，无论求仕，介绍人的举荐，非常重要，十分关键。用今天的话说，走门子，用当时的话说，干谒，是一种正当的行为。李白所以十拿九稳，心性颇高，所以不把同行王维摆在眼里，因为攀附上张说父子，门路不可谓不硬，后盾不可谓不强，大有静候佳音，坐等捷报之势，估计那些日子里，我们这位高枕无忧的大师，小酒没有少捏。

其实，李白有些轻忽王维，忘了他具有住地户的优势。正如今天的北漂一族，只能有临时居住证而无北京户口一样，王维口袋里有李白所没有的这纸长安市民文书。这纸文书也许没有什么了不起，但体现出王维在首都的根基、人脉、资源、可以调动起来为他所用的一切因素，李白在这方面只能瞠乎其后。

当李白觉察到这种差距，从而引起他对王维的警惕，从而发展到冰炭不容、相互扞格的隔膜，就是这两位大师，所选择的干谒路径，殊途同归，都在希望得到唐玄宗的姐姐玉真公主的赏识，只要她首肯谁，谁就会一跃龙门，平地青云。

王维 23 岁中式以后，就被任命为大乐丞。他在这个国家交响乐团的岗位上犯了错误，纯因少不经事的过失。史载他的属下伶人因演《黄狮子》只能供皇帝观看的舞，而被降职贬放。但李白显然没估计到，这个最高乐府的职务，正是王维的音乐天赋、表演才能，以及他诗歌书画方面的成就，得以体现出来的机会呀！"凡诸王驸马豪右贵势之门，无不拂席迎之，宁王、薛王待之如师友。""尤为岐王所眷重。"（《旧唐书》本传）

从《从岐王过杨氏别业应教》《从岐王夜宴卫家山池应教》《敕借岐王九成宫避暑应教》等王维所作的诗，看来，他与这位"好学工书，雅爱文章之士"的岐王，有着过从甚密的关系。而据《集异记》，王维"妙年洁白，风姿都美"，"风流蕴藉，语言谐戏"，"大为诸贵之所钦瞩"，个人形象上占了很大的优势，在重要人物眼中，得到一个视觉上完美的影响分，作用匪浅，这也是李白不禁要自惭形秽之处了。再则，除宁王、岐王、薛王外，王维所交往密切的贵公子，也非等闲人物。如唐太祖景帝七世孙李遵，如武、中、睿三朝宰相韦安石之子韦陟、韦斌兄弟等，都是能在关键时刻起到奥援作用的中坚力量。

长漂一族李白，在京城就得不到这种如鱼得水的幸运了。首先，高层社会，他缺乏根基；其次，权力中心，他难有依靠；再其次，王维结交者，当权派，实力派，主流派，在朝派，都是一言九鼎之辈，无一不是有用之人。而李白结交者，文人墨客，酒徒醉鬼，胡女歌伎，普罗大众，都是上不了台盘、帮不了屁忙的平民百姓。所以，虽经张说、张垍父子推介，得以住进玉真公主的别馆，等待接见。可远在城外，离长安还有一段路程，加之公主很忙，一时来不了，也许说不定把他忘了。

有一首《玉真公主别馆苦雨》的诗，便是李白待命时刻的心境写照。"秋坐金张馆，繁阴昼不开。空烟迷雨色，萧飒望中来。翳翳昏垫苦，沉沉忧恨催。清秋何以慰？白酒盈吾杯。吟咏思管乐，此人已成灰。独酌聊自勉，谁贵经纶才？弹剑谢公子，无鱼良可哀。"

这首诗写得很凄清，很郁闷，那点滴的檐头细雨，那瑟瑟的山间冷风，那空茫的乏人问津，那寂寞的无望等待，是李白少有的低调作品。因为他不可能不知道他所期盼的这位公主，那位李隆基的九姐，很大程度上替她弟弟照管一下意识形态方面的事务，负有发现人才、培养重点作家的使命，正兴致勃勃地观看王维的琵琶独奏，并大加赏识呢！

> 维，字摩诘，太原人。九岁知属辞，工草隶，娴音律。岐王重之。维将应举，岐王谓曰："子诗清越者，可录数篇，琵琶新声，能度一曲，同诣九公主第。"维如其言。是日，诸伶拥维独奏，主问何名，曰："《郁轮袍》。"因出诗卷。主曰："皆我习讽，谓是古作，乃子之佳作乎？"延于上座曰："京兆得此生为解头，荣哉！"力荐之，开元十九年状元及第。（《唐才子传》）

虽然王维一生以此为耻，靠卖艺求荣，苟且仕进，但他从此春风得意，平步青云；而李白尽管身孤心冷，尽管磊落光明，尽管不为富贵折腰，可始终没见到公主的倩影，没得到公主的芳心，只好灰溜溜地淹塞而归，对争胜好强的李白来讲，这是多么没面子、多么扫兴、多么无趣的结果啊！

我想，这可能就是两位顶级大师隔阂的肇始缘由。而对雄性动物来讲，再没有比斗败的鹌鹑打败的鸡，更为刻骨铭心，更为饮恨终生的痛苦了。

作为文人，自信是应该有的，自尊也是应该有的，但是，特别的自信，格外的自尊，那必然，紧接着而来的便是令人讨厌的自大了。李白这一次长安之行，是对他自信、自尊，乃至自大的一次挑战，他当然吞不下这枚苦果，因此，李白与王维，遂成为永无交结可能的平行线。两位大师的"零度"

反应，在长安城里的不通往来，这个唐代诗歌史的不解之谜，似乎也就大致了解底里了。

我试着推断，这当中，肯定有一位，有意约束自己，说不定，是他们两位，决心回避对方。一个强大的文人，不大容易与势均力敌的对手，在同一天空底下共存。也许觉得你不见我，我不见你，反而更自在些，更自由些。

后来人对于前贤，都有一种"为尊者讳"的谅解，都有一种"玉成其美"的愿望，也就不甚细究，随它去了。实际上，历史的细胞，是一个一个具体的人，而人的性格，决定了他在历史中的角色地位。因此，一个太自信的李白，和一个太自重的王维，形成这种旗鼓相当、互为芥蒂、彼此戒惧、壁垒森严的局面，本质上也是一种强之为强的势所必然。

应该说，一流的文人，只能对二流、三流、不入流的文人，起到磁吸作用。在京城地界上待久了，在文学聚会上混多了，你就会总结得出来，什么人跟什么人坐在一起，什么人和什么人偏不坐在一起，什么人簇拥着谁，什么人背对着谁，你就大致了解所谓的"圈子"是怎么构成的了。至于那些风头正健的女性作家，拼命把胸脯子努力贴着谁，恨不能保持着零距离；至于那些年老色衰的女性作家，一脸怨恨地瞅着谁，作弃妇状恨不得吃了谁，则更是就近观察的指标。呜呼，每个圈子都是一个小太阳系，众星绕着太阳运行，太阳接受众星拥戴。而若干个"圈子"组合到一起，便叫作文坛。

因此，一个太阳系里，只能容纳一个太阳。若是两个不埒上下的重磅文人，如宇宙间两个等质的物体，便得按物理学上的万有引力定律行事，只有相拒和相斥，无法凑到一个壶里了。文坛的不安生，无不由此而来。

李白与王维，就是循着自己的轨迹运行而无法相交的星系。

也许真实的历史，并非如此，但如果这个斯芬克思之谜的谜底，就是这样，也没有什么不好。谁不愿意仰望那满天繁星的夜空呢？每颗星星都在银河系里闪烁着自己的光芒，那宇宙才称得上灿烂辉煌。

若是，只有一颗星星在眨眼的夜空，或者，只许一颗星星在发光的文坛，那该多么寂寞啊！

总为从前作诗苦

中国人谈诗，离不开唐诗，因为那是中国诗歌史不可逾越的巅峰。

同样，谈到唐诗，泛泛地谈也好，具体深入地谈也好，是离不开李白和杜甫这两位大诗人的。

郭沫若先生在"文革"期间，一时兴起，写了一本题为《李白与杜甫》的小册子，无论其抑杜扬李，是如何的强词夺理，也无论其政治取向，是如何的不敢恭维，但有一条，他选择这两位诗人来大做文章，恰好说明李白和杜甫，代表着盛唐诗歌的极顶状态，代表着中国这个诗歌王国的最高成就。

要想读中国诗，必李白、杜甫不可，而要想写好中国诗，尤非李白、杜甫不可。清人吴伟业说过："诗之尊李杜……此犹山之有泰、华，水之有江、河，无不仰止而取益焉。"（吴伟业《与宋尚木仑诗书》）作为文人，被盛评为泰山、华山那样巍峨，被美誉为长江、黄河那样浩瀚，推崇到这等高度，可谓至尊至极了。而且，千年以来的历史也证实，不论朝代之更迭，不论时光之变迁，其生命活力的永存，其美学价值的常在，成为中华文化的瑰宝，成为中国人的精神财富，大概称得上真正的不朽了。

时下，不朽这个词，已被用滥用臭，也许因为物质社会的缘故，什么都可以拿钱买到，花上几两银子，不费吹灰之力，就能弄一个不朽的桂冠头上顶着，招摇过市。所以，当前文坛上，那些声称不朽者，已经不朽者，早就不朽者，不朽得一塌糊涂者，已经是车载斗量，不可胜数，真是让我们既惊讶，又痛苦，这就是中国当代文人的没出息了。文人写作，无非下列四者：一、为自己写，得到纾解；二、为情人写，得到芳心；三、为需要你写的人写，得到报酬；四、为一个政治目的去写，得到补偿。没有一个文人是为五十年后的读者、一百年后的读者去作这种无回馈的劳动。所谓追求不朽，说到底，还是在意当下的口碑，于是，功夫在诗外，文学遂成一些文人的炒作活动。

余生也晚，民国和清以前的中国文人，怎样厚颜无耻地营造不朽，已不得而知。但当代的作家、诗人，为了活着能够瞻仰到自己的不朽，忙不迭地给自己立纪念馆，开纪念会，出纪念文集，接受纪念者顶礼膜拜。这也是文学界近些年来，够闹人，也够闹心的屡见不鲜的新闻。

在这方面的始作俑者，首推几位老的、少的，居住在京、津、冀一带的乡土作家，他们张罗得最起劲、最积极，也最有成效。可千里搭长棚，没有不散的筵席，黄花菜一凉以后，不朽也随之泡汤。虽然，那些纪念他们的庙宇，形同孤坟寡鬼，还在他们家乡土地上矗立着，可也终于难逃蛛网结门、香火寂寥、门可罗雀、草莽满庭的命运。

求不朽，是我们中国人长期以来，受到孔孟之道的立德、立言、立功的影响所致，活着追求声名，死后想要不朽，已成为知识分子的一种情结。有点名气的文人，魂牵梦萦着不朽，没什么名气的文人，也情不自禁着不朽，这不朽，遂成为文坛上很多同志坐卧不宁、寝食不安的心病。

其实，所有的表面文章，所有的轰轰烈烈，结果无不是镜花水月，过眼烟云。因为，视眼下中国文学尚未成器的进展状况，套用一句"三岁看大，七岁看老"的俗谚，在可以预见的时间，在可以预期的将来，不可能出现不朽，连沾点边也没门。《国语·鲁语下》有这样一句话："沃土之民不材，淫也。瘠土之民向义，劳也"，是很有道理的。在物质欲望膨胀、精神世界萎缩的社会风气之下，吃得肥头大耳，喝得脸红眼直，美女左拥右抱，钞票上下其手的当代英雄们，指望他们写出不朽之作，岂不是在做白日梦乎？

什么叫作不朽，重温一下唐人李阳冰在《草堂集序》中，对于诗人李白的评价，便略知一二了："自三代以来，风骚之后，驰驱屈、宋，鞭挞扬、马，千载独步，唯公一人。故王公趋风，列侯结轨，群贤翕习，如鸟归凤。"这"千载独步，唯公一人"的褒誉，历数新时期文学开始以来，或者，再往前推一推，五四新文化运动以来，可有一位作家、一位诗人，当得起这八个字？

看起来，假不朽者才斤斤于不朽，而真不朽者，倒并不介意不朽。

即使在开元、天宝年间，这两位诗人，正如日中天似的创造文学史之不朽之际，蜚声宇内，扬名海外，甚至连唐玄宗也买诗人的账，偶尔"爱卿长、爱卿短"地很是给足面子的。

但无论李白，无论杜甫，都不曾向李隆基开口，要求在家乡盖个李青莲文学馆，或者，杜子美文学馆。虽然，如今成都市区里，有间清幽雅洁的杜甫草堂，我估计，十有八九，是后人附会的。

他们没有想到这一点。也许想到了这一点，不过，可能觉得很没劲，很无聊，便随它去了。朽，或者不朽，那是后人的事，而且是很远很远以后的后人的事，用得着咸吃萝卜淡操心吗？再说了，不朽者，自会不朽，非不朽者，即使给自己作品每个字，都镀上一层金箔，待到时光消磨掉最后的色彩，还不是成为一堆文学垃圾。

所以，目前形形色色的不朽，不过是跳梁丑剧的表演罢了。这其中，小闹闹者，闹在文坛，属于气血两虚，心浮气躁；大闹闹者，闹在社会，则是歇斯底里，近乎癫狂；而那些上了年纪的老闹闹者，闹到大学里去，已经朽木不可雕也，还求孔夫子三千弟子、七十二贤人的不朽，则绝对是日暮途穷、倒行逆施的行为了。

真正的不朽，对真正的天才而言，大概是用不着去闹，天上自会掉馅儿饼的。

回到郭老那部大作的本题上来，我们通常并称李杜，其实这两位诗人，除了不朽这个共同点外，李是李，杜是杜，浑不是一回事。

李白（701—762），号青莲居士。绵州昌隆人，祖籍陇西成纪，一说其祖先为西域碎叶人。"五岁诵六甲"，"十岁观百家"，"十五观奇书，作赋凌相如"（李白《上安州裴长史书》），天才早熟。24岁出蜀，仗剑行吟，遍游天下。42岁，由道士吴筠荐，至长安，玄宗用为供奉翰林。后受宦官排挤，遣金放还。安史之乱时，入永王李璘幕。因争夺帝位，兄弟阋于墙，永王叛乱，为肃宗所败。李白因站错了队，被定罪流放夜郎，中途遇赦。61岁，代宗朝平反，往依当涂县令李阳冰，62岁卒。也有一说，因精神失常，泛舟江中，跃水而亡。

杜甫（712—770），字子美。巩县人，祖籍襄阳。"七龄思即壮，开口吟凤凰，九龄书大字，有作成一囊"（杜甫《壮游》），少壮成名。35岁以前，游历江淮齐鲁，后入长安，应科举考试，不得售，潦倒十年，徜徉江湖。44岁，安史之乱中被乱军裹胁，后脱身至灵武，肃宗授以左拾遗。后被贬，弃官入蜀，入四川节度使严武幕，荐为检校工部员外郎。严武死后，无所傍依，遂东下夔州。59岁，再经湖北入湖南，因贫病交加，死于耒阳湘江舟中。另有一说，由于饥饿，过量食牛肉暴毙。

总而言之，李白、杜甫的差别在于，前者的公关面，多为宫廷权贵，名流高士，看他的诗，一派富贵气象，盛唐雄风。后者的接触面，基本上都是社会低层，草根人物，他写的诗，多为民间疾苦，沉痛呻吟。从贵族世家走出来的李白，是一个抱着鸿图大志，力求飞黄腾达，永远不安于位，永远力争上游的强者。而出身寒微的杜甫，仕途蹭蹬，发达无望，长期处于不得意的状态下，是一个欲振作无力气，常发奋屡挫折的弱者。

因此，这两位诗人沿着自己的轨迹，走上不同的生活道路。李是理想主义者，杜是悲观主义者。李是永远的乐天派，杜是艰难的谋生人。李敢于说大话，敢于冒风险，是某种程度上的自大狂，投机政治，不计后果，终于为押牌不准，而付出一生。杜谨小慎微，步步为营，其实是一个入仕无门、落拓穷困的潦倒者，尽管忠忧唐室，尾追玄宗肃宗，疲于奔命，队倒是站对了，可得到的这个八品之官，微末到极点，官饷也吃不成，到底贬谪迁徙，在蹉跎中走完了人生旅程。

因此，这两位诗人，虽并名为李杜，却有着鲜明的不同。

看他们的创作状态：一个天马行空；一个脚踏实地。

看他们的精神面貌：一个神采飞扬；一个愁眉苦脸。

看他们的写诗主旨：一个提倡浪漫主义；一个主张现实精神。

看他们的情感寄托：一个陶醉醇酒妇人；一个在意妻儿老小。

看他们的人生抱负：一个梦想"为君谈笑静胡沙"（李白《永王东巡歌十一首》其二），期望异常之高；一个只能"日暮聊为《梁父吟》"（杜甫《登楼》），欲念相当之低。

看他们的心路历程：一个是"仰天大笑出门去，我辈岂是蓬蒿人"（李白《南陵别儿童入京》），一旦得意，自我感觉立刻良好得不得了；一个是"同学少年多不贱，五陵衣马自轻肥"（杜甫《秋兴八首》其三），颠沛流离，心情始终是相当郁闷和自卑。

看他们的终结追求：一个仰面朝天，努力攀登，心比天高，"揄扬九重万乘主"（李白《玉壶吟》），是要入阁拜相，问鼎当朝的；一个眼睛向下，扎根泥土，辛勤耕耘，"语不惊人死不休"（杜甫《江上值水如海势聊短述》），除了诗之外，他几乎再无其他了。

李白与杜甫，严格说，是不甚搭界的。

宋人李纲《杜工部集序》称："自开元天宝全胜之时，迄至德大历，干戈丧乱之际，凡千四百四十余篇，其忠义气节，羁旅艰难，悲愤无聊，一发于诗。"杜甫是一位心系社稷，悲悯苍生，于颠沛流离中，始终忧国忧民的诗人；而李白，以杜甫那首《饮中八仙歌》，其中四句极写李白的恣纵狂放、肆无忌惮的浪漫精神来看，"李白斗酒诗百篇，长安市上酒家眠。天子呼来不上船，自称臣是酒中仙"，则是一位充满自信，解放个性，于率真生活中，追求淋漓痛快的诗人。

因此，无论为文，为诗，为歌，更重要是为人，李白和杜甫，可以算作两条道上的火车，很难走到一起。

然而，公元 744 年至 745 年，这两位诗人的运行轨道，有过短暂的交接。

天宝三年（744），李白与杜甫初次相遇，相识，相交往，时在东都洛阳。前两年，李白应朝廷征召入京，初到长安，即与贺知章相见，颇受推重，以贺的名望，复荐之于帝，身价倍增。玄宗"降辇步迎，如见绮皓"，授为待诏翰林，拟以擢用。这位文学明星，顿成政治明星，一时间，"王公大人借颜色，金印紫绶来相趋"（李白《驾去温泉宫后赠杨仙人》），我们这位大诗人，"中宵出饮三百杯，明朝还揖二千石"（李白《幽歌行》），忙碌得不亦乐乎，开心得也不亦乐乎。我替来到京城闯荡的杜甫想，少不了类似今天那些文学青年、新秀作家，来到北京，不能不向那些文学名流、评论大腕、出版巨头、编辑高手，致以崇高敬意一样，自然要想办法拜李白这个码头。

一心要匡扶王室、立志疆域的李白，不想仅仅当一个哄皇帝开心的御用文人，正跟唐玄宗李隆基闹情绪，皇帝只要他做诗，不要他干政，诗人激动之余，打了辞职报告，要求返回山林。那时的杜甫，说来也颇狼狈，科举未成，为宦不得，像在北京厮混的北漂一族，在长安、洛阳，以他的诗名，以他的才情，以他河南人那种朴质，或干谒权贵，或谋事衙门，或打杂蹭饭，或贩药求生。因此，类似科学院院士或社科院学部委员的李白，放下身段，能和杜甫来往，某种程度上说，是抬举他，杜甫很当回事，自然可以理解，李白不那么当回事，似乎也可理解。

尽管李对于杜，不怎么把这个小他十岁的年轻诗人，太放在心上。但是，《新唐书·杜甫传》称，"甫少与李白齐名，时号李杜。"这种状况，我不知道在多大程度上，影响到这位待诏翰林的情绪。一般来说，文学强者对相对弱于他的对手，比较能够胸怀宽阔，而对势均力敌，存在着绝对年龄优势的对手，通常保持着一种警惕心态，也许在表面上不一定看得出来，但在心灵深处，这种戒备态势，是会存在着的。对于李白与杜甫的关系，古人也好，今人也好，持两人"相知甚深"的看法，论者颇多。这些皮相之言，似有未可尽信之处。

因为，文人与文人相处，不会比狼与狼相处更融洽，我指的是心灵深处的，那些最隐藏的特别较劲的方面。

天宝四载（745），李白的报告，李隆基批了，对皇帝而言，御用文人与澡塘里的搓背师傅，与按摩院的三陪小姐一样，去了一个，还会有另一个。应该说，唐玄宗还是很欣赏李白，也未必不想予以重用，可他左右不了身边的宠幸，枕边的美人，只好"遣金放还"，让诗人体面地离开长安，一路向东走去。正好，杜甫探亲，也来到齐鲁，事有凑巧，两位诗人再次相遇于山东兖州。

也许一个遭遇挫折的人，容易现实一点，也许一个饱受不幸的人，也就在意他人的同情。天性张扬的李白，被一脚踢出长安，再多的遣散费，也安抚不了那极其自尊而受到极其屈辱的心，失落之余，杜甫的殷勤，"李侯金闺彦，脱身事幽讨。亦有梁宋游，方期拾瑶草"（杜甫《赠李白》），便是他在这座古城里难得的温馨了，遂与杜甫有了更多的交流。

时年三十四岁的杜甫，对于长他十年的李白，仰慕之心，不一而足。他们同行同止，同唱同和，同饮同酌，同醉同醋，似乎给杜甫留下了终生难忘的记忆。当时，还有另一位诗人高适，也和他们在一起。后来，杜甫总是在诗中提到这次齐鲁宋陈的愉快经历，"昔者与高李，晚登单父台"（杜甫《昔游》），"忆与高李辈，论交入酒垆"（杜甫《遣怀》，"醉舞梁园夜，行歌泗水春"（杜甫《寄李十二白二十韵》），不胜留恋。总之，仅不过短短的三年间的两次交往，敬佩其才华，膺服其诗情，钦慕其潇洒，悲悯其遭遇的杜甫，涉及李白的诗篇，计有：

《赠李白》（"秋来相顾尚飘蓬"）

《赠李白》（"二年客东都"）

《与李十二同寻范十隐居》

《送孔巢父谢病归游江东兼呈李白》

《饮中八仙歌》

《冬日有怀李白》

《春日忆李白》

《梦李白二首》

《天末怀李白》

《寄李十二白二十韵》

《不见》

《苏端薛复筵简薛华醉歌》

《昔游》

《遣怀》等十四首诗。

尽管，作品数量的多寡，并不能决定两人情谊的深浅，但是他对李白诗作的赞美："李侯有佳句，往往似阴铿。"（杜甫《与李十二白同寻范十隐居》）"白也诗无敌，飘然思不群。"（杜甫《春日忆李白》）"敏捷诗千首，飘零酒一杯。"（杜甫《不见》）

他对李白才华的崇拜："自是君身有仙骨，世人哪得知其故？"（杜甫《送孔巢父谢病归游江东兼呈李白》）"昔年有狂客，号尔谪仙人，笔落惊风雨，诗成泣鬼神。"（杜甫《寄李十二白二十韵》）

他对李白处境的理解："冠盖满京华，斯人独憔悴。"（杜甫《梦李白二首》其二）"不见李生久，佯狂真可哀。世人皆欲杀，吾意独怜才。"（杜甫《不见》）"文章憎命达，魑魅喜人过。"（杜甫《天末怀李白》）

他对李白流放的关注："君今在罗网，何似有羽翼？"（杜甫《梦李白二首》其一）"才高心不展，道屈善无邻。"（杜甫《寄李十二白二十韵》）

尤其，他对李白一别以后的思念："故人入我梦，明我常相忆。"（杜甫《梦李白》）"三夜频梦君，情亲见君意。"（杜甫《梦李白二首》其二）以及他的等待，他的希望，盼着"何时一樽酒，重与细论文"（杜甫《春日忆李白》），仍旧回到"醉眠秋共被，携手日同行"（杜甫《与李十二白同寻范十隐居》）的一天，那诗句中流露出来的痴情。

从这些诗句中，我们读到了真挚，读到了赤诚，读到"如弟兄"的感情，更读到了一个年青诗人对于先驱者的信任、追随、忠忱、坚贞。

然而，从李白留存到后世的全部作品中，关于杜甫，只有《沙丘城下寄杜甫》和《鲁郡东门送杜二甫》两首。甚至还不若"桃花潭水深千尺，不及汪伦送我情"的那个无名之辈。他为这个很款待了他一番的好客主人，一口气写了三首诗，待遇要比杜甫高出一格。从以上小小的统计来看，大致可以想见，这两位诗人，谁在谁心中的分量，有多重，有多轻，也就昭然若揭了。

而困扰于李杜关系中的那首有争论的"饭颗山"短诗，也让我们更深入地了解到两位诗人磨合中间无伤大雅的杂音。

李白的这首《戏赠杜甫》，让我们看到他内心世界的另一面。诗如下：

饭颗山头逢杜甫，头戴笠子日卓午。借问别来太瘦生，总为从前作诗苦。

这四句诗，有人力辩其无，有人极证其有，几成一桩公案。

清乾隆《唐宋诗醇》确信，非李白所写，他不可能做这种事情。"白与杜甫相知最深，饭颗山头一绝，《本事诗》及《酉阳杂俎》载之，盖流俗传闻之说，白集无是也。鲍、庾、阴、何，词流所重，李、杜实尝宗之，特所成就者大，不寄其篱下耳。安得以为讥议之词乎？甫诗及白者十余见，白诗亦屡及甫，即此结语（"思君若汶水，浩荡寄南征"），情亦不薄矣。世俗轻诬古人，往往类是，尚论者当知之。"

清人王琦注《李太白集》时则存疑，认为有可能为李白所写。"《唐本事诗》：李白才逸气高，与陈拾遗齐名，先后合德，其论诗曰：梁陈以来，艳薄斯极，沈休文又尚以声律，将复古道，非我而谁？故陈、李二集律诗殊少。尝言寄兴深微，五言不及四言，七言又其艳也。况使束于声调俳优哉？故戏杜曰：饭颗山头逢杜甫云云，盖讥其拘束也。此诗又见《摭言》《唐诗纪事》云：此诗载《唐旧史》。"

我一直认为，诗人，首先是人，哪怕是不朽的诗人。诗仙也好，诗圣也好，也是和绝大多数人一样，拥有大致相同的感情。有时候，面对某个人、某些人，面对某件事、某些事，也有可能既"仙"不起来，更"圣"不起来，有可能俗，有可能丑，甚至有可能恶的。

所以，我看到时下的报章杂志上，对那些死去不久，或即将不久于人世的近乎仙、近乎圣的老作家、老诗人，乃至于学界巨擘、艺术大师、理论权威、媒体大亨的溢美之词，什么高风亮节啊，什么先知先觉啊，什么隐姓埋名的贡献啊，什么凡人不晓的如珠如玉的品格啊，总是似信似疑，半信半疑，忍不住要打上一连串问号的。

也许讲中庸之道的中国人，论人议事，倒常常持绝对的、偏激的、唯心的、形而上的态度。好就好得不得了，坏就坏得不可收拾，美就美到天上去，高则高到高不可攀。若是讲一点辩证法，若是用一分为二的方式，若是能够接受仙未必全仙，圣不一定皆圣的观点，若是接受伟人不可能百分之百的伟大光明正确，形势大好不等于全好更不等于永远好的看法，那么，对于尊敬的大师们虽然令我们高山仰止，但偶尔间也会失态也会小人的举止，便不以为奇了……

因此，"斗酒诗百篇""敏捷诗千首"的快枪手李白，对"语不惊人死不休"的肯下慢功夫的杜甫，酸溜溜地开个玩笑，调侃一下，宣泄一下，也就不必当回事的。

要知道，狼是接受群的，而文人，通常是不大容易接受群的。在他内心里谁也看不到的最深处，总是把自己看作老大，没有一个甘心服低的。

桃花潭水

"李白乘舟将欲行，忽闻岸上踏歌声。桃花潭水深千尺，不及汪伦送我情。"李白的这首《赠汪伦》诗，因为编进了小学语文课本，在中国大地上，几乎无人不知。但是，要问一下，诗中的这位主人公，他的来龙去脉，他的履历行状，就没人说得上来了。

只有一个解释，汪伦是一个普通人。

据《李白集校注》，李白在安徽泾县做客期间，还写过《过汪氏别业二首》，据称也作《题泾川汪伦别业二章》。即使这首诗，也找不到有关汪伦的细节介绍。看来他不是官，若为官一方，县志会有记载，看来他也不是文人，若舞文弄墨，必有唱和的诗篇留存下来。

从汪伦的接待水平，可以想知这位主人，大概比较富有。而且还可以肯定，此人是一个诗歌爱好者，是崇拜李白的"粉丝"。大老远接诗人来家做客，手里没有银子，心里缺乏热情，是办不到的。那时，诗人正周游江浙吴楚，游兴正高，有这样一位既有钞票，又有积极性的读者邀请，正合诗人之意，遂前往赴会。

从李白的诗，知道汪家拥有别墅，在皖南泾川的山清水秀处，也有条件迎接李白到他家小住。两人虽然初次见面，"畴昔未识君，知君好贤才"，但一见如故，相知恨晚。因此，诗人与汪伦相当投契。而且，主人家的高规格接待，也让诗人感动。"我来感意气，捣炰列珍羞"（李白《过汪氏别业二首》），看来，唐朝的"徽菜"，就相当考究了。"炰"是烧烤，李白肯定开怀大嚼，山珍海味，吃得尽兴了。

李白在汪氏别业小憩，吃得固然开心，喝得好像更加开心。从诗句"相过醉金罍"、"吴霭送琼杯"看，估计这位嗜酒的诗人，对汪家的酒，更情有独钟。诗题下有校者注："白游泾县桃花潭，村人汪伦常酝美酒以待白，伦之裔孙至今宝其诗。"

汪伦善酝，他的家酿美酒，自然是上乘的佳醪，着实令好酒的诗人迷恋陶醉。从两首诗中，"酒酣欲起舞，四座歌相催"（李白《过汪氏别业二首》其二），"酒酣益爽气，为乐不知秋"（李白《过汪氏别业二首》其一），两次同用"酒酣"一词，当是诗人手不释杯的结果，老先生喝高了，来不及推敲，才犯了诗家的重复之忌。由此也证明"李白斗酒诗百篇"的那种米酒，在长安酒肆里出售的，由漂亮的胡姬斟进他杯子里的，大概酒精度较低。如果是二锅头那样的烈性酒，一斗下肚，就该学阮步兵，作三月醉了。

但这首李白的诗，却使附丽于诗中的汪伦，与诗一齐不朽。一首好诗，能起到这样的效用，是出乎作者预料的。本是名不见经传的汪伦，本是极一般人的汪伦，从此留下来深情的万世名声。

清人袁枚的《随园诗话》，对汪伦之约，有一段记载："唐时汪伦者，泾川豪士也，闻李白将至，修书迎之，诡云：'先生好游乎？此地有十里桃花。先生好饮乎？此地有万家酒店。'李欣然至。乃告云：'桃花者，潭水名也，并无桃花。万家者，店主人姓万也，并无万家酒店。'李大笑，款留数日。"

我特别欣赏"李大笑"这三个字。

因为今之李白，很难做到大师那样的豁达坦荡。当代作家笔下的贵族化，和当代作家精神的贵族化，已经相当程度背离当今最大多数老百姓的平民精神。若是碰上袁枚所说的汪伦式的这种老百姓玩笑，究竟有多大的承受力，会不会勃然大怒，会不会扭头就走，真是说不好的。

也许因为追求这种贵族化的结果，已经疏离于那些平常的、平凡的、普普通通的大多数人。因此，这些平常的、平凡的、普普通通的大多数人，不再是文学的忠实读者，也是很正常的现象。

所以，在车载斗量的当代作品中，要想读到李白这样情真意挚的、表现普通人的诗篇，恐怕是很不容易的了。

中国失意文人的样板
——梦碎孟浩然

在有皇帝的年代里，中国文人梦寐求之的最高境界，莫过于被御用了。

一经御用，便吃香喝辣地快活，便银子大把地花销，便声色犬马地享受，便身价百倍地增值。因此，想被御用，成为中国文人最为憧憬、向往、追慕、艳羡的终结目标。反过来，想被御用而不得，也就成为中国文人最为失落、迷茫、消极、怨恨的终身遗憾。明白这一点，便大致把握中国的知识分子，觉得自己是块料的文人雅士、风流才子、饱学之士、文化精英，为何而快乐，为何而烦恼的底里了。

可以断定，由于中国文人这种"读得圣贤书，卖于帝王家"的求被御用的心结，一代一代地遗传下来，陈陈相因，积久成习，真是融化在血液中，深入到骨髓里，可以说是根深蒂固，不由自已；也可以说是病入膏肓，欲罢不能。

宋祁著《新唐书·文艺列传》，载孟浩然遇玄宗事，就是一个最好的例子。

> 孟浩然字浩然，襄州襄阳人。少好节义，喜振人患难，隐鹿门山。年四十，乃游京师。尝于太学赋诗，一

座嗟伏，无敢抗。张九龄、王维雅称道之。维私邀入内署，俄而玄宗至，浩然匿床下，维以实对，帝喜曰："朕闻其人而未见也，何惧而匿？"诏浩然出。帝问其诗，浩然再拜，自诵所为，至"不才明主弃"之句，帝曰："卿不求仕，而朕未尝弃卿，奈何诬我？"因放还。

元人辛文房《唐才子传》卷二，也有类似记载：

> 浩然，襄阳人，少好节义，诗工五言。隐鹿门山，即汉庞公栖隐处也。四十游京师，诸名士间尝集秘省联句，浩然曰："微云淡河汉，疏雨滴梧桐。"众钦服。张九龄、王维极称道之。维待诏金銮，一日私邀入，商较风雅，俄报玄宗临幸，浩然错愕，伏匿床下，维不敢隐，因奏闻。帝喜曰："朕素闻其人，而未见也。"诏出，再拜。帝问曰："卿将诗来耶？"对曰："偶不赍。"即命吟近作，诵至"不才明主弃，多病故人疏"之句，帝慨然曰："卿不求仕，朕何尝弃卿，奈何诬我！"因命放回南山。

呜呼，一个天赐良机，生被诗人这两句其实是夸张的、卖弄的、言过其实的诗毁了。

看起来，中国文人聪明，但也未必都聪明，未必总聪明，有时，有人，也会聪明反被聪明误，把好事办砸。皇帝已经站在你的面前，你还算什么旧账，发什么牢骚呢？有多少正经该说该讲的话，不赶紧说不赶紧讲，偏偏哪壶不开提哪壶，惦记着陈谷子、烂芝麻不放，不是明摆着自讨没趣吗？

这就是盛唐诗人孟浩然（689—740），湖北襄阳人，头一回进京谋求御用文人这份美差的碰壁史。

孟浩然究竟是个什么样的诗人呢？读李白这首《赠孟浩然》的诗，便知其大概。"吾爱孟夫子，风流天下闻。红颜弃轩冕，白首卧松云。醉月频中圣，迷花不事君。高山安可仰，徒此揖清芬。"由此，我们大致了解这位隐居鹿门山多年的孟浩然，是一个说隐也不见得真隐，有时能隐上十天半月，有时也隐不住的带引号的"隐士"。因为据李白诗，一个与世间不往来的"白首卧松云"的隐士，怎么能达到"风流天下闻"的地步？既然"风流天下闻"了，又怎么可能多少年如一日，耐住性子在鹿门山做他的隐士呢？

所以，从他结交名流，唱和诗坛，从他游山玩水，入幕为宦，从他两赴长安，应试求官，从他为实现这美丽之梦，碰过一回钉子，不死心，又碰第二回钉子，说他是雅爱山林，更恋红尘，喜好恬淡，更慕虚荣的诗人，也不为过。中国知识分子那种骨子里的入仕之心、名位之心、染指权力之心、渴望青云直上之心，别人有的，他也并不少，只不过打着一个隐士的招牌、清高的招牌，多少有点遮掩而已。

李白对于同行的褒扬，尤其是势均力敌的同行，吝于笔墨，不大著于文字，是出了名的。能够作出这样一首诗来，简直等于给他做了一份超级广告。证明他对孟持相当肯定的看法，也是使孟名声大振的一个重要因素。李白还为他写过一首《黄鹤楼送孟浩然之广陵》："故人西辞黄鹤楼，烟花三月下扬州。孤帆远影碧空尽，唯见长江天际流。"那就是一首脍炙人口的绝妙好诗了。

唐玄宗在王维那里说到这个孟浩然时，特地加了一句："朕知之久矣！"我估计，很可能是李白的诗，所起到的宣传作用了。

其实，孟浩然的诗，确实写得不错。清人编《全唐诗》，对他的诗作评价很高："浩然为诗，伫兴而作，造意极苦，篇什既成，洗削凡尽，超然独妙。"清人沈德潜编《唐诗别裁》，认为他的诗"从静悟得之，故语淡而味终不薄，此诗品也"。谈唐诗的人，都将他与王维并列为"王孟"，两人在山水诗上的成就，为人称道。他的那首无人不知、尽人皆晓的《春晓》，随便问任何一个识得几个字的中国人，都会一字不落地背诵得出。

居隐求显的诗人，第一次来长安，为公元 728 年（开元十六年）。翌年，碰壁还乡。第一，碰了皇帝的钉子，第二，应考也名落孙山，只好取消登第入仕、为御用文人的美梦，打道回府，继续隐居下去。

综其一生，孟浩然始终摇摆在"当隐士"和"被御用"的两极之间，一冷一热，忽冷忽热，或热得高烧谵语，或冷得冰冻三尺。总之，活得快活也不快活，过得轻松也不轻松。"朱绂恩虽重，沧州趣每怀""君主贤为宝，卿何隐遁栖"，他的这些诗句，就是诗人处于矛盾状态下的心情表达。当他朱绂之心不重时，他会活得快活些；当他对长安心向往之的时候，他就过得不那么轻松了。

本来，他潜居鹿门山多年，"北山白云里，隐者自怡悦。相望试登高，心飞逐鸟灭"，渔樵耕读，做诗自适，也曾经是蛮惬意的、蛮从容的，蛮能够想得开、放得下的。本打算做隐士到底，可熬到四十岁光景，不知因为什么缘故，终于再也苦熬不下去。还是下了山，跑到长安，要当御用文人来了。

这是中国文人最为致命的事情，一千多年来，他们都抱有这样一个永恒的梦：第一，"金榜题名"，使皇帝能够知道自己的名字；第二，"御前对策"，使皇帝能够赏识自己的才能；第三，"君臣唱和"，使皇帝能够倾倒自己的才华；第四，也就是"爱卿平身"，被皇帝视为心膂，平步青云，衣紫着绯，前程似锦。

这种梦想被御用、被拔擢、被亲信、被宠幸的心结，很像经蚊子传染的疟疾，又称"打摆子"的先冷后热，间歇发作的病症。

中国文人几乎都罹此疾患，无一幸免。巴结啊，讨好啊，趋迎啊，干谒啊，就为一个目的，被御用。不过，有的人，重些，乃至不顾廉耻，有的人，轻些，手脚做得干净，因为大家都彼此彼此，也就心照不宣。你可以说这是一种发贱，甚至在他写马屁文学、作赞颂诗篇的时候，内心深处，未必不认为自己发贱，可他还是坚定地发贱到底，这就是这种病给折腾的。把话说回来，当你在笑话这位同行的下作、卑鄙、无聊和无耻的时候，如果有机会，有可能，你也难保不发贱，说不定是比他更贱的贱皮子。

为什么这种贱，千年以来，非但有增无减，而且变本加厉呢？因为缠绵在中国文人脑袋中的这种求御用的打摆子传染病，是没有特效药可以治愈的。即使控制一时，也控制不了一辈子。老了老了，还谄媚于朝廷，乞求于官方，卖笑于当道，折腰于权力，这类丑态，我们还见得少吗？

按说我们这位诗人，到了不惑之年，应该更理智些、清醒些才对。可他突然间，犯病了。食不知味，寝难入睡，坐卧不宁，心神烦躁起来。虽然"春眠不觉晓，处处闻啼鸟"的山林间，空气相当清新，负离子极多，松茸蕨根野菜地耳，又是极富维生素和营养的无污染食品。但他想来想去，在山里即使健康地活一千岁、活一万岁，又如何？

可长安文坛，那红了樱桃，绿了芭蕉的场面，真是"夜来风雨声，花落知多少"啊！领风骚者层出不穷，出风头者络绎不绝，电视屏幕上断不了跳出几张油炸丸子式的肉脸，报纸版面上时不时冒出他们招蜂惹蝶、追香逐臭的传闻。那炒作之震天动地，那咋呼之雷霆万钧，让这个蛰居山中的心总痒痒的诗人，实在顶不住了。

他不能不想之再三，若不趁着李白还走红的时候制造声势，若不靠着王维的官方人脉挺进文坛，京城地界的大小文学圈子，长安城里的各位评论家码头，还有他的立足之地？脚跟都站不稳，有他将来坐在太师椅上跷二郎腿当爷的份？"皇皇三十载，书剑两无成"，他懊恼透了。写了这多年，谁知道他是老几啊？连老几都不是，还想被当今皇上御用，岂不是在做大头梦乎？

于是，他当即决定，不当隐士，在山林里久了，只能越来越土鳖，还未完全土鳖之前，赶紧跳出去。怎么说，流行歌曲唱得有理，"外面的世界更精彩"。于是，乘船坐车，晓行夜宿，由襄阳而南阳，由南阳而洛阳，接着，人便出了潼关。说实在的，这位既是山里人，又是乡下人的老土，西望富贵气象的长安，花团锦簇的都城，一双眼睛怎么也不够用了，两条腿也觉得短到迈不开步了。

"雪尽青山树，冰开黑水滨。草迎金埒马，花伴玉楼人。鸿渐看无数，莺歌听欲频。"（孟浩然《长安早春》）这一切一切的欢乐愉悦，这一切一切的声色诱惑，让他目瞪口呆，直后悔自己觉悟太晚。看来，就文人而言，短暂的冷落，或许可以忍一忍的，口头的清高，无妨可以讲一讲的，但长久的，乃至永久的寂寞，又有几个能耐得住呢？

时下北京城里，很有一些文化人，在远郊区县买了房子，权当别墅，渐成风雅之举。可通常只是去小憩几天，约略澄清肺部的都市风尘以后，又忙不迭地赶回城里来。紧接着，出席这个会，参加那个会，日程排得挺满，忙得不亦乐乎。有时，一天两个会，上午一个，下午一个，晚间还得酬应饭局。无论到哪里，都逃不脱尼古丁的乌烟瘴气。

可是有什么办法呢？文坛就这么势利。他什么都不写，或者，他什么都写，可就是写不好，或者，他就是狗屎，但他有发言权，就行。因此，第一，不能缺席。第二，缺席就意味着放弃话语权。第三，放弃话语权也就意味着你不存在。第四，最最主要的，文人最怕的就是这个不存在。

不存在，意味着消逝，不存在，意味着死亡，不存在，意味着被文坛除名。为了存在，哪怕天上下铁钉子，下手榴弹，也得从城外赶回来，为了话语权，哪怕肺的新鲜空气又被城市的恶浊空气所置换，也认了。最可怜见的，莫过于那双仆仆风尘、疲于奔命的腿了，有车者尚可，无车者的脚丫子也真是苦命之极。

由此，我也能理解公元 728 年（开元十六年），孟浩然屁颠屁颠要到长安来的缘由了。只有在这里，才能发出他的声音，才能争取到他的话语权。在鹿门山，哪怕他是帕瓦罗蒂，没有听众给他叫好，给他鼓掌，他做得再漂亮的诗，也是白搭。只有到了长安，天子脚下，他才可能实现从非御用文人到御用文人的跨越。

再说，他的诗友们，与他最要好的王维、李白，一个个都"待诏"了，都被御用了，眼看着飞黄腾达，前程辉煌，对他可以说是相当的刺激，相当的伤心。

老友王维就不必说的了，冲李隆基不请自来，登门求教，屈尊移就，串门聊天。获如此之殊荣，岂不是一张纸画一个鼻子，那脸该有多大？让孟浩然都快羡慕死了。能够在皇帝的视线里存在的中国文人，确有不少；能够在宫内有一间属于自己的住所的中国文人，也许会有；但接待信步而至的皇帝陛下，把朋友从床底下拉出来介绍给皇帝，这样亲近待遇的中国文人，恐怕是绝无仅有了。

另一位老友李白，更是张狂到家，长安城简直装不下他了。在小酒铺喝得醉醺醺的，还被圣上着人找到了他，要请他进宫里去做诗。干吗呀，干吗呀，我酒喝高了，他还拿搪不去。那些太监们说，爷，劳驾您走一趟，要不，小的们没法交代，生把他抬到了玄宗赏牡丹的御花园。那是何等的牛叉啊！高力士为之脱靴，杨贵妃为之研墨，三首《清平乐》，"云想衣裳花想容"，一气呵成。唐玄宗高兴得不得了，吩咐赶快给诗人准备醒酒汤。

御用文人能混到如此地步，孟浩然想，也就登天入云，别无所求了。如果他的那位同乡，当年楚国的三闾大夫屈原，怀王请他作赋，郑袖给他发嗲，子兰替他铺纸，靳尚为他倒酒，他会去跳汨罗江吗？想到这里，他不由得感慨，文人到底应该怎么样活？还大可辩证地看待这个问题咧！快活是活，不快活也是活，那为什么一定要与青山为伴，白云相随，非一棵树吊死自己，不走他朋友王维、李白的登龙之路，在这遍地风流的长安城里，领受一下别一种更滋润的岁月呢？

他不禁痛心，隐居鹿门山，可把他的大好时光都浪费了。

然而，这个孟浩然，下山的战略决策，是正确的，但进城以后应对的战术上，却犯了不可饶恕的错误。错就错在山里待久了以后的小视野、小格局，小气度、小胸怀上，诗人未能迅速调整心态，与时俱进，适应环境，结果，因小失大，错过良机，机不再来，贻误终生。这就不如那些郊区置有别墅的当代同行了，只要过了五环路，马上精神抖擞，只要到了城区，立刻进入角色。这时，只要给他一支话筒，就可哇啦哇啦，天花乱坠地神侃起来后现代、超现实。如果再有电视台的镜头对着，连荷尔蒙都从五官七窍冒将出来。可孟浩然，有点惨，水土不服，人虽到了长安，但他的心还不能一下子就习惯城市的红绿灯、斑马线、欧三排放、世界五百强之类的新概念。

也许，山林里的负离子吸收得多，固然对身体的好处很大，对头脑未必有多大用处，说不定还会产生副作用。因为，从负离子很丰富的田野生存方式，转变到负离子很缺乏的都市生存方式，必然要出现一种类似由平原地区到高原地区的缺氧反应。城里人瞧不起乡下人的最主要之点，就是这种一下子，两下子，过渡不过来的傻和荼上。乡下人进城，为什么总是慢半拍，总是踩不上点，总是木木的、懵懵的，总是眼神聚不了光的游离不定，总是让你恨不得跟他急呢？就是这种迟钝、迟疑、迟慢的应急能力的严重缺失上。

我猜想，王维在听到他对李隆基念那两句诗时，一定是相当相当晕菜，差点背过气去。就别说让陛下恼火的"不才明主弃"了；那"多病故人疏"，明摆着也是瞪眼在瞎掰啊！他对这位不识时务、不懂深浅，甚至不知好歹的老朋友，也只好爱莫能助了。

宫禁何等森严，大内岂容外人，王维这样做，绝对是冒着风险的安排。我估计，把他弄到宫城内署，也就是大乐丞（相当于国家交响乐团）的住处来，好心的王维，知道李隆基有可能光临，使他得以一睹天颜，展现才华，从而得到陛下的恩宠，有可能是他的一次转机，有可能是他的一个晋身之阶，有可能得偿其愿成为御用文人呢？然而，由于在鹿门山当隐士，闲云野鹤惯了，来到人口密集的都城之中，诸多的不适应，不如愿，不习惯，不开怀，才有"不才明主弃，多病故人疏"，这两句充分反映他来到长安以后的挫折感、失落感、不平感、怨怼感的诗吧？

希望得到的一切，和可能得到的一切，这期间的落差，让孟浩然感到非常沮丧。这两句一脱口，孟浩然的"待诏"梦彻底粉碎了。但是，一个做美梦的人，要彻底清醒过来，不易；同样，一个患病的人，要完全根治痊愈，更难。大约三年以后，我们这位说隐不隐、说显不显的诗人，第二次来到长安。

如果说，他第一次来，是王维为之穿针引线，那么，他第二次来，却是受到李白的影响。在此之前，当孟浩然已经不抱什么希望，如他一首《过故人庄》所写："故人具鸡黍，邀我至田家。绿树村边合，青山郭外斜。开轩面场圃，把酒话桑麻。待到重阳日，还来就菊花。"他发现自己在大都会中，所以格格不入，所以洋相百出，所以碰壁而回，很简单，他是乡下人，他是山里人。只有在田庄里，在桑麻中，才能找到归属感。

可开元 730 年（开元十八年），李白那封"生不愿封万户侯，但愿一识韩荆州"（李白《上韩荆州书》）的自荐书，让他好容易平定下来的求御用的心，又死灰复燃起来。我们不知道随后失意东归的李白，是怎样将信息传递到也在周游江湖的孟浩然。我们知道，李白是一个绝对能与朋友分享快乐、同承艰难的侠义之人，肯定是他设法告诉了孟浩然。这位时任采访使的韩朝宗，其识拔才俊之别具慧眼，其推举新秀之一言九鼎，值得老哥再去长安面谒一下的。

可这一次，孟浩然想去，又不想去。去，是为了那梦，不去，是害怕再碰壁。磨蹭了两年，他才成行。估计够朋友的李白，在韩朝宗那边也做了工作，或者还有某种承诺也说不定。无论什么朝代、什么社会，你想得到不一定非要给你的东西，那恐怕多多少少是要付出代价的，这世界上哪有免费的午餐呀！李白是一个"千金散尽还复来"的慷慨之士，肯不为朋友两肋插刀吗？最后，韩荆州竟然发出邀请，约孟浩然同到京城。于是，才有公元 733 年（开元二十一年）他这一次以为是十拿九稳、志在必得的旅行了。

然而，他又一次遭遇滑铁卢。这次失败，简直就是一场莫明其妙的闹剧。

据《新唐书》："采访使韩朝宗约浩然偕至京师，欲荐诸朝。会故人至，剧饮欢甚，或曰：'君与韩公有期。'浩然叱曰：'业已饮，遑恤他！'卒不赴。朝宗怒，辞行，浩然不悔也。"

因为喝在兴头上，把与这位重要人物的一次攸关前程大事的约会，忘得干干净净。他人提醒以后，不但不赶紧设法匡救，还匪夷所思地发起脾气来。上一次是他那种农民的小心眼，害得王维白帮了忙；这一次是他那种山民的拗性子，使得李白也白帮了忙。

他的一首《东京留别诸公》，不知是不是再次告别长安以后所作？

> 吾道昧所识，驱车还向东。主人开旧馆，留客醉新
> 丰。树绕温泉绿，尘遮晚日红。拂衣从此去，高步蹑华
> 嵩。

两度梦碎，看来他是彻底地觉悟了。

在中国文学史上，如此为梦而付出一生者，唐代诗人孟浩然，绝对不是唯一的个例。

千古黄鹤在

在中国，凡识得几个汉字的人，无不知道唐代崔颢那首题名《黄鹤楼》的诗。也许全诗记不下来，但打头的这两句，"昔人已乘黄鹤去，此地空余黄鹤楼"，总是能挂在嘴边的。

正因为这首写黄鹤楼的诗，实在太家喻户晓，太脍炙人口，结果，反宾为主，主次颠倒，倒不是这首诗，因楼而名，而成了这座楼，因诗而存。

想到这里，也很为文人手中的那支笔，能起到这么大作用而感到骄傲。说实在的，在中国历史上的文人，地位很不高，"九儒十丐"，与讨饭花子名列排行榜之尾，让人很不提气。可诗人崔颢的这首诗，却能够使黄鹤楼屹立于武汉三镇。虽然这期间，几度沧桑，多次兴废，还休要看不起文人，正是这诗，才使黄鹤楼千年不倒。

诗只八句，其实好读好记，"昔人已乘黄鹤去，此地空余黄鹤楼。黄鹤一去不复返，白云千载空悠悠。晴川历历汉阳树，芳草萋萋鹦鹉洲。日暮乡关何处是，烟波江上使人愁。"清人沈德潜编《唐诗别裁》，对这首诗评价极高："意得象先，神行语外，纵笔写去，遂擅千古之奇。"宋人严羽在《沧浪诗话》中，则誉之曰"唐人七言律诗，当以崔颢《黄鹤楼》为第一。"千古传诵，深入人心，以致人们能够习惯鹤去楼空的怅惘，而绝不能承受诗存楼无的遗憾。

上世纪五十年代，新中国成立初期，修建武汉长江第一桥的时候，嫌蛇山的原黄鹤楼碍事，拆了。在很长一段岁月中间，武汉有黄鹤楼之名，而无黄鹤楼之实。拆楼以后，由于这样或那样的原因，并没有动手重建，一直拖着，没有说修，但也从来没有人敢说一声从此不修黄鹤楼。

最后，到底将楼修了起来，而且修得更堂皇。现在这座巍峨的仿古建筑，是 20 世纪 80 年代重建起来的，成为武汉三镇一个亮丽的景点，一个标志性建筑物。

在促成这座名楼再现武汉三镇的诸多因素当中，应该看到，崔颢的诗，是起到了定盘星的作用，诗在，则楼必存。

文学，虽说是很小儿科的东西，但有时候，秤砣虽小，力拨千斤。

这首诗，即使在唐代，崔颢刚一落笔，不胫而走，很快就遐迩闻名，广为人知。据元人辛文房的《唐才子传》，写过"故人西辞黄鹤楼，烟花三月下扬州"的大诗人李白，登黄鹤楼后，突然涌上来赋诗一首的欲望，但见了崔先生的这篇作品之后，马上打消了这个念头。这就是李白的清醒了，他不像时下某些文人，尽管写得十分狗屎，长篇不能卒读，短篇令人反胃，散文味同嚼蜡，评论满纸放屁，文集厚如城砖，都是苏联电影《列宁在十月》中那个瓦西列耶夫斯基，给领袖搬来只堪垫脚，不配枕头的垃圾书籍。

但这些名流大佬，自我感觉之良好，大言不惭之厚颜，也真是聪明过了头以后，剩下的只有糊涂了。李大诗人虽是一个狂得连"天子呼来不上船"的主，但他承认人家写得好，叹了口气，说道"眼前有景道不出，崔颢题诗在上头"，然后向后转，退出这场竞赛。

但是，崔颢的诗，让李白十分赞赏的同时，也启发了他的诗兴，当然也不排除有一点较劲的意思，这位唐代第一诗人，先后套崔先生的诗路，写过两首诗。第一首为约作于公元748年（天宝七载）的《登金陵凤凰台》："凤凰台上凤凰游，凤去台空江自流。吴宫花草埋幽径，晋代衣冠成古丘。三山半落青天外，二水中分白鹭洲。总为浮云能蔽日，长安不见使人愁。"意犹未尽的李白，公元760年（上元元年），滞留江夏期间，又作了一首《鹦鹉洲》："鹦鹉来过吴江水，江上洲传鹦鹉名。鹦鹉西飞陇山去，芳洲之树何青青。烟开兰叶香风暖，岸夹桃花锦浪生。迁客此时徒极目，长洲孤月向谁明？"

大家巨匠不害怕重复别人，即使仿作，摹描的痕迹仍在，但却因自己的才气，而能写出与崔作工力相敌，未易甲乙的佳构。尽管如此，李白的这两首力作，终究压不倒崔颢之绝唱。由此可见，崔颢的《黄鹤楼》，无论在当世，还是在后代，那在文学史上的不朽价值，是不由分说的，是毋庸置疑的，这才叫真正的传世。

要没有崔颢的诗，对不起，这座楼恐怕早就完了。

我们记得，在不破不立、破字当头的年代里，曾经是世界古城中保留最完好的北京城墙，说拆不就拆了嘛！及至到了那个狂热的十年"文革"中，就更不用说了，红卫兵以大破四旧的名义，多少不该毁灭的文化积累，说毁不就毁了嘛！然而，20世纪50年代决定拆掉这座楼来修大桥的时候，许诺过，规划过，说好了将来要修的。表明了这座楼的非同小可，之所以如此重要，我想，不在于它的建筑学上的价值，说到底，是与崔颢这首诗有着莫大关连的。

一首不朽的诗，使一座建筑物安然无恙地流传千古，哪怕拆了还得再建，证明了文学在人民心目中的影响。同样的例子，我们还可以找到，八十年代的江西南昌，终于把烧毁了数百年的滕王阁，重新建造了起来，那还不是因为初唐四杰之一王勃的文章吗？如果不是"落霞与孤鹜齐飞，秋水共长天一色"的《滕王阁序》，我想南昌人不会兴致勃勃地在旧址荡平夷灭、历史湮没无考的情况下，重建一座滕王阁的。其实，滕王阁与滕王已无任何瓜葛，滕王何许人也，很少有人说得上来，不过借其名而已。

这个新建的滕王阁，不过是王勃阁罢了。他写过的"海内存知己，天涯若比邻"，十年浩劫中，谱成语录歌，曾经唱遍中华大地。他的《滕王阁序》，能琅琅地背诵出来者，至今不在少数。文人在历代统治者的眼中，确实是无足轻重的蝼蚁之辈，但他们的笔墨，却具有历代统治者所无法撼动的永恒价值。文人的生命力，大多数时间内，都是很不经折腾的，你不让他死，只消你把刀举得高高地，还未落到他的脖子上，他可能就先吓死了。可文学的生命力，却是白居易那首诗里所写的："离离原上草，一岁一枯荣，野火烧不尽，春风吹又生。"在中国人的心中，要活得比所有的统治者更长久。

因此，黄鹤楼，很大程度上是由于崔颢的诗而名。滕王阁，由于王勃的美文而耳熟能详。岳阳楼，因为范仲淹"先天下之忧而忧，后天下之乐而乐"的《岳阳楼记》而名闻遐迩。醉翁亭，经欧阳修的"环滁皆山也"的《醉翁亭记》一文鼓吹，成为著名景点。"人道是三国周郎赤壁"的古战场，也因苏东坡的词与文，而赋予了令人陶醉的色彩。至于杭州西湖里的翠堤春晓一景，只是经做过太守的苏东坡和白居易二位诗人所修筑，而具有了特殊的文化韵味。"东坡原是西湖长。"他生活过的颍州西湖、杭州西湖、惠州西湖，如今都是游览胜地。所以说，文人笔下的山水，其实倒是对文人最好的纪念。他们的笔墨，一旦与风光糅合到一起，成为名胜佳迹，便是永远也抹煞不掉的存在。

由此想到，对于文化名人的最好纪念，倒是应该在他们与山水的关系上，做做文章的。

近年来，故居热十分流行，将死去的名人，和活着的名人，曾经居住过的房屋保留起来，曾经使用过的器物收集起来，曾经书写过的原稿珍藏起来，其好意当然值得肯定。但一旦热情过度，缺乏节制，不加遴选，标准不一的话，将名人扩大化，扩大到阿猫阿狗，便有泛滥成灾的可能。令人深感不安的是，一些当代文人、包括活着的和死去的，也热衷斯道，自己张罗，别人张罗，单位张罗，后代张罗，也教人大摇其头。

如果因保存一处现在被认为是名人，若干年后也许并不一定还是名人的房屋，对住房相对紧张的中国老百姓来说，成为不胜其烦的负担的话？后人会不禁要问，有这个必要吗？而反观凑这份热闹的中国文人，才死了几天啊，尸骨未寒，他们的尊姓大名，已经被人忘得干干净净，他们写的东西，早就成了明日黄花。就算留他的故居在，留他的手稿在，留他写作时用的钢笔、铅笔、圆珠笔在，留他那些早就该化成纸浆的作品在，可纪念馆门可罗雀，展览室蛛网扃户，岂非莫大的讽刺？

我们知道，王维的应在陕西蓝田的辋川别墅群，白居易在洛阳履道里的大宅子，司空图在中条山王官谷隐居的休休亭，用今天的观点看，绝对算得上是货真价实的，而不是假冒伪劣的名人故居，如果那时有懂行的组织、识货的领导，肯定要下本钱予以维修加固，保存这份文化遗产的。但时光无情，千年以后，除了成都的杜甫草堂尚能附会存在外，其他的早已夷为平地，一点遗迹也找不到了。

其实，宋代著名女诗人李清照的老爹李格非，早看透了这一点。他在《书洛阳名园记后》，从战乱这个角度论说故居之未可长久："唐贞观、开元之间，公卿贵戚，开馆列第于东都者，号千有余邸，及其离乱，继以五季之酷，其池塘竹树，兵车蹂践，废而为丘墟。高亭大榭，烟火焚燎，化而为灰烬。"

即或不发生类似状况，建筑物的存世期限，总是有限的。说到底，还是山水风光更长久些。对于名人来说，死者已矣，健在的若是想留名，还是学一学崔颢，写出一首《黄鹤楼》来，那才是真正的永恒呢！

止其当止

苏东坡在他的一篇《自评文》中，这样来形容他写作时的感觉，虽然有点不够那么谦虚，但却道出为文真谛。"吾文如万斛泉涌，不择地皆可出。在平地滔滔汨汨，虽一日千里无难。及其与山石曲折，随物赋形而不可知也。所可知者，常行其所当行，常止于其不可不止。"

如此大咧咧地评价自家文字，也只有如此豪放不羁的大师，才敢张嘴说出来。也怪，除了同辈的王安石，直陈其绌，除了后辈的朱熹，径指其短，数百年来对他持非议者，还真是不多。

这篇《自评文》，不知因何而写，也不知因谁而写，最后这两句话，行其所当行，止其所当止，倒是值得所有执笔为文的人，奉之为座右铭的。因为，文人的书写手段，由古代的笔墨砚台，到近代的钢笔墨水，到当代的电脑输入，其便捷程度，昔非今比。快有快的好处，快也有快的坏处，萝卜快了不洗泥，快也为粗制滥造者开了方便之门。

如今，一位作家，一年写数部长篇小说，觉得自己光彩，一位文人，一年出十本八本书，甚至引以为荣。这种以为地里收成越好越高兴，粮食打得越多越快活，而获得莫大满足的庄稼人心理，成为当代作家生产精神食粮的指导思想，想想也是蛮可悲的。

正是追求这种数量上的高产，可想而知，或信马由缰，横生枝节，东拉西扯，胡诌八咧，行其所不当行，令人不堪卒读；或拖泥带水，尾大不掉，当断不断，狗扯羊皮，止其所不当止，如同患了痢疾，里急后重，那屁股总擦不干净。所以，唐代诗人祖咏，在考场做应制诗，摆明了要做十二句，只做了四句就交卷，这种"止其当止"的为文范例，重温一下，也许不无益处。

祖咏，洛阳人，生卒年月不详。属于盛唐前期的田园山水派诗人。

公元725年（开元十三年），他到长安应试。唐代的科举制度，到玄宗朝，开明经与进士两科取士。明经要好考些，录取率为十之一二，进士要难考些，录取率为百之一二。因有"三十老明经，五十少进士"之说，现在也难推断祖咏入场时的年纪。从他交往较多的同辈诗人王维、储光羲来看，祖咏考中的这年，他也该是近三十岁的人了。

他的主考官为杜绾，《新唐书》有名无传，唯知出身高门望族。这位主持考政的学官，我很钦佩。因为他不那么教条主义，而且心怀宽荡，按今天的话来说，能够接受，或虽不接受，但能够理解新鲜人类的新颖创造，实在是不容易的。一般来讲，在学界，稍有成就者，对于后进者的尝试，动辄挑剔打压；在文界，名声响亮者，对于初学者的创造，往往鄙蔑不屑，这也是屡见不鲜，看多了看久了，也就见怪不怪的事情了。因此，在学术界，新芽之崛起，在文学界，幼苗之成长，要是碰上这班老爷，倒霉是注定的。祖咏属于幸运者了，赶上了这么一位相当明智而且理智的考官。

换个主，说不定早把考卷扔进纸篓，还要招来申斥一顿的。

进士考，分帖经、杂文、时务策三场，而杂文考，只需就题作诗与赋各一篇。唐人重诗，是唐诗繁荣的基础，而官方提倡，更是推波助澜。诗写得好坏，事关大局。祖咏进场以后，拿到的诗题为《终南望余雪》，限五言排律一首，六韵十二句。

祖咏这样写他的应制诗："终南阴岭秀，积雪浮云端。林表明霁色，城中增暮寒。"只四句，二十个字，就交卷了。

宋人钱易在《南部新书》里，提到了这则文坛佳话。"祖咏试《雪霁望终南》诗，限六十字。成至四句纳主司，诘之，对曰：'思尽。'"宋人计有功的《唐诗纪事》卷二十，也有记载。清人编《全唐诗》，在此诗下加注："有司试此题，咏赋四句即纳，或诘之，曰意尽。"

无论是"思尽"也好，"意尽"也好，只要"尽"了，就搁笔。这就叫"止其当止"。终南山在长安的西南，站在城中眺望，只能看到山的背阴一面，而且还是高耸入云的峰巅部位。因为雪停了，天晴了，山顶那皑皑积雪，在落日的余晖里，显得格外的光亮，可在城里的这个傍晚时分，那寒冷的感觉也益发地袭人了。

确实，诗写到这里，仔细想想，接下来真是没有什么可写的了。因为题目摆在那里，写什么都是多余的了。

主考官杜绾，虽然"诘之"，但听到这个考生的回答："思尽"，也就理解，也就宽容，也就不因他只写了四句而扣分。最后三场考下来，终于中试，终于释褐，成为进士。

苏东坡说，"所可知者，常行其所当行，常止于其不可不止。"其实，行之匪易，止则更难。因为行的驰骋空间相对要宽阔些，而止的选择余地则相对是有限的。所以，止到好处，也就是"止于其不可不止"，恐怕是每个写作者，都会碰上的难题。

明代的谢榛，前七子之一，在《四溟诗话》卷二里，谈论唐代大诗人李白、杜甫，发表了这样一个观点："大篇决流，短章敛芒，李杜得之。大篇约为短章，涵蓄有味；短章化为大篇，敷演露骨。"

为什么当代一些作品，越写越长而越臭，越写越多而越糟呢？就是不甚了然"止其当止"的道理。"意尽"了，"思尽"了，就不必再"码字"下去。一碗米，加三碗水，煮出来为饭；一碗米，加五至六碗水，煮出来为粥；一碗米，加一百碗水，煮出来，除了增加排尿量以外，别无益处。

祖咏的止，值得效法。

锦瑟无端五十弦

按西方传说，天鹅在生命终结的时刻，总是要发出动听的哀鸣，人们遂将文人的最后作品，喻之为"天鹅之歌"。

公元 858 年（宣宗大中十二年），晚唐诗人李商隐，被罢盐铁推官，回到郑州荥阳后不久，忧郁而卒。诗人在临终前的这段时间里，曾经写了一首七律《锦瑟》。清代编《全唐诗》，将此诗列于《李商隐卷》的卷首。看来这首天鹅之歌，显然是公认的诗人代表作。

> 锦瑟无端五十弦，一弦一柱思华年。庄生晓梦迷蝴蝶，望帝春心托杜鹃。沧海月明珠有泪，蓝田日暖玉生烟。此情可待成追忆，只是当时已惘然。

这首诗人的绝唱，写得美妙绝伦，意境无穷，堪称之为中国诗歌的天籁。千百年来，不知有多少人为之动情、为之倾倒。然而，迄今为止，没有谁能完全读懂它、弄通它。可它的艺术魅力，在心灵上造成的震撼，却是每个读者绝对真实具体的感受，不能不认为是诗的一种奇迹。

在那影影绰绰、朦朦胧胧、依稀仿佛、似有似无的诗境里，人们所读出来的：那浪漫神秘的恋情，那温馨甜蜜的思念，那绮丽美艳的伊人，那音韵犹存的锦瑟，那讳莫如深的往事，那难能自拔的伤感，那既嗟且怨的命运，那怅然若失的梦幻……所有的这一切，读者忍不住掬心自问，诗人到底想告诉我们一些什么？于是，宋以后，至明，至清，至民国，至当代，一千多年间，中国文人中间好玉溪生者，无一不在费尽心思，破解这首诗一样的谜、谜一样的诗。

谜，要是一猜即破，也就没有什么意味了；要是总猜不开，也就没有什么兴味了。他让你猜，又不让你猜透，这就是李商隐《锦瑟》的妙处所在。中国有很多探求这首诗究竟的人，一上手，都认为这是不难剖析的谜，但深入堂奥，如坠五里雾中，其歧义性、多解性、隔膜处、存疑处，纷至沓来。愈解愈迷惑，愈破愈茫然，终于不得门径，无功而返。结果，就成现在这种样子，瞎子摸象，各执一词，众说纷纭，莫衷一是，很难形成一致公论。

你不能不赞叹，不佩服，一首 56 个字的七律，历经千年春秋，不但有人拜读，有人赞赏，还有人研究，有人写文章，企图破解李商隐的这首《锦瑟》，企图揭开中国诗歌史上最美丽、最引人入胜的谜，这大概便是真正的不朽了。

实际上，这首约作于公元 858 年的绝唱，虽只八句，恰是诗人"坎壈终身"（《旧唐书·本传》）的命运写照。他没有料到，在写作这首诗的时候，死神已经在门外恭候着了。

那年，他 47 岁，被罢盐铁推官。其实丢掉这芝麻绿豆大的官，约相当于如今县政府里税务局长，或者党委书记一职，应该不至于当一回事的。可他，曾经做过侍御史，至少是局级干部，曾经补过太常博士，说不定享受副部级待遇，最后，职位剥夺，俸禄取消，成了无所傍倚的平头百姓，对诗人来说，实在够郁闷的。回到郑州的荥阳老家不久，心劳成疾，凄苦辞世，中国文人的命，也真是脆弱啊！

47岁身亡，死得也太早了些，《全唐诗》中，我们还能看到崔珏的《哭李商隐》，"虚负凌云万丈才，一生襟抱未曾开"，为他抱屈。可是有什么办法呢？按照托尔斯泰"情场得意，赌场失意；赌场得意，情场失意"的事无双赢定律，文人太得意了，通常就写不出什么好东西的。相反，所谓"穷而后工"，所谓"文章憎命达"，对诗人作家而言，倒是想写出好东西的一条绝对真理。古人且不去说他了，就我认识的、知道的、听说的那些同行，一旦屁股冒烟，有了座驾，文思也就跟着肠梗阻，连想放个响屁，也是难上加难的。

因此，休看李商隐活得痛苦，死得惨怛。但是，文学史记住了他，读者记住了他。那些当时神气活现过的、不可一世过的，将他踩在脚下的衮衮诸公，那些侯门深似海、豪族目无人的达官高宦，将他晾在大门外干着过的，如今再也无人提起。可我们这位诗人和他的诗，却永远鲜活地存在着，这或许就是历史的公平。

说起来，很失敬，我对这位大诗人，是在我成为人所共辱的贱民以后，才熟悉起来的。以前读玉溪生的诗，觉得离我很远。直到1958年的春天，戴上右派帽子，手里捏着户口粮食关系，被逐出北京，发配到新线铁路工地，才有可能重读大师。

怎么也想不到，第一个落脚的地点，适在河南省的博爱县。而据当地文史资料，这里正是诗人的原籍故里。

这种鬼使神差的安排，一下子拉近了我与大师的距离，想不出来究竟是偶然呢，还是必然？也许古往今来，为文人者，倒霉的多，不倒霉的少，"同是天涯沦落人"，抬头不见低头见，总有机会碰上的。尽管那时，对其知之甚少，统共也背不出他的十首诗。但我却知道他是个"坎壈终身"的人。因此，落魄的我，能有幸视他为同类，不禁感到鼓舞。尤其，一想到巨人尚且被侏儒踩在脚下，右派的我被人蹂躏，也就差可自安了。

博爱原属沁阳，从这个县名，大致可知民国年间，才设县另治的。《旧唐书》和《新唐书》均称："李商隐，字义山，怀州河内人。"怀，即怀庆府，现为新乡专区。那年春天，我从北京坐火车到新乡，再转车焦作，然后又到博爱县的九府坟，编入刚召募来的当地民工队伍，沿着丹河，步步攀高，翻山越岭，往太行山深处的新线工地走去。

丹河逶迤出山处的平川地带，人烟稠密，物产富饶，自流灌溉，水肥地美，是著名的怀山药、怀地黄的中药产地。而顺着河谷，蜿蜒而进，到达只有大白天里公然出没的狼，只有夜里令人心悸的寒号鸟，只有一出门就撞鼻子的大山，只有超负荷的强体力劳动的新线工地。唯见山高坡陡，地寡人稀，荒芜贫瘠，一片凄凉，真是心寒透顶。也许春风得意的人，读不大进去李商隐。那几年里，随身携带的清人沈德潜的《唐诗别裁》，其中选他的 40 首诗，曾是我得以寄托的精神绿洲。

　　山里的春天来得晚，被山挡住的太阳，也得十点钟以后才露面，在这深山老林里，那些一无去处、二无消遣的民工们，劳动之余，也只有抽旱烟，喝闷酒，兴致上来，扯开嗓子，哼几句梆子腔消磨时间。久而久之，朝夕相处，耳濡目染，我也渐渐地听惯了乡民们所唱的，略不同于正宗豫剧的"怀梆"。

　　那时没有样板戏，因而唱过野台班的老于此道的李商隐乡党，工余之暇，断不了串上几出，作为消遣。若不去考究说雅不雅，说俗不俗的半吊子唱词，只是倾听、欣赏、品味其声调，这些业余演员，唱到投入时，来劲时，也是蛮能煽情的。怀梆苦戏较多，如泣如诉的悲哀，呜咽缠绵的伤心，一唱三叠的感叹，愁肠百结的情思，那苍凉、委婉、幽怨、深沉的唱腔，着实令我为之回肠荡气，胸臆共鸣。而且，最奇怪的，总能使我想起李商隐，想起他那首谜一般的《锦瑟》。

　　"此情可待成追忆，只是当时已惘然"，我不也同样如此吗？那种失去了全部的追悔，那种流金岁月一去不复的怀念，那种像蹀躞而行的负重牲口，不知道前途，不知道目的地的命运……夜深人静，万籁俱寂，对着昏灯，守着寂寥，在古老的怀梆旋律里，真是忍不住为之潸然泪下。

　　戴上右派帽子的我，不是罪人，胜似罪人，这等无刑之刑的日子，相当难熬。但比起公元 7 世纪的唐朝晚期，被卷进朝廷党争旋涡之中的李商隐，我觉得他的际遇，可能要更糟糕些。因为，我是碧落黄泉，彻底完蛋，也就破罐破摔，听天由命了。而他，至少保持着罐子的表面完整，不得不勉为其难地做人。可是，在中国，在文人的群体中，谁块头最大，谁分量最重，绝对是那些妒火中烧的臭狗屎文人集中攻击的目标。李商隐为晚唐的首席诗人，岂能轻饶了他？

然而，李商隐的痛苦，在于他在当时的朋党之争中，始终扮演着一个两面不讨好的，被唾弃，被卑视，被排斥，被打击的可怜角色，而不能自拔。

在陈寅恪《隋唐制度渊源略论稿》一书中，对李商隐的尴尬处境，有着深中肯綮的论述。

至于李商隐之出自新兴阶级，本应始终属于牛党，方合当时社会阶级之道德，乃忽结婚李党之王氏，以图仕进。不仅牛党目以为放利背恩，恐李党亦鄙其轻薄无操。斯义山所以虽秉负绝代之才，复经出入李牛之党，而终于锦瑟年华惘然梦觉者欤？此五十载词人之凄凉身世固极可哀伤，而数百年社会之压迫气流万为可畏者也。

牛，即牛僧孺，主角其实为李宗闵，史称牛党。李，即李德裕，史称李党。前者代表新贵阶层，属于浮薄潮流一派，后者门阀色彩较浓，维护旧族利益，很看不起暴发户。两派交锋的实质，说起来振振有词，似乎是思想意识形态之争，其实，纯系扯淡，归根结底，仍是官大官小，权力分配之争，吃肉喝汤，获益多寡之争。

这几位狗咬狗、一嘴毛的晚唐朋党主角，都曾是不大不小的文人，都曾是不香不臭的诗人。在《全唐诗》中，至今保存着他们在朝时酬应唱和，在野时失意牢骚的诗篇。中国旧时文人，说句不当的话，其实是顶没起子的。第一，无一不是削尖脑袋想当官，第二，无一不是拉帮结伙搞圈子。

这种劣根性，也仍是今日许多文人的痼疾。

文坛文坛，其实没有这个坛，只有大大小小的文学圈子。这种或暂时的、或长远的、或松散的、或紧密的文人集群，与黑社会的拜把兄弟，与青红帮的契结金兰，在本质上并无区别，不过没有杀公鸡歃血为盟，没有摆香案磕头发誓，稍为斯文一点罢了。

但只要形成圈子，第一抱团，第二护短，第三排外，第四利益共沾，这四大纲领，便是铁的纪律。因此，当李德裕、李宗闵、牛僧孺这班小人式的文人，文人式的小人，官做到节度使、兵部尚书、翰林学士、中书侍郎同平章事高位，顶戴花翎，进入政坛，握有权柄，吆五喝六，原来的圈子，就会发展成为同进同退，同枯同荣，同声共气，一致对外的宗派主义政治集团，也就是朋党。

文人不能弄权，凡弄权的文人，不是制造别人的悲剧，就是制造自己的悲剧，自古以来，莫不如此。据宋司马光《资治通鉴》："自是德裕、宗闵各分朋党，互相倾轧，垂四十年。"我们看到，知识分子要是恶斗起来，那也是相当下作、无所不用其极的。后来，弄得皇帝也受不了，叫苦连天："上（唐文宗李昂）患之，每叹曰：'去河北贼易，去朝廷朋党难。'"

于是，本是天平节度使令狐楚门生的李商隐，忽然跑到泾原节度使王茂元那里，成为上门女婿。而令狐为牛党，王为李党，党同伐异，是人性恶本质的必然，皇帝都摆不平这帮打红了眼的朋党斗士，像他这样虽然声名籍甚，但仍须仰求乞食的诗人，为自己走错的这一步，当然，也未必就是完全错的这一步，不付出代价，行吗？

陈寅恪出于对诗人的同情，说出"此五十载词人之凄凉身世固极可哀伤，而数百年社会之压迫气流万为可畏者也"的话来，为其诿过于当时之社会风气。其实，我觉得很正常，诗人也是人，也是饮食男女，也是性情中人，也是人间烟火之一员，也是柴米油盐、衣食住行的供求者。何况，作为一个中国文人，他能免了没起子的时候，能免了做没起子的事情吗？我是怀疑的。

因此，如果他有些卑鄙龌龊，有些投机取巧，有些急功近利，有些小人心肠，也是大可不必求全责备的。所以，诗人在错误的时间，在错误的地点，所选择的这门错误婚姻，以及随后所付出的一生，我同情，也能原谅，但也无需乎为贤者讳。

顶多，为其惋惜，大师啊大师，前辈啊前辈，您的诗写得美妙绝伦，您的人却做得怎么如此一塌糊涂呢！

也许，大师未必时时刻刻都大师，未必没有不地道的时候，未必不做不地道的事情。我在文坛厮混大半辈子，目睹那些大师、亚大师、准大师、候补大师，有时比小人还要小人、比败类还败类的。因此，李商隐的苦果，很大程度上是他自找。俗话说得好，脚上的泡，是自己走出来的，也是不必为之回避的。

现在弄不清楚李商隐为何要离开令狐楚家，投奔王茂元？

商隐幼而能文，令狐楚镇河阳，以所业文干之，年才及弱冠。楚以其少俊，深礼之，令与诸子游。楚镇天平、汴州，从为巡官，岁给资装，令随计上都。开成二年，方登进士第，释褐秘书省校书郎，调补弘农尉，会昌二年，又以书判拔萃。（《旧唐书》）

也许历史，只是让人看到一半，那是字面上的东西，另一半，隐藏在字面背后，是谁都看不到的。因此，前人所言"史无信史"，"尽信书不如无书"，绝对为腐儒所深恶痛绝的看法，是有其道理的。而且，即使字面上的那一半，还有很大的存疑成分，更何况未知的，允许后人猜测、推断、想象的那一半自由空间呢？所以，新、旧《唐书·文苑传》里的《本传》，不过是诗人表面现象的描写，那首《锦瑟》，其中的暧昧情节，才是几百年来的文人学者搜索枯肠、费尽思量的所在。

李商隐，字义山，号玉溪生，生于公元 812 年，死于公元 858 年，是个很不顺的晚唐诗人。中国文人，自古以来，顺者少，不顺者多，也是无争的事实。但如李商隐这样"坎壈终身"（《旧唐书·本传》）的不顺者，而且不顺到只在世上活了 47 年，就一命呜呼，还是不太多的。

"坎壈"，以字义来解，当有老百姓口头上常说的，沟沟坎坎，坑坑洼洼，不很平坦的意思。李商隐的一生，十岁丧父，三十岁丧母，四十岁丧妻，三次考场败北，五次幕府下岗，七次转业另就，这条实在太艰难的人生道路，真够我们这位诗人在其短促一生中，跌跌撞撞、踉踉跄跄地熬过来。

因此，这首在最后岁月里写成的《锦瑟》，凝固着他的全部人生历程，缩微着他的全部感情体验，如同贝多芬那部《命运交响乐》，每读每新，总能敲动着人们的心扉，与之共鸣。

这种以千年为单位衡量出来的不朽，才是货真价实的不朽。

唯其不朽，一千多年来，李商隐，成为关注之焦点，研究之重点，大有成为一门显学之势。谈唐诗，首推三李，他是压轴的一位。虽然，他的作品，其费解、深奥、晦涩、隐喻之处，往往人言人殊，不得要领。但美不可言之处，对整个唐诗而言，可谓枇杷晚翠，异峰突起，形成闭幕前的高潮，结束一代盛事。尤其他的这首天鹅之歌，从宋之苏东坡起，一直到近人钱锺书，或注或释，或议或评，无不竞为时尚，显示高见卓识。古往今来，不知有多少文人学者，把功夫用在《锦瑟》上，这在中国诗歌史上，也是颇为罕见的现象。

所有琳琅满目的名人解读，概括起来，无非两类，一类认为诗中有人，一类认为诗中有物。认为有人者，又各有所指，或情人，或恋人，或爱人，或亡人，或诗人本人。于是，这首诗的热烈精彩，就都从这方面着力，也都从这方面出戏。

诗中有人，有一个极曼妙的女子，为最早出现的说法，也是最有影响的说法。

李商隐有《锦瑟》诗，人莫晓其意，或谓是令狐楚家青衣名也。（宋·刘攽《中山诗话》）

刘贡父云："锦瑟，令狐绹家青衣。"亦莫能考。（宋·张邦基《墨庄漫录》）

或云，锦瑟，令狐楚之妾。（宋·计有功《唐诗记事》）

适怨清和，昔令狐楚侍人能弹此四曲，诗中四句，状此四曲也。（宋·许恺《彦周诗话》）

当然，最早的说法，不一定是最具权威的说法。但刘贡父，即刘攽（1023—1089），北宋史学家，是最接近李商隐《锦瑟》写作年代的北宋文人。姑且说他的传闻，很大程度是道听途说，但应该比他年代稍后的那些所浮想、所附会的说法，可信性要高。其次，刘攽参与过司马光《资治通鉴》的编撰工作，应该有着历史学家治学的严谨。所以他在行文口气中，加了"或谓"两字，以示存疑。然而，他的"青衣说"，对这首诗，起到一锤定音的作用。

《锦瑟》是青衣名，见唐人小说。宋人认作咏物，以适怨清和字面附会穿凿，遂令本意懵然。且至"此情可待成追忆"处，更说不通。学者试尽屏此等议论，只将题面作青衣，诗意作追忆，读之当自踊跃。（明·胡应麟《诗薮》）

此诗自是闺情，不泥于锦瑟耳。屠长卿注云：义山尝通令狐楚之妾，名锦而善弹，故作以寄思。（明·周珽《唐诗选脉笺释》）

再以李商隐为令狐楚的得意门生，亲信下属的双重身份而言，也为"青衣说"提供了重要佐证。据《旧唐书·本传》：

> 商隐幼而能文，令狐楚镇河阳，以所业文干之，年才及弱冠，楚以其少俊，深礼之，令与诸子游。楚镇天平、汴州，从为巡官，岁给资装，令随计上都。（多次科举失败后），开成二年，（经令狐楚力荐），方登进士第。

算起来，他从18岁，大和二年（829）起，投靠，追随，信奉这位恩师，直到26岁，开成二年（837），令狐楚病故，另谋高就止，近十年工夫，他是以首长秘书的身份，生活在令狐楚的节度使府，备受呵护，几乎成为其家庭一员，这是可想而知的。

因此，风流蕴藉、满腹才情的诗人，与一个名叫锦瑟的漂亮侍女，耳鬓厮磨；或者，与一个善弹锦瑟的美丽乐伎，过从亲密，或者，与一位身份为令狐楚之妾，另有一说为令狐楚之子令狐绹之妾，有过不伦之恋的私昵，这些足够编成连续电视剧的爱情故事，曾经在令狐老爷或少爷府里发生过，是很容易推想而及的。

当然，这些很世俗，也很庸俗的设想，会令正经人摇头不迭。但以今观古，诗人也是人，也是饮食男女，也是性情中人，也是人间烟火之一员，也是柴米油盐、衣食住行的供求者。因此，要求一个18岁至26岁，时值青春期的李商隐，成为蹈规循矩的正人君子，也太道学先生了吧？

何况在唐代，整个社会风气趋向浪漫，男女情爱持开放态度。因此，文人风流，被视作雅事，即或逾矩，也不至于出现《锦瑟》诗中那样严重的后果。所以，稍晚于刘攽的苏东坡（1036—1101），对《锦瑟》持相反看法。

山谷道人读《锦瑟》，殊不晓其意，后以问东坡，东坡云："此出《古今乐志》，云'锦瑟之为器也，其弦五十，其柱如之，其声也适、怨、清、和。'案李诗，'庄生晓梦迷蝴蝶'，适也；'望帝春心托杜鹃'，怨也；'沧海月明珠有泪'，清也；'蓝田日暖玉生烟'，和也。一篇之中，曲尽其意，史称其瑰迈奇古，信然。《刘贡父诗话》以为锦瑟乃当时贵人爱姬之名，义山因以寓意，非也。"（胡仔《苕溪渔隐丛话》引黄朝英《缃素杂记》）

然而，也有人提出质疑，不以为然。

此诗说者纷纷，谓锦瑟为贵人爱姬者，刘贡父也；谓为令狐楚之妾者，计敏夫也。自东坡谓咏锦瑟之声，则有"适怨清和"之解，说诗者多奉为指南。然以分配中两联，固自相合，如"无端五十弦柱""思华年"则又何解以处此？详玩"无端"二字，"锦瑟弦柱"当属借语，其大旨则取五十之义，"无端"者犹言岁月忽已晚也，观下句自见。顾其意言所指，或忆少年之艳冶，而伤美人之迟暮，或感身世之阅历，而悼壮夫之晼晚，则未可以一辞定也。（清·王清臣、陆贻典《唐诗鼓吹》）

一首绝妙好诗，是阅读不尽，也品味不完的，这就是文学的不朽。

　　每个读者，所读出来的《锦瑟》，其实都是加上了自己感受的镜中之像，掺进了自己体味的水中之影，不但不会同于别人，甚至也不会同于上一次阅读时的自己。因为这首诗中，那缠绵悱恻的思绪，伤感怅惘的情调，典故隐喻的深奥，诗人生平的附会，为读者阅读时的二度创作，提供了太多的想象空间。

　　于是，许多不一定站得住脚，但未必没有道理的推论一一出现：或曰追思他的艳遇；或曰悼念他的亡妻；或曰他的人生总结；或曰他的创作回顾；或曰顾念唐室，故国凋零，伤时感世；或曰羁旅他乡，久客思归，不胜懊悔，等等。

　　我不禁想起法国作家福楼拜，当他的名作《包法利夫人》出版后，得到很大轰动和赞誉，从此享誉法国文坛。有一次，他在与朋友的交谈中，曾经语出惊人的宣告，"包法利夫人就是我，我就是包法利夫人！"曾令人目瞪口呆过的。因为，那个肉欲的荡妇包法利，与多病的老单身汉福楼拜，风马牛不相及，毫无共同之处。

　　但是，这位文学大师却道破了一个极其深刻的道理，不管作家笔下的描写对象，为天为地，为山为水，为人为物，为虚无缥缈的空，为柴米油盐的实，其实都是在写作家自己。因此，真正的文学作品，总是作家寄托其心灵的所在。不是文如其人，而是文中有其人。法国另一作家布封说，"风格即人"，是至理明言。

　　作品的不朽，也是作家心灵的不朽。

因此，清人王清臣、陆贻典所说的："或忆少年之艳冶，而伤美人之迟暮，或感身世之阅历，而悼壮夫之腕晚，则未可以一辞定也。"倒有可能是理解这首天鹅之歌的一把钥匙。

也有论者引用李商隐一篇《上河东公启》的骈丽短文，用诗人的自白，为其艳情作品并无所指辩解。虽然，在他的诗中，欲言又止的浪漫之思，吞吞吐吐的情爱之怀，钗头粉钿的香脂之气，衣衫塞窣的肌肤之亲，使人忍不住浮想联翩，但是，李商隐向这位显然太正经的老爷子申诉："至于南国妖姬，丛台妙妓，虽有涉于篇什，实不接于风流。兼之早岁，志在玄门，及到此都，更敦夙契，自安衰薄，微得端倪。"这段话的要点是什么呢？柳大人，我尽管写了一些芳菲悱恻的浮艳篇章，但诗只是诗，并无实指对象。

我是守身如玉的，他想让他的领导相信。

河东公，即柳仲郢，是他最后的顶头上司，当然也不是白痴。此时诗人四十岁，丧妻不久。这位上级特地物色了一位乐籍女子，为其续弦，显然考虑到他应该更能接受这类风尘中人。不知李商隐为什么要婉拒，遂有这封表态的信，谁都看得出来，不过是此地无银的信口关白罢了。

我才不信，一个不善浪漫，不擅情爱的文人，会写好浪漫和情爱？一个从无大爱，更无大恨的文人，会写出震撼人心的爱恨情仇？一个把性和泄欲画等号，把性和生殖画等号的文人，你能指望他写出比三级片更高一点的性文学吗？唯其如此，把爱写得那么奇丽，把情写得那么深秘，把性写得那么美妙，把女人写得那么灵动精致，呼之欲出的李商隐，才在这首回眸一生的《锦瑟》中，写出来千古传唱的深情来。

显然，那是一个令他魂牵梦萦的女性，或许正因为她，一个名叫锦瑟，或者弹奏锦瑟的女子，而不得不与从他18岁（829年，文宗大和三年）起，到27岁（838年，文宗开成三年），追随了近十年的令狐恩公家分手，走自己的路。从而铸下难以挽回，后悔莫及的大错。或许他想活得更好，或许他想把握自己，或许他想决绝而出，或许他想远走高飞……现在已经弄不清楚李商隐为何要离开令狐楚家，投奔王茂元，并且做了他家的女婿。但在当时朝廷的牛、李朋党之争中，这种背叛是被整个社会视作不齿的。于是，这位领衔晚唐诗坛的领袖人物，成为被唾弃、被卑视、被排斥、被打击，两面不讨好的，一直到死也没顺过的倒霉角色。

所以他的这次出走，既有令狐少爷那忍无可忍的一纸逐客令，也有庭院深处漂亮女子擦拭不尽的泪水，和那具弦断柱裂的美人锦瑟；更有"十年京师，寒且饿"（李商隐《樊南甲集序》）的难耐反弹。因为作文人者，在政客眼里只是一个可有可无的摆设，不会始终高看的。出于伙计对老板所给工资待遇的不满，遂有这次不得已而跳槽的决绝。更何况当时皇帝走马灯地你上我下，朝臣贴烧饼地变来变去，朋党之争纠缠得难解难分，胜负未卜的混乱格局中，良禽择木而栖，我李商隐为什么非要在一棵树上吊死自己，而不头脑灵活，另觅主子，改换门庭，别开生面呢？

然而，他没有想到，他尽管很不得意，但也并非名不见经传的等闲之辈，在诗歌上，按唐代李涪《释怪》载："商隐词藻奇丽，为一时之最，所著尺牍篇咏，少年师之如不及"，是位拥有极大成就的诗界领袖。在文坛上，据唐人裴廷裕《东观奏记》载："商隐字义山，文章宏博，笺表尤善于人间"，也是位拥有极高声望的文学大师。因此，他的一举一动，影响观听，非同小可。这轻率的一步，前脚迈出去，后脚物议即至。在水火不容、冰炭难共的党争天下里，诚如陈寅恪所言："不仅牛党目以为放利背恩，恐李党亦鄙其轻薄无操。"

于是，他栽了，而且栽得很惨，结果，他成了一个什么样的人呢？在政治上，依五代刘昫的《旧唐书》所写：是一个被朝野公认的，"背恩，尤恶其无行"的投机分子；在人格上，宋代欧阳修、宋祁的《新唐书》载，在大众眼中，是一个极不可靠的卑鄙小人。"诡薄无行，共排笮之"，成了过街老鼠。这种极低评价、极坏舆论，与他在文学上的极高成就、诗歌领域的极大声望，所造成的强烈反差，使他身心受到冲击的程度，可想而知。

那时，我在大师的家乡劳动改造，重新做人，是在丹河的河床中采集砂石，其苦可知。修建铁路隧道，需用混凝土，而且用量极大，不得不成年累月，站在河水里淘泥净砂，就地取材，以供搅拌，累到腰都直不起来。但我想到这位博爱县的先贤，在唐朝的日子，虽然身体所受的罪不如我重，但是，在精神上所受的罪，那可真是度日如年了。于是，无所谓垢辱，无所谓羞耻，无所谓低贱，更无所谓异类非人的我，比之不得不生活在唾弃他的人中间，不得不与视他为小人的人周旋的李商隐，我不禁宽慰自己，不免作阿Q式的自我安慰，反正我是完蛋了，也不在乎再完蛋一回或两回三回，抱定这个宗旨，还有什么好在乎的呢？

　　丹河的水，即使夏季，也是寒可彻骨，但我用不着像他那样，仰仗权贵，乞怜高门，巴结恩公，求全苟活，更用不着像他那样，谦卑恭顺，视人眼色，强作笑颜，小心行事。我的主张，既然做狗，就做死狗，做癞皮狗，做落水狗，绝不做摇尾乞怜、祈求恩典、俯首帖耳、奴颜婢膝的顺毛狗、叭儿狗。因此，听着那断断续续的悲怆怀椰，真为这位唐代的大师，不得不臣服于那些王八蛋，以求一口嗟来之食感到悲哀。

　　命也运也，想想都替他累死了。

　　老实说，上帝不会给人百分之百，那些真正意义上的纯粹文人，不可能得到锦绣才华的同时，又得到巧言令色、圆滑世故、长袖善舞、吹拍钻营的本领。正如那些名利双收、左右逢源、春风得意、一路绿灯的作家诗人，总是写不出什么像点样子的作品一样。鱼和熊掌，是很难兼而得之的。李商隐，就是这种除了能做得一手好诗外，在现实生活中，一无能量，二无能力，到处碰壁、无不失败的人，这一辈子便只有一连串的不走运了！

　　文宗大和二年（829），18岁，入天平节度使令狐楚幕。

　　大和七年（834），23岁，应举，知举贾悚不取。

　　大和八年（835），24岁，入兖海观察使崔戎幕，不久，崔亡故，被遣散。

　　大和九年（836），25岁，二次应举，知举崔郸仍不取。

　　开成二年（837），26岁，三次应举，因经门师令狐楚的力荐，终于登进士第。此年，令狐楚亡故。

开成三年（838），27 岁，又应博学鸿词科，初试得中，复审除名，败出。赴泾原节度使王茂元幕。

武宗会昌三年（843），32 岁，王茂元病故。

宣宗大中元年（847），36 岁，再入桂管观察使郑亚幕。

大中二年（848），37 岁，郑亚贬循州，幕散，又一次被遣归。

大中三年（849），38 岁，又入武宁节度使卢弘止幕。

大中五年（851），40 岁，卢弘止病逝，幕罢，回籍。此年，妻王氏死，困窘无奈，转投令狐绹。被婉拒，入东川节度使柳宗郢幕。

大中九年（855），44 岁，因柳宗郢调回长安，幕散。

大中十年（856），45 岁，为盐铁推官。

大中十二年（858），47 岁，罢盐铁推官，不久病逝于郑州。

看他这份靠山山倒、靠水水干的履历，便知诗人这短促一生，该是何等倒霉的了。

东奔西跑，南投北靠，四处碰壁，落寞蹭蹬，郁闷到 47 岁的他，终于再也活不下去。情人飞了，老婆死了，朋友倒了，官职丢了，希望没了，前景完了，赌场情场，双双败北，也就只有悄莫声地，独自恹恹而死。

一想到文人的命途多舛，谁也比不上四十年被人按住脑袋，不让抬起头来的李商隐了。所以，我对《锦瑟》第一句的"无端"二字，差不多可以读出一部中国文人的哀伤史。那些平白无故的灾难，变生不测的事端，祸从天降的惩治，猝不及防的凶险，毫无来由的迫害，平地风波的运动，别出心裁的整肃，大张旗鼓的镇压，无一不是突然间"无端"而来，让你招架不住，让你屁滚尿流，让你倒霉到底，让你不得翻身。因此，这首《锦瑟》，若与"坎壈终身"的诗人际遇，一并吟味的话，前瞻后顾，上下求索，触类旁通，见微知著，说不定还会得到一种感悟认知、意会神注的新体验呢！

曾经沧海难为水

一

中国文人最值钱的地方，是他的才华；

中国文人最不值钱的地方，是他的人格。

当然，也并非悉皆如此，但很大一部分文人基本如此。这也是我们翻开那部厚厚的文学史，常常为之不禁掩卷、扼腕叹息的缘故。

在唐代，与白居易齐名，世称"元白"的双子星座之一，创"元和体"新诗风，为中唐诗坛扛鼎人物之一的诗人元稹，恰巧就是这样一位令人遗憾的典型。他的诗，写得非常之美妙，他的人，做得却是相当之糟糕。

这种两面性、复杂性，不光为舞文弄墨之人的通病，大概也是人类概莫能免的劣根本质。因此，卑鄙与崇高，苟且与正直，污秽与完美，邪恶与良善，同时聚合在一个人的身上，是很正常的事情。在这个世界上，百分之百的伟大光荣，百分之百的不可救药，实际上是不会存在的。只是可能在两种对立成分的配合比上，有此多彼少，或此少彼多的区别罢了。

元稹，字微之，河南洛阳人，在陕西凤翔长大。生于公元779年，死于公元831年，与其好友白居易相比，是个短命文人。他是怎么样的一个人呢？正史是这样称他的：《旧唐书》载，"稹性锋锐，见事风生"。《新唐书》载，"稹始言事峭直，欲以立名，中见斥废十年，信道不坚，乃丧所守，附宦贵得宰相，居位才三月罢，晚弥沮丧，加廉节不饰云"。这些评价，相当负面，也就是说诗人急于成名，而不择手段；忙于投机，而罔顾操守；欲望强烈，而贪得无厌；攀附中贵，为人不齿。总而言之，他这一生，够折腾的。相比之白居易，活得比较劳累，活得比较糟糕。有什么办法呢？性格决定命运，他太想成功了，为了成功，他可以不顾一切。

他的诗歌，可分两体，各有成就，讽喻诗极其深刻，艳情诗极其浪漫，历经顺、宪、穆、敬诸朝的他，时属中唐，但他的创作，却仍是盛唐景象；无论在他生之时，还是在他死之后，都得承认他是一位了不起的诗人。

也有对他相当不以为然的。唐人李肇在《唐国史补》中，谈到公元七世纪初的中国文坛时，就把他列在不齿之徒排行榜的末尾。"元和以后，为文笔则学奇诡于韩愈，学苦涩于樊宗师，歌行则学流荡于张籍，诗章则学矫激于孟郊，学浅切于白居易，学淫靡于元稹，俱名为元和体。"更有一位李戡，宗室子弟，对他尤为咬牙切齿。"尝痛自元和以来，有元、白诗者，纤绝不逞，非庄士雅人，多为其所破坏，流于民间，疏于屏壁，子父女母，交口教授，淫言媟语，冬寒夏热，入人肌肤，不可除去。吾无位，不得用法以治之。"（杜牧《唐

故平卢节度巡官陇西李府君墓志铭》)

这种恨不得杀了元稹才解恨的刽子手面孔，对我们来讲，倒也不陌生。这些年来，每当文学新潮流出现，也是断不了看到的雷电风霜压顶而来的风景。正统派、主流派，所以有一种天塌地陷、惶惶然不可终日的感觉，就是他们眼中视之为"淫靡"的作品，产生了他们认为的"礼崩乐坏"、世风日下的后果。实际上，这些文学原教旨主义者，根本不了解"元和体"的出现，对于陈腐的、僵化的、教条的、唯上为意旨的文学，所起到的否定作用，所带来的具有鲜活生命力的现实主义精神，以及所形成的"自衣冠士子，至闾阎下俚，悉传讽之"（《旧唐书》）的广大读者市场。这是毫无办法的历史选择，也是谁都抵挡不了的潮流。

文学这东西，如潮之汹涌，来时，势不可当，去时，无法挽回。可以影响，不可以左右，可以乘势，不可以逆转。这也是所有帝国统治者压根儿没弄清楚的艺术规律，总以为握有意识形态的控制权，就可以扬之在我，抑之也在我，其实，大谬不然的，就在于这些帝国统治者不了解，在其一生中，能够操弄权柄的时间，顶多三十年、五十年。而文学时代的运动周期，常常要延续两代或三代文人，在陛下驾崩以后，又怎能奈何那些死在你以后的文人呢？那时，恐怕就是如刘禹锡的诗《石头城》所写："山围故国周遭在，潮打空城寂寞回"那样，潮流依旧沿着它的规律，该来就来，该走就走。

尽管我们可以鄙薄元稹的为人，但他的诗歌，却是应运而生的时代产儿。

所以他的诗歌，"传道讽诵，流闻阙下，里巷相传，为之纸贵"(《旧唐书》),这种广泛的影响,也确实给他带来了好运。

据《旧唐书》:"穆宗皇帝在东宫,有妃嫔左右尝诵稹歌诗以为乐曲者,知稹所为,尝称其善,宫中呼为元才子。荆南监军崔潭峻甚礼接稹,不以掾吏遇之,常征其诗什讽诵之。长庆初,潭峻归朝,出稹《连昌宫辞》等百余篇奏御,穆宗大悦,问稹安在,对曰:'今为南宫散郎。'即日转祠部郎中、知制诰。朝廷以书命不出相府,甚鄙之,然辞诰所出,夐然与古为侔,遂盛传于代,由是极承恩顾。尝为《长庆宫辞》数十百篇,京师竞相传唱。居无何,召入翰林,为中书舍人、承旨学士。中人以潭峻之故,争与稹交,而知枢密魏弘简尤与稹相善,穆宗愈深知重。"

对元稹这个具体的人来说,就不是像他写的诗那样尽善尽美了,以文章曲事太监,以诗词阿附权贵,只要能带来好处,低声下气,谄媚逢迎,又有何妨?脸皮一抹,也就无所谓做人的道德底线了。而后来,又经阉寺援手,奸佞保荐,能给皇帝拍马屁,那更使诗人感到无上荣光,为使龙颜大悦,我估计,那些日子里,元才子恨不能一天到晚,十二个时辰,不寐不歇,歌功颂德,万寿无疆,大唱赞歌的。

中国文人之没出息,就是见了皇帝,忍不住要磕头的那一份贱。

何况,他有磕头的本钱,你想磕还未必能磕得上呢!"九岁能属文,十五两经擢第,二十四调判入第四等,授秘书省校书郎,二十八应制举才识兼茂、明于体用科,登第者十八人,稹为第一"(《旧唐书》)。是一个"巴蜀江楚间泊长安中少年,递相仿效,竞作新词"的诗坛领袖,是一个"贤不肖皆赏其文,未如元白之盛也"的风流人物。据说,中国末代皇帝溥仪,还统治着紫禁城的时候,曾经召见胡适进宫,与博士面谈半小时。看来,皇帝作为读者而不是屠夫时,也具有追星族的好奇之心。

很快,这位才子,以马屁为敲门之砖,以奸佞为进身之阶,现身在帝王的视线半径之中,一步登天;声闻于帝王的听觉范围之内,直达丹墀。中国文人能混到如此春风得意、不可一世的地步,还真是屈指可数。

据说,有一次早朝过后,他只是随便中对穆宗抱怨一声:陛下,昨天傍晚,首都警察局竟派了便衣,在我居家老宅的靖安坊,巡逻出没,尾随跟踪,不知是何用意?当天,京兆尹主管公安的首长,二话不说,就把刑侦队长免职,连机构也奉旨撤销。一干人马,失业下岗,到底也没搞清楚,因何精兵简政?真是头掉了,不知是谁砍的,诗人的声势威风,可想而知。

因此,一、你不得不佩服他在中国文人中间,这种出类拔萃的能量;二、你若为他想,要是不很糟糕的话,或者,不那么卑鄙的话,也难达到这种京师为之侧目的地位。

元稹加速度的成功之路,我以为原因有三。一、从人种学角度考量,与他家族的鲜卑后裔,血管里流动着的野性基因有关,野,什么都敢伸手。二、从地域学角度考量,与他长期生活在陕西凤翔,在那僻壤荒域里求生谋存的艰难有关,饿,什么都敢张嘴。三、从进化学角度考量,与他出身于卑微的一个寒族子弟,拼命想出人头地,拼命想改变局面有关,爬、攀、附、靠,也就不择手段,不问是非。

所以，公元822年（长庆二年），他到底当上了宰相，这是元稹风头最健的一年。也是他费了九牛二虎之力，钻营投机，攀附巴结，效忠纳诚，紧跟高举的结果。尽管他奔走的是旁门左道，投靠的是太监佞臣，颇“为士类訾薄”，以致“朝野杂然轻笑”（《新唐书》）。但昏庸的穆宗李恒在诏书中，却对他褒扬备至：“劲气尝励于风霜，敏识颇知于今古”，可见其被宠幸、被倚重、被高看、被优渥的程度。

连他老婆也跟着水涨船高，成为宫廷贵妇沙龙的领袖，“予在中书日，妻以郡君朝太后于兴庆宫，偎为班首。”（元稹《初除浙东妻有阻色》）小人得志，喜不自胜，那时的他，肯定飞扬跋扈，面目可憎，也使得他的反对派联手起来，抓他的把柄，找他的不是，要把他扳倒。唐穆宗将其拔擢到一人之下、万人之上的最高决策中枢的宰相地位，固然是其昏庸懦之故，但也足以证明诗人吹到巧舌生簧，拍到炉火纯青，哄到不露马脚，骗到天衣无缝的功力。

文人混迹官场，能爬到这么高的位置，在中国文学史上，他是绝无仅有的一两位，确是非同小可。然而，幸运之神，来得匆匆，去得匆匆，短命的“同平章事”，从二月到五月，连一百天也没熬到，就被人排挤出局。

到同州当刺史后，元稹声泪俱下地给穆宗上书：“所恨今月三日，尚蒙召对延英。此时不解泣血，仰辞天颜，乃至今日窜逐。臣自离京国，目断魂销。每至五更朝谒之时，实制泪不已。臣若余生未死，他时万一归还，不敢更望得见天颜，但得再闻京城钟鼓之音，臣虽黄土覆面，无恨九泉。”（《旧唐书》）还梦想着有朝一日，“制诰侍宿南郊斋宫”，再沐天恩。

可哪知道穆宗只坐了四年江山，就因服长生不老药驾崩了。诗人在《题长庆四年历日尾》诗中写道："残历半张余十四，灰心雪鬓两凄然。定知新岁御楼后，从此不名长庆年。"那无望失落之情，溢于纸面。看来，他的黄金时代，一去不复返了。

说到底，文人，再有心眼，再富心机，再小心谨慎，再心明眼亮，永远不是那些职业政客的对手。政治家玩文学家，如猫搏鼠，让你死，你就死，而文学家玩政治家，则如羊驱虎，你让人家死，死不成，反过来，你倒可能搭上一条命。要知道，为文是一门学问，做官更是一门学问，两者通常不能得兼。做得一份好官者，未必写得一手好文，同样，做得一手好文者，未必为得一份好官。所以，没才气的文人才热衷做官，没本事的官僚才附庸风雅。搂草打兔子，一举两得。

而历史上那些真正的文人，从屈原起，到司马迁，到谢灵运，到李白，在官场无不混得很失败，归根结底，他们压根不是当官的料。也许，一开始就不应该搅到政治的浑水中来，老百姓的一句民谚："没有金钢钻，别揽瓷器活。"没有为官秉赋，而且你心不狠，手不辣，千万别求仕进。总结元稹的一生，成功快，失败更快，问题全出在他"见事风生"的性格上。太急功近利，太短期行为，太随风使舵，太容易转向。这种性格悲剧，决定了他一生的结局。

然而，中国文人，很不幸，似乎是胎里带，都有做官的冲动。我认识的一些同行，削尖脑袋，热恋乌纱，做到了官，很高兴，做不到官，很沮丧。当然也不能完全怪这些文人，尤其那些古代文人，因为从他们入塾启蒙那天，朝至圣先师磕头开始，孔夫子就教导"学而优则仕"这五字真言，已经种下了病根。然而，封建社会的国家机器，是一个豺狼当道，安问狐狸的极其凶险所在，一个诗人、一个作家，要混个一官半职，谈何容易？

白居易比他明白，及早地抽身出来，退隐到他洛阳履道里的大宅子里，修身养性，颐养天年，不问政治，只管快乐，而且，他也绝不会感到寂寞，至少有半打小妞陪着老人家玩，这就是香山先生的大智慧了。因此，他能一直活到七十四岁高龄。而元稹，始终怀抱东山再起之心，始终冀图重获圣眷之想，心急如焚，辗转反侧，最后，终于走上穆宗皇帝那样的不归之路，因求长生，求雄壮，服药不慎，饮丹中毒。于公元831年（大和五年）七月间，暴卒于武昌任所，享年五十三岁。

一个诗人、一个作家，只要陷在非其所宜的官场浑水里，想要保持清纯的文人本色，想要追求高尚的道德情操，这种鬼话，说给谁去听，也不会相信的。

二

其实，要想了解文人，还是从他的作品下手为宜。

虽然"文如其人"这句话，并不百试百验。但无论如何，"文为心声"，总会有蛛丝马迹，可以稍知秘辛，总会在字里行间，微露堂奥底里，而元稹这篇《莺莺传》，应该是进入他内心世界的最佳门径。

再没有比这篇美文，更能表现元稹做人与做文的强烈反差了。

这篇叙述张生和崔莺莺的恋爱故事，为唐人传奇中的名篇。经唐末、五代的战乱，一度湮没无闻，不见著录，直到宋初太平兴国二年，官修《太平广记》时，才从民间搜寻出来，编入这套类书之中，得以重张天日。后来，经北宋苏轼、秦观、毛滂、赵令畤等文人的推介传播，大为人知；后来，又经金章宗时董解元，改编为《西厢记诸宫调》的挡弹词，再后来，更经元成宗时的王实甫，在《董西厢》的基础上，敷陈为杂剧搬演出来，《西厢记》遂成为中国古典文学的瑰宝。

由《莺莺传》而《西厢记》，最大的改变，是在结局的处理上。

中国戏剧，特别要考虑到的是观众的欣赏习惯，你要让他买你的票，坐下来看你的戏，有一条，最为重要，那结局必须大团圆。也许因为五千年来的多灾多难，中国人常常不得团圆的缘故，便非常在意这个团圆。现实世界里有太多的不团圆，至少你在戏里，给我一个精神上的大团圆。戏曲大师王实甫深谙此理，便在戏的第五折结尾处，打出"愿普天下有情的都成了眷属"的旗号，然后落下帷幕。

但在《莺莺传》中，元稹毫不顾及中国人的口味，偏不皆大欢喜，偏要此恨绵绵，倒不是他别出心裁的创造，确确实实是他个人的自身经历，是发生在公元 799 年（唐德宗贞元十六年）以他为主角的一次爱情悲剧。

依今天的观点，这本应是最情投意合的爱情，最美满匹配的婚姻，却活生生被这位诗人，以无情而又残酷的手段毁灭了。他的市侩心理，他的犬儒精神，他的实用主义，他的势利取向，导致了这场得到了她，又抛弃了她的悲剧。

这种始乱之，终弃之的故事，这种女人痴情，男人负心的故事，这种喜新厌旧，见异思迁的故事，这种天谴人责，另觅新欢的故事，长期以来，是章回小说，和戏曲文本的母题，也是一个永远有话好说，有戏好唱，有泪水可赚，有票房价值的创作源泉。

于是，《莺莺传》从此成为这种类型故事的标准范本。

其大致梗概，无非：一、邂逅惊艳，一见钟情；二、诗柬传话，小婢通容；三、花前月下，幽会西厢；四、海誓山盟，私订终身；五、长亭话别，静候佳音。后来通行本《西厢记》改进的地方，就是增添了一个大团圆的尾巴。而在《莺莺传》中，那个负心的张生，却是卷铺盖一走了之。对那个为情人奉献了全部的爱，然后又被情人抛弃的美丽少女来说，西风落叶，长安道远，"倚遍西楼，人不见，水空流"，只有彻底的绝望，和无可奈何的残生。

在他笔下的她，面临即将分手的局面，也曾预感到将是永别，"但恨僻陋之人，永以遐弃，命也如此，知复何言？"然而，又抱着一线希望，"始乱之，终弃之，固其宜矣，愚不敢恨。必也君乱之，君终之，君之惠也。则殁身之誓，其有终矣！"这是个既有聪慧认识，又多情天真的少女。我们把全部的同情心，集中在这个最后被抛弃的"颜色艳异，光辉动人"，"凝睇怨绝，若不胜其体"的弱者身上。

爱上一个女人，到了论及婚嫁的地步，遇到另外一个更值得娶进门的，娶了以后会获得更大效益的女人，马上改弦更张，背弃承诺，不作任何交代，不作任何善后，就跟她分手。

是他在这篇《莺莺传》中，应该写，却没有写，或不敢写出来的卑污。

事实上，是他来到都城，准备会试期间，攀上京兆尹韦夏卿的高门，还不过觉察到有可能成为这位长安市长，后来又为洛阳市长家的乘龙快婿时，马上，他那"见事风生"的性格，果断地、毫不犹豫地，便把一往情深的、苦苦等待着他回去的莺莺，抛诸脑后，一刀两段。这种背情，这种负义，这种不能原谅的行径，他大概觉得不是什么光彩的事，所以，有意给忽略掉，免得被人谴责。这就是大诗人元稹在自叙体传奇文学《莺莺传》中，所描画出来的自己。

我一直弄不明白这位诗人，一定要将自己这场爱情悲剧，借托他人的口吻，委曲详尽地讲述出来，用意何在。

在这篇传奇中，看不到他的自责之意、负疚之感，既没有《复活》里面那位聂黑流道夫伯爵的忏悔，也没有《安娜·卡列尼娜》里那位渥伦斯基先生的懊丧。也许中国人是个不大肯认错，错了还要极力狡辩抵赖，错了还要继续错下去，缺乏反省意识的民族。

就看元稹在文中振振有词的辩解，便可看到中国人，比不认错还不可救药的堕落，就是不要脸。他说："大凡天之所命尤物也，不妖其身，必妖于人，使崔氏子遇合富贵，乘娇宠，不为云为雨，则为蛟为螭，吾不知其变化矣。昔殷之辛，周之幽，据万乘之国，其势甚厚，然而一女子败之，溃其众，屠其身，至今为天下僇笑。予之德不足以胜妖孽，是用忍情。"

这当然是混账逻辑了，他怎么能把美丽朴素、温柔婉约、感真情挚、聪慧可人的莺莺，附会到那样不堪的妖孽地步?

你把那少女糟蹋了，你把那少女欺骗了，你还说人家是妖精，是祸水，简直岂有此理了。鲁迅在《中国小说史略》里，也认为元稹的这番表白，纯系一派胡言："元稹以张生自寓，述其亲历之境，虽文章尚非上乘，而时有情致固亦可观，惟篇末文过饰非，遂堕恶趣。"

而且，尤令人费解的，当元稹坦然而又薄情，轻松而又得意，对他的文友，如白居易，如李绅，如李建，如前辈杨巨源，讲述这场情感上的经历时，在座诸公，固然"闻之者莫不耸异之"，"于坐者皆为深叹"，没有人对诗人这样子的绝情辜负，这样子的势利转向，有过一点谴责的表示。甚至，"多许张为善补过者矣"，这实在是匪夷所思的。

陈寅恪在《元白诗笺证稿》中考证过，"盖唐代社会承南北朝之旧俗，通以二事评量人品之高下。此二事，一曰婚。二曰宦。凡婚而不娶名家女，与仕而不由清望官，俱为社会之不齿"。也许，唐代的社会风气，使之然耳；也许，人的生物属性，永远受制于人的社会属性，使之然耳。但我想不透的是，这位诗人既然舍寒门秀女而就市长千金，为势之所趋，为利之所择，天上掉馅儿饼，落在你的嘴里，你就偷着乐好了，似乎用不着大张旗鼓，写成文章，众所周知吧？

文人无行，古已有之，唐宋元明，离得太远，不得亲知亲闻。鲁迅在 20 个世纪的 30 年代，七论文人无行，所鞭挞那些鬼鬼祟祟，也已相当隔膜。但以今度古，从当代文人的德行，大致也能猜测古代文人的一二。可奇怪的是，也许我的那些同行，对待他们个人生活中的莺莺，说不定比元稹更下作，更苟且，更卑鄙，更无耻，然而，像元稹那样行之于文，笔之以墨，把自己供认出来的傻瓜，是绝找不到的。

元微之倘不是缺心眼，冒傻气，倘不是太浅薄，太无聊，那就别有隐衷了。

读北宋赵令畤的《侯鲭录》，其中《辨传奇莺莺事》《元微之崔莺莺商调蝶恋花词》，谈及这段故事，在他看来，元稹所以要写这篇传奇，是有他想说，必说，可又不便全说，不能直说的言外之意。

一、"则所谓传奇者，盖微之自叙，特假他姓以自避耳。"

二、"盖昔人事有悖于义者，多托之于鬼神梦寐，或假之他人，或云见他书，后世犹可考也。微之心不自抑，既出之翰墨，姑易其姓氏耳，不然，为人叙事，安能委曲详尽如此。"

三、"况崔之始相得而终相失，岂得已哉。如崔已他适，而张诡计以求见，崔知张之意，而潜赋诗以谢之，其情盖有未能忘者矣。乐天曰：天长地久有时尽，此恨绵绵无绝期。岂独在彼者耶。"

从这里，也就从"自避""心不自抑""其情盖有未能忘者矣"这三处提示，略可猜知诗人的心迹。

也许，这就是人的复杂性了。

对他来说，并不悔他的"始乱终弃"，并不悔他的背叛绝情，并不悔他对初恋情人的致命伤害。而让他魂牵梦萦的无悔之悔，就在于他痛惜自己错失了人间的至美。诗人一生，情之所系，爱之所在，经过时间的延伸，经过空间的移位，最珍贵的、最留恋的、最难忘的、最能激荡心扉、最能引发波澜起伏感情的，仍是那位"殷红浅碧旧衣裳""满头花草倚新帘""为见墙头拂面花""二十年前晓寺情"的莺莺。

他写过一首《古决绝词》："一去又一年，一年何可彻，有此迢递期，不如死生别。天公信是妒相怜，何不便教相决绝。"他不是不想终结这段记忆，然而，无论时间和空间发生了多大的变化，这份情，这份爱，仍是他欲罢不能，欲说还止，不吐不快，可又不敢直抒胸臆的心结，一份希望解脱，可又排遣不掉的沉重负担。也许，直到他生命的最后一刻，脑海里已是一片空白之际，这个被他抛弃的女人影子，还隐隐绰绰在。

因为，真正的爱，是不死也不灭的。

这就是他在那首脍炙人口的诗中所赞美所感叹的："曾经沧海难为水，除却巫山不是云。取次花丛懒回顾，半缘修道半缘君。"（元稹《离思五首》之四）

于是，我想，写出这首诗的元稹，在他心灵深处，至少还有一小块尚未沦丧的净土。冲这一点，比之当下那些蝇营狗苟，争名夺利，让人泄气，渐行渐远的同行，还真是想对一千多年前的这位大师致敬。

无论如何，在他心里，还保留着一点最后的可贵良知。

人间惟有杜司勋

杜司勋，即杜牧，晚唐诗人之翘楚。李商隐有一首七绝，这样写他：

> 高楼风雨感斯文，短翼差池不及群。刻意伤春复伤
> 别，人间惟有杜司勋。（李商隐《杜司勋》）

唐代诗歌，经过了初唐的勃兴，盛唐的辉煌，中唐的赓续，到了晚期，已呈神疲力薄之势。若无杜牧、李商隐那令人眼目一新的格局，恐怕是很难画上圆满句号的。

不过，晚唐的这两位诗人，都很短命，可怜得很。

杜牧，公元803年生，852年死，活了49岁，李商隐更惨一点，公元812生，858年死，活了46岁，都处于郁闷困顿中，愁病而逝。中国文人的命途多舛，生不逢时，这可算一对典型。

可在如此短促的生命周期里，他们却能给诗歌，给文学史，留下来长久不衰的精彩，实在是了不起的。在中国，凡读过点古文，念过点旧诗的知识分子，几乎不假思索，即能

脱口而出这两人的诗句。为什么他们的作品，能够拥有千秋万代，持续相继的读者。道理很简单，因为，从他们心底流出来的诗，永远洋溢着鲜活的新意。唯其新，诗人也就伴随着读者长存下来。

作诗也许不难，创新为文学的生命，却是一件相当不易的事。鲁迅曾经感叹，他的旧体诗所以未能多作的原因，就在于前人已经把诗写尽了。一个"尽"字，道出创新者难以为继的苦衷。创新，遂成了文人的致命伤，困惑着一代又一代想写出点好东西、想写出点新东西的作家和诗人。

自唐以降，一千多年，诗人何啻千万，所写的诗、词、歌、赋，数以亿计，还有什么没想到的？还有什么没写到的？还有什么未开垦的处女地，留给文学的后来者耕耘呢？鲁迅尽量不写，这就是智者的抉择了，与其露丑，不若藏拙。而不幸的是，时下很有一些自命风雅的同行，附庸风雅的官员，弄上两首顺口溜、打油诗、快板书，混充五言七律、绝句汉俳，这纯粹是有了把子年纪以后，还要穿开裆裤上街，露出不雅的臀部，存心不怕丢人的洋相百出了。

这就是中国人多，中国文人跟着也多的后遗症了。林子大，便什么鸟儿都会有了。一般来说，树林虽大，鸟儿颇多，大致也就以下这四类。自古以来，凡耍笔杆的，都逃不脱这样的区分：

一、把文学当成生命的；

二、把文学看成饭碗的；

三、拿文学当玩艺儿的；

四、拿文学找碴儿以折磨文人的。

第一类人，通常活得很苦，尤其想创新者，更苦；第二类人，大半活得很爽，只要拿起敲门砖，几乎都有成为阿里巴巴的可能，自然，脸皮要有一定的厚度，手臂要有一定的长度；第三类人，不管别人如何，总是能够自得其乐；而第四类人，别人开心他不开心，别人不开心他倒开心了，一副"天丧予"的面孔，最好是躲得远些为佳。

这就是既相生相克，也相辅相成的文学生物链。

但最奇怪，无论以上第二类文人搞的功利文学，第三类文人搞的挠痒文学，第四类文人搞的整人文学，统统都要标榜自己为百分百的正宗文学。唯恐人家不认账，不买账，便借助于权力，借助于金钱，偏要挤进文学史，偏要大家向他鞠躬如仪。这大概就是鲁迅所讽刺过的，既要当婊子，又要立牌坊的行径了。

近年来，我竭力龟缩的一个很重要的原因，就是免得碰见这班人时，点头不是，不点头也不是的尴尬。

当然，各式各样的文人，自然也就有形形色色的文学，本是文坛的客观存在，大可不必讳言。拍马文学未必低，清高文学未必高，但鱼和熊掌，不可兼得。你得了鱼，就不要再指望熊掌，你吃到熊掌，就不要再染指鱼。但文人是种很欲望的动物，鱼也想得，熊掌也想得者，大有人在。于是，就不停地写，拼命地写。但别忘了，声名的诱惑，功利的追求，从政的驱使，经营的用力，一个劲地投身于这种非文学的活动之中，就难免要有才智退化，想象干涸，情思衰竭，感觉迟钝的可能。提起笔来，也就只有蹈袭陈规，依样葫芦，驾轻就熟，因循守旧这条路可走。

于是，出现了当下文坛上的近二十年来目睹之怪现象：

一是写诗的人，比读诗的人多；

二是写小说的人，也快要比读小说的人多；

三是写评论的人，估计不久的将来，肯定会比写作品的人多。

这似乎有点危言耸听，但看到我的同行们，如此不在意文学的创新之道，如此不介意文学的生产过剩，如此津津有味地、乐此不疲地，像旧时磨坊里那些蒙着眼罩的牲口，一圈一圈绕着磨道，以一年数百部长篇小说、数千篇中篇小说、数万篇短篇小说，以及恒河沙数的诗歌生产速度，为读者制造着"标准粉"式的精神食粮，不免有些杞人忧天起来。

我想，一个真正把文学当成生命的人，应该不会满足于这样的文学生产方法。

从古至今的文人，稍有点出息的，不愿落入窠臼，不愿重蹈前辙，不愿嚼别人嚼过的馍，不愿尾随他人走同一条路，是文人的本能，是文人的天性，也是文人的命根子啊！

由此，你不能不对唐代诗人这种创新的执着，"语不惊人死不休"（杜甫语）的一根筋的精神赞叹不已。他们总是希望创造出"今古未尝经道"（杜牧语），"远去笔墨畦径间"（杜牧语）的新格局；总是努力开拓出"惟陈言之务去"（韩愈语），"作不经人道语"之"一家言"（李贺语）的新境界。唐诗之所以为唐诗，就建立在这种不断更新的宏大气象上。

于是，我在想，唐诗由初唐的王杨卢骆，到盛唐的王维、孟浩然、李白、杜甫，到中唐的白居易、元稹、韩愈、李贺，进入公元九世纪中叶，当时的文学界，肯定也会有鲁迅写作时，这种感到被前人写尽，而不得不袖手的踟蹰，这真是没有办法的事。

犹如到果园去采摘，你兴冲冲地来了，可发现那些捷足先登者，已将最完好的、最甜美的、最具有市场价值的果实，席卷而去，只剩下残枝败叶，一片狼藉。际此地步，老兄，你将何以堪？这种无所适从、无从下手、无法收拾的局面，也是那个时期的杜牧、李商隐、许浑、张祜等晚唐诗人，所面临的现状。

唐诗有两个"李杜"，一为公元 8 世纪的李白与杜甫；一为公元九世纪的李商隐和杜牧。对后"李杜"而言，前"李杜"已经达到的高度，其不可企及之势，实在是难以逾越的巅峰。要想与他们比肩，必须要走出自己的路，必须要写出与他们的不同来，这才能拥有绝对属于自己的世界。你要当跟屁虫，永远也不会有出息。杜牧不会这么讲，但一定会这么想。

我是根据公元 831 年（文宗大和五年）十月中，杜牧为《李贺集》做的序，作出这样的判断。他在文章结尾如此写道，口气之大，令人咋舌："贺生二十七年死矣，世皆曰：'使贺且未死，少加以理，奴仆命《骚》可也！'"他对李贺的褒扬，也是对自己的期许。虽然，他在《献诗启》里说明他的创作原则："苦心为诗，本求高绝，不务奇丽，不涉习俗，不今不古，处于中间。"但他的为人一生，也许很失败，为文一生，却是一位有大志向、有大抱负，决心崛起、不甘雌伏的的文人。清人赵翼指出："自中唐以后，律诗盛行，竞讲声病，故多音节和谐，风调圆美。杜牧之恐流于弱，特创豪宕波峭一派，以力矫时弊。此其一生命意所在也。"（赵翼《瓯北诗

话 · 黄山谷诗》）

《全唐诗序》说到杜牧，也认为他："精思独悟，不屑为苟同者，皆能殚其才力所致，沿寻风雅，以卓然自成其家。又有甚者，宁为幽僻奇谲，杂出于变风变雅之外，而绝不致有蹈袭剽窃之弊，是则唐人深造极诣之能事也。"

所以，李商隐才有发自内心的"人间惟有杜司勋"的极高评价。要知道，文人称赞文人，同行叫好同行，不是虚头巴脑，不是顺水人情，不是当面点头、背后撇嘴，不是阿附谄谀、捧场讨好，而是由衷赞美，真心褒扬，是极少有的，因而也是极难得的。

这就印证南北朝时梁人萧子显在《南齐书 · 文学传论》所说过的金玉良言了："若无新变，不能代雄。"这两句话，八个字，绝对是想在文学领域中，要干出些名堂来的人的座右铭。杜牧如此，他的朋友李商隐如此。你要想头角峥嵘，领时代之风骚，你要想独树一帜，引文学之新潮，那就必须有这种本领，在努力传承的同时，能够不断创新，在博采众长的同时，表现自我。幸好后一"李杜"，天降奇才，二十郎当年纪，果然创造出有别于前人的晚唐神采。

文学的命运，与国家、民族的命运，有其相通相应的内在联系。如果说前者，其恢宏开阔的气势，似乎是盛唐如日中天的映照；那么后者，其精致、典雅、秀丽、婉曲，多少也是晚唐"夕阳无限好，只是近黄昏"的写真。文学史的经验告诉我们，一个时期，大师联袂而至，满天星斗灿烂；一个时期，文人缺席失语，文学暗淡无光。这都是属于造物主的安排，并无必然的规律可循。

然而，老天对唐诗颇为关照，真让人嫉妒。尽管，公元816年（宪宗元和十一年），李贺卒。819年（元和十四年），柳宗元卒。824年（穆宗长庆四年），韩愈卒。831年（文宗太和五年），元稹卒。842年（武宗会昌二年），刘禹锡卒。843年（会昌三年）贾岛卒。像秋风扫落叶一样，诗坛凋零，四顾苍茫，文事寂寥，一派凄凉。这时，谁也料想不到，杜牧和李商隐的出现，以枇杷晚翠的绚丽，以鲁殿灵光的晚唱，又重新将唐诗的圣火传递下去。

　　因此，反顾现实世界，新时期文学也已二十多年过去，上帝不开眼，不赏你脸，不给你大师，又能奈何得了？虽然时下也有一些人捧和自吹的"大师"出现，不过是《穆桂英挂帅》中那句唱词，"几年不到边关走，砖头瓦块也成了精"的精神上极不健全者的梦呓罢了。

　　在常见的中国文学史上，都认为杜牧的诗，以清新俊逸、豪健峭拔、风流倜傥、余韵邈远的风格著称；李商隐的诗，以深情绵邈、沉博婉曲、华彩丰瞻、邃密缜思的特色闻世。这两位诗人的珠联璧合，成为一时雅望所至。加之同时代如许浑、和凝、张祜、李绅、姚合之流的团队作用，遂变革着诗坛风气，创造出时代潮流，终于一改中唐以来声绮情靡、势弱力颓的诗风。

　　杜牧和李商隐，应该早在公元839年（文宗开成四年）前后，就相知相识了。

　　从性格上看，杜牧是外向的，李商隐是内敛的。从出身来看，杜牧是世家子弟，虽然到他父亲这一代，没落了，瘦死的骆驼比马大，从他的灵魂，到他的诗文，无不豪爽大气，独立特行。李商隐则是从吏佐家庭中走出来的，总是仰着脸看人讨生活，因此，表现出来的精神，便是小心谨慎，低调缄默，尽量收缩，放下身段。

所以，杜牧的诗，以气胜，李商隐的诗，以情长。甚至，他俩的风流，他俩的浪漫，他俩的情感史，也迥然不同。应该说，文人有几个不风流、不浪漫的呢？也许不是所有能风流、会浪漫的人，都必然成为作家和诗人，但可以肯定，文人要不风流，要不浪漫，要想成为大文人，也难。

杜牧的风流浪漫，是张扬的，是放肆的，是泛爱的，是略无顾忌的，"十年一觉扬州梦，赢得青楼薄幸名"（杜牧《遣怀》），大张旗鼓，引以为光。而李商隐的风流浪漫，则是影影绰绰的，似隐似显的，钟情深沉的，浅吟慢唱的，"相见时难别亦难，东风无力百花残"（李商隐《无题》），充满着无可奈何的惆怅。

可以想象，当李商隐在他所追随的恩公令狐楚的府邸中，当一名随员、见习生时，见到这位倾动长安的诗坛领袖，该是多么的倾慕和心仪了。那年，杜牧 37 岁，风华正茂，任职左补阙，史馆修撰，膳部、比部员外郎，标准的中级文官。对历任诸镇节度使，为地方诸侯，现回来京城，在朝廷里做到尚书仆射这样极高层官位的令狐楚而言，别说平起平坐，按常礼，杜牧应该垂手侍立才是。但李商隐所看到的场面，不禁失色。却是他的恩公，反客为主，趋前迎问，倒过头来巴结讨好这位大咧咧的诗人。

现在也弄不清杜牧是府上的常客呢，还是稀客。但据《唐诗纪事本末》，杜牧对于他的诗友张祜被逐科举，专门跑来找令狐楚帮过忙的。"一声何满子，双泪落君前"的张祜，少年气盛，惹恼了白居易，而白老前辈也欠雅量，认为年轻人未免嚣张，不敲打敲打，不知马王爷长几只眼，遂让在皇帝面前说话算数的元稹，在会考时取消其资格，弄得张祜一辈子未能发达。

于是，激于义愤的杜牧，专门写过诗："睫在眼前长不见，道非身外更何求，谁人得似张公子？千首诗轻万户侯"（杜牧《登池州九峰楼寄张祜》）地鸣不平，由此可见杜牧的提携同志的热忱，对于老一辈指摘后生的抗争。据新旧《唐书》，说到杜牧的"刚直有奇节"，"敢论列大事，指陈病利万分痛切。"正如他的一首《自贻》诗所言："饰心无彩缋，到骨是风尘，自嫌如匹素，刀尺不由身"那样，事未必能做到，话一定要说到。

因此，他在令狐府上，认识这位比他小九岁，初露头角，稍有诗名的李商隐，肯定相见恨晚。但是，两位诗人的这段友情，很快就结束了。为什么这两位诗友，参商相隔，一别十多年，直到生命的后期才重得聚首呢？

这就是尼采说过的那句名言了，上帝要让一个人灭亡，就先让他疯狂。同样，要让一个王朝灭亡，一个时代灭亡，也是先得从疯狂开始。安史之乱以后，李唐王朝便日渐衰弱，但似乎觉得死得还不够快，宦官之乱，方镇之乱，还不够。从公元821年起，到859年止，以李德裕为一方，以牛僧孺、李宗闵为一方的朋党之争，像两台开足马力的官场绞肉机，互相格斗将近四十年，创中国历史上宗派斗争时间最长纪录。也是中国文人史上，一群由二、三、四类文人组成的队伍，在政治舞台上，所做的最恶心、最丑陋的一次表演。

从牛、李党争的这些主角身上，我由此也明白，为什么那些江郎才尽，或压根儿就不曾有过才的江郎，拼命削尖脑袋，为一顶乌纱帽而跑断腿，说破嘴，磕断头，求爷告奶的所为何来了。替他们想一想，诸公不干这个，还能做其他什么营生呢？

重重压力之下，杜牧离开长安，由黄州，而池州，而睦州，跌跌撞撞，一路外放，几近家破人亡，无以存身；同样，左右排斥，怎么也不是的李商隐，由华州，而桂州，而徐州，而梓州，蝇营狗苟，碌碌谋生，越活越差，每况愈下。根本原因就在于杜牧也好，李商隐也好，虽然在这场朋党斗争的棋局上，连兵、连卒这样棋子资格也不配，但宗派主义发展到疯狂阶段，红了眼连亲爹亲娘也不认的阶段，人人排队，个个划线，像过筛子一样，这两个诗人也不能幸免，卷入这台绞肉机内，落入了不知伊于胡底的被整肃的命运之中。

也许上帝制造天才，同时会嫉妒天才，因此，从不百分之百地成全天才。给了杜牧非凡的才分、多面的功力、超常的文笔、灵动的诗韵，也给了他一个跌宕的、多事的、不顺遂的、污言浊语的大环境，以及一群跟他过不去，看他不顺眼，总是要琢磨他，算计他的二、三、四类文人，让他气喘不匀，心展不开，路走不通，饭吃不香，最后除了短命而亡，还有其他生路吗？

李德裕、牛僧孺、李宗闵，应该说都是文人出身，《全唐诗》收有他们的诗作。当然，说不上有什么才气，更谈不到有什么创新。别看他们写诗不行，写文不灵，但搞起朋党恶斗来，株连面之广，牵涉人之多，除敌务尽的彻底，斩草除根的坚决，唯恐漏网的搜罗，不论无辜的查办，无所不用其极。据说，连高高在上的皇帝，都被他们今天将这个人打出朝廷，明天将那个人撵出京城，给弄得烦心透顶。据《资治通鉴》："上（唐文宗李昂）患之，每叹曰：'去河北贼易，去朝廷朋党难。'"

随着宣宗李忱登基为帝，李德裕失势，被踢出京外，最后发配崖州，终于退出历史舞台。为党争牵累的其实不过是小八腊子的杜牧、李商隐之流，很有一点落实政策，平反改正的意思，从外放地陆续回到京城长安。大约在公元 849 年（宣宗大中三年）前后，这两位诗人久别之后，终于聚合了。

幸好杜牧，这位具有伤时感世的智者胸怀，具有多面突出的才思丰采，具有风流潇洒的感性世界，具有卓立特行的思想情操的诗人，要比淹蹇的李商隐，挥洒自如一点，多姿多彩一点，能在不开心中寻找快乐，能在不顺利中谋求幸福，至少能做到一个在精神上不肯败，不想败，虽败也不倒的强者。

这两位诗坛扛鼎人物，回到长安后，杜牧为司勋员外郎，李商隐暂代京兆府法曹参军。文学史习惯于"李杜"并称，除了他们共同的文学声名之外，也因为他们彼此之间的私下情谊。两人在这段日子里，肯定有过频繁的相处交游，有过密切的来往酬唱。在《全唐诗》的《李商隐卷》中，除了"人间惟有杜司勋"的《杜司勋》外，还有一首《赠司勋杜十三员外》。

> 杜牧司勋字牧之，清秋一首杜秋诗。前身应是梁江
> 总，名总还曾字总持。心铁已从干镆利，鬓丝休叹雪霜
> 垂。汉江远吊西江水，羊祜韦丹总有碑。

特别讲究曲折含蓄、隐晦奥秘的李商隐，是不愿将诗写得很白，不肯将话说得很直的诗人，但他写下如此近乎绝对的评语，说明他对杜牧诗坛领衔地位的推崇，对杜牧作品高度成就的赞誉，可谓无以复加了。

李商隐给杜牧赠诗，正是他风风光光地奉诏，为已故功臣韦丹写《遗爱碑》。

如今藏于故宫博物院的，杜牧亲笔手书《张好好诗》，那"潇洒流逸，深得六朝人风韵"（叶奕苞《金石录补》）的评价，所言非虚。他还擅画，宋人米芾称其"精彩照人"，可惜后世无存。杜牧注释过《孙子兵法十三章》，所著《罪言》《原十六卫》，以及早期的《阿房宫赋》等文，都能看到这位诗人在政治上的高瞻远瞩，以及关心国事，主张削藩、强兵、固边、禁佛，以天下苍生为己任的气概。所以，李商隐对杜牧的这个"人间惟有杜司勋"（李商隐《杜司勋》）的至高评价，是一种跳出文人圈子的由衷赞美。

清人纪昀在《四库全书总目提要》中，对杜牧更有很切实准确的论述。

> 平心而论，牧诗冶荡，甚于元、白，其风骨实出元、
> 白上。其古文纵横奥衍，多切经世之务。《罪言》一篇，
> 宋祁作《新唐书·藩镇传论》，实全录之。费衮《梁溪

漫志》载欧阳修使其子读《新唐书》列传，卧而听之，至《藩镇传叙》，叹曰"若皆如此传，笔力亦不可及。"识曲听真，殆非偶尔。即以散体而论，亦远胜元、白。观其集中有《读韩、杜集诗》，又《冬至日寄小侄阿宜诗》曰："经书刮根本，史书阅兴亡，高摘屈、宋艳，浓薰班、马香，李、杜泛浩浩，韩、柳摩苍苍。近者四君子，与古争强梁"，则牧于文章，具有本末，宜其睥睨长庆体矣。

读到这里，谁都会忍不住思索：上天要假以时日，多享年月，还不知他会为中国文学史做出多大贡献呢！

可是，令人无法不感叹系之的，这一年，杜牧47岁，已进入他生命倒计时的阶段。对他来讲，丧钟即将敲响，日子已经是屈指可数了。

文人的不幸，最痛苦的莫如上帝不让他活下去，要他撒手离开这个远没有看够、远没有写尽的鲜活世界了。这也许是我们后世之读者，对那些活得很爽，活得味道好极了的二、三、四类文人切齿的理由。

居大不易白乐天

公元 789 年（贞元五年），白居易 18 岁，随父在衢州任上。

这一年，著作顾况"坐诗语调谑，贬饶州司户"，路过此地，时为文学青年的白居易，抱着一腔热诚，到他的下榻处，登门求见。

顾况时为大人物，大人物就得有大人物的范儿，一个文学青年，自然不会甩他。何况，看门卫递过来的求见刺，那名字不讨这位大牌诗人喜欢。

著作，是官名，也称著作郎，主撰国史，隶属于秘书省。官位不低，从五品上，实际却是坐冷板凳的闲差。在这个有声望、无权势，有地位、无利益的清水衙门里，混口饭吃，绰绰有余，生老病死，保证待遇。但图功名，求利禄，想发达，往上爬，可并非值得留恋的地方。

顾况认为自己"当得达官"，有点不安心，有点不自在。

中国文人之吃亏，多在于自我感觉良好。因为当时先后为德宗相的柳浑、李泌，是他的朋友，一言九鼎，大权在握，安排一份要职，应该不会有什么困难。可他疏忽了一点，这两位是政治家，而非纯粹的文学家，谈谈诗歌，怡情悦性，饮饮老酒，消食化痰，当无不可。但要让他俩向皇帝举荐，要朝廷叙用，委以重任，授以达官，就不能不心存顾忌了。

不是不相信他的才干，不是不相信他的能力，可谁能把握得住这位大牌诗人的自由主义呢？万一吊儿郎当起来，万一胡说八道起来，谁来替他擦屁股？果然，"吴人顾况，词句清绝，杂之以诙谐，尤多轻薄。为著作郎，傲毁朝列，贬死江南"（唐李肇《唐国史补》）。

顾况就这样被踢出长安，谪往饶州。途中经过衢州，碰上拿着自己作品求见的白居易。一般来讲，官员倒台，通常也就狗屁不是了，立马可怜兮兮，一脸惶恐，只有他努力搭理人，而无人再跟以前那样巴结他了。而文人失败，哪怕失败得很惨，只要确实写过有一点影响的东西，还是会有人刮目相看的。至少那些文学后生们，才不在乎你犯过什么错误，戴过什么帽子。这一点，当过右派的我，倒是蛮有体会的。

于是，遂有了白居易受到顾况赏识的这段佳话。

> 白乐天初举，名未振，以歌诗谒顾况。况谑之曰："长安百物贵，居大不易。"及读至《赋得原上草送友人》，诗曰"野火烧不尽，春风吹又生"，况叹之曰："有句如此，居天下有何难，老夫前言戏之耳！"（五代·王定保《唐摭言》）
>
> 白居易应举，初至京。以诗谒顾著作况。顾睹姓名，熟视白公："米价方贵，居亦弗易。"乃披卷首篇曰："咸阳原上草，一岁一枯荣。野火烧不尽，春风吹又生。"

即嗟赏曰："道得个语，居即易矣。"因为之延誉，声名
大振。（五代 · 张固《幽闲鼓吹》）

白居易这次面谒顾况，与他"初举""应举"，了无关系。
白居易第一次来长安应进士试，是在公元 799 年（贞元十五
年）。而顾况被贬饶州，为公元 789 年（贞元五年）间事，后来，
顾况隐居茅山，为公元 793 年（贞元九年）间事，这位早就
受了道箓，早就隐居山林，怎么可能跑到长安去，专程为白
居易鼓吹说项呢？所以，真实的历史，应是顾况在贬官南下
途中，与白居易有了这次接触。

类似的文字记载，还见诸于《唐语林》《全唐诗话》《唐
才子传》等书，看来，顾况赏识白居易，道路传说，反响很大，
才留存文人笔墨之间。那时，白居易才十九岁，名不见经传，
而顾况乃诗界大腕、文坛掌门。尤其在李白、王维、杜甫等
顶级大师死去之后，就他独撑唐诗一片天，因此，他的评价
等于给白居易打开了文学之门，也推上了仕进之途。

第一，名人说话，第二，作品过硬，白居易顿时成了明
日之星。这对他公元 780 年（贞元十六年）第四名进士及第，
对他公元 782 年（贞元十八年）登书判拔萃科，对他公元 806
年（元和元年）中"才识兼茂，明于体用科"（《旧唐书》），
对他公元 808 年（元和三年）任翰林学士，便一路绿灯，通
行无阻。唐代的科举制度，仍受九品中正制度影响，缙绅豪
门的保举，名流雅士的推荐，十分要紧，干系重大。顾况那
时，若是有大唐全国作家协会的话，弄个主席、副主席当当，
是不费吹灰之力的。他用不着像今天某些同志那样积极，那

样投入，那样奔走，那样抓耳挠腮，为捞作席这份闲职，费心费力。只要他有这个意思，那些沐猴而冠的家伙，先就自惭形秽了。这样一位继续高举盛唐诗歌风韵的前辈，既德高望重，又声名鼎沸，出来为白居易打保票，还有哪位主考官，敢不当回事呢！

这则文坛佳话，实际意义不仅如此。顾况所说的"居大不易"，和"居天下有何难"，并非无足轻重的闲话，确是值得我们所有人慎思熟虑的真理。

第一，什么叫"居"，仅仅是指遮风蔽雨的屋子吗？若这样简单化的理解，那可就大错特错了。

第二，所谓"居"，大者，概括天下；中者，泛指人际；小者，意味周遭；实者，物质世界；虚者，精神空间。一言以概之，"居"即人的生存环境。对文人来说，我指的是那些非假冒伪劣，非投机倒把，非虚抬行市，非狗屁不是，而指那些真有才华、真有思想、真有灵感和想象力的作家、诗人，追求既广阔，又自由，无拘束，无疆界的创作天地，那是尤其不可或缺的"居"。

第三，关在一个笼子里的鸟，可能感到寂寞和无奈；关在一个笼子里的人，可能感到痛苦和悲哀；而关在一个笼子里的作家或诗人，那很可能就会发疯。因此，顾况这句看似无意的戏谑之言，具有非常深刻的内涵。

那时还年轻的白居易，也许未必能够理解顾况，对他姓名调侃的真意。因为这位著作郎，其实也是在长安"居大不易"，才卷铺盖走人的。所以，我在臆测，白居易要到公元815年（唐元和十年），才明白其中堂奥。

那年，他44岁，按孔夫子教导，已是过了"不惑之年"的这位诗人，仍旧改不了他那多血质，好冲动，重感情，易愤激的性格。结果，为当年六月宰相武元衡被暴徒无端刺杀，政府反应迟缓，跳出来打抱不平，伸张正义，结果碰了一鼻子灰，被贬江州，尝到他平生第一次失败的滋味。

人家告诉他，老弟，为什么要打你的屁股，因为你越位了。什么叫越位，就譬如一间屋子里有很多人，比你有发言权的多得是。你的爹，你的妈，你的娘舅，你的姨妈，还有你的大哥二哥、表兄表姐，轮不着你第一个抢着说话。老弟，你要记住，"居"之所以"大不易"，就因为你不是鲁滨孙，那荒岛上只你老哥一个，你怎么折腾怎么是，可你在这个屋檐底下，你要跟头把式的话，还得注意不要碰到别人。

经过这次冒傻气、吃苦头以后，他终于懂得必须调适个人的生存环境，才能在"居大不易"的外部世界里，努力顺应，才能达到"居天下有何难"的目标。这是了不起的觉悟，也是诗人此后一辈子谨行不渝的方向。

白居易活了七十多岁，在中国古代文人中，算是长寿者。后四十年，他一直贯彻至终这个目标，一直身体力行这个方向。第一，努力在物质世界中，营造最为适宜的生存条件；第二，努力在精神世界中，拓展最大限度的自由空间。在唐代众多文人中间，他大概是唯一的、过得最快活的聪明人了。

在中国，其实聪明的文人多得是，但活得不那么辛苦，不那么操劳，不那么忧心，不那么负担的聪明人，却很少很少。白居易有一首诗《吾土》，"身心安处为吾土，岂限长安与洛阳。"这恐怕是他对于"居"这样一个大题目，最为通脱、最为豁达的诠释了。

其实，白居易在任左拾遗、翰林学士期间，以敢言直谏，慷慨陈词著称。这是前面提到的他的多血质性格所决定了的。在元和十年（这是他生命转折的关键一）以前，他是经常上书，面折廷争，谠言诤论，以忠忧报效自任。《旧唐书·本传》里，有这样一段关于这位关东汉子，有点倔，有点犟，有点拧，有点一根筋的性格描写。

> 王承宗拒命，上命神策中尉吐突承璀为招讨使，谏官上章者十七八，居易面论，辞情切至。既而又请罢河北用兵，凡数千百言，皆人之难言者，上多听纳。唯谏承璀事切，上颇不悦。谓李绛曰："白居易小子，是朕拔擢致名位，而无礼于朕，朕实难耐。"绛对曰："居易所以不避死亡之诛，事无巨细必言者，盖酬陛下特力拔擢耳，非轻言也。陛下欲开谏诤之路，不宜阻居易言。"上曰："卿言是也。"

《新唐书·本传》也有类似的记载："后对殿中，论执强鲠，帝未谕，辄进曰：'陛下误矣！'帝变色，罢，谓李绛曰：'是子我自拔擢，乃敢尔，我叵堪此，必斥之！'绛曰：'陛下启言者路，故群臣敢论得失。若黜之，是箝其口，使自为谋，非所以发扬盛德也。'帝悟，待之如初。"

白居易一生，亲历德宗、顺宗、宪宗、穆宗、敬宗、文宗、武宗七朝，几乎目睹了唐王朝由盛而衰的转型期里全部败象。朝政之腐败，宦官之猖獗，党争之恶斗，藩镇之割据，外族之纷扰，战乱之频仍，灾难之常至，百姓之呻吟，对诗人而言，不可能不产生感同身受的认知和触动灵魂的震撼。

因此，他早期的文学观点，是属于干预生活的绝对现实主义者。这也是没有办法的事，中国知识分子的忧国忧民心结，在动荡岁月里的责任意识，在危乱年代里的经世热忱，是不可遏止的。所以，他从呈顾况披阅的《赋得原上草送友人》，到诗人45岁这年所作的《琵琶行》，年代大约为公元788年（贞元四年），到公元815年（元和十年），共二十多年间，白居易是以讽喻诗为他的创作重点。其中，《秦中吟》十首、《新乐府》四十首为其代表作。

这些诗歌中所表现出来的强烈的政治色彩，鲜明的时代气息，勇敢的批判精神，高昂的抗争意识，无不激起共鸣；所反映出来的统治者对于被统治者的残酷剥削，贪婪榨取，无尽搜刮，民不聊生的惨状，无不义愤填膺。他的这些诗篇，满城传唱，万众吟诵，然而，也触犯了既得利益阶层。

正如他在《与元九书》中所说："权豪贵近者相目而变色"，"握军要者切齿矣"，遂导致他第一次面临"长安居大不易"的失败，尝到了生存环境没有调适好的苦头。

反正，中国文人的脐带，系在大地母亲身上，系在民族国家身上，系在人民大众身上，你就不可能和统治者心血相通，你就不可能使统治者龙颜大悦，你就不可能不因为你的干预时政，挑战丑类，揭露败恶，批判权贵，说了些真话，道出些实情，而不遭受统治者的修理。

也许统治者日理万机，一时疏忽了你也有可能，可统治者手下的牛头马面，打手爪牙，却绝不是吃干饭的。于是，过了初一，过不了十五的白居易，到底被那些嫉恨他的人，新账旧账一块算，只有捏着鼻子"出佐浔阳"。宋人计有功《唐诗纪事》卷三十九载："元和十年，秋，或言居易母堕井死，赋《新井》诗，出为刺史。王涯言其不可，乃贬江州司马。"下注："论盗杀武元衡事，宰相嫌其出位故也。"

什么叫出位？就是诗人未能在此时此刻的生存环境中，调适好自己的位置。

据清人徐松撰《唐两京城坊考》，白居易在长安的四个坊里生活过，有过自己的屋宇房舍。基本都在东市之东，约相当于今日北京城的东四环部位。公元783年（贞元十九年）春，白居易第二次来京会试，以拔萃选及第，授校书郎，才在长安正式找房子住下来，所谓"卜宅之始"，住常乐坊。为主客司郎中时，住新昌坊，为左赞善大夫时，住昭国坊。为刑部尚书时，住宣平坊。其间还曾寄寓永崇坊的华阳观。但是，京城对他来说，仍是"居大不易"。

小的人居环境，未能尽如人愿，是与大的政治气候，未能周全应对，存在必然联系。公元816年（元和十一年），他就在诗中写道："行年四十五，两鬓半苍苍。清瘦诗成癖，麤豪酒放狂。老来尤委命，安处即为乡。或拟庐山下，来春结草堂。"就已经萌发出《吾土》诗中"岂限长安与洛阳"的不再逗留首善之区的逃避想法。

你可以责备他的退缩、他的软弱，但你不得不认同他这种聪明人的选择。做过斗士的人，不一定要当永远的斗士到底。我们总是以完人、全人，尽善、尽美，去期待谁、要求谁，指望谁、推动谁，说到底，其实是一种残酷，一种不堪负荷的道义承担。你得相信，鲁迅的《聪明人、奴才和傻子》一文，绝对是人世间的真实写照。

在宋人叶梦得《避暑录话》中，有一番诠释诗人远离官场纷争，跳出政治绞杀，彻底改变自己，全方位调适的精彩分析：

> 白乐天与杨虞卿为姻家，而不累于虞卿；与元稹、牛僧儒相厚善，而不党于元稹、僧儒；为裴晋公所爱重，而不因晋公以进；李文饶素不乐，而不为文饶所深害。处世者如是人，亦足矣。推其所由得，惟不汲汲于进，而志在于退，是以能安于去就爱憎之际，每裕然有余也。自刑部侍郎以病求分司，时年才五十八，自是盖不得出。中间一为河南尹，期年辄去，再除同州刺史，不拜。雍容无事，顺适其意而满足其欲者十有六年。方太和、开成、会昌之间，天下变故，所更不一。元稹以废黜死，李文饶以谗嫉死，虽裴晋公犹怀疑畏，而牛僧孺、李宗闵，皆不免万里之行。所谓李逢吉、令狐楚、李珏之徒，泛泛非素与游者，其冰炭低昂，未尝有虚日，顾乐天所得岂不多哉！

要知道，对中国文人来说，最大的诱惑，是握权；最大的机遇，是升官。假设，换一个人，这样的人际网络，这样的黄缘关系，这样的后台背景，这样的机遇门路，还不得半夜做梦都会笑出声来？这不等于阿里巴巴四十大盗的那座藏金洞吗？只消一句"芝麻开门"，还有什么要求、什么欲望不能满足的呢！

可白居易简直像有洁癖似的，远离着一切是非，逃避着所有邪恶。这就是诗人令我们钦佩的地方，因为，他表现出来一种高尚的约束，可不是随便一个什么中国文人，能够达到的境界。

《新唐书·本传》赞他："观居易以直道历，在天子前争安危，冀以立功，虽中被斥，晚益不衰。当宗闵时，权势震赫赫，终不附离为进取计，完节自高。而（元）稹中道徼险得宰相，名望濯然。呜呼，居易其贤哉！"

其实，佛家讲戒，就是提倡自我约束。为了清心寡欲，为了洗却尘凡，为了进入修心炼性，为了超渡通脱，为了尔后有可能的成佛成仙，就得戒。然而，这对凡夫俗子而言，谈何容易，戒所以为戒，正因为不戒，若是世人都戒，也就无所谓戒了。唯其不成，这才有戒。大千世界，充满诱惑，芸芸众生，六根不净，欲望也就成了饮食男女几乎无法抑制的本能。因此，不戒或许更接近于人的本性，有无可指责的一面，但也有不可恣肆的一面。所以，能戒，能约束，更多体现一种人格力量。

白居易之了不起，即在于此。前人对其卷入旋涡中，跳出是非外的洁身自好，也有很高评价。"乐天素善李绅，而不入德裕之党，素善牛僧孺、杨虞卿，而不入宗闵之党，素喜刘禹锡，而不入任、文之党。中立不倚，峻节凛然。"（宋·葛立方《韵语阳秋》）"予按乐天尝与刘禹锡游，人谓之刘、白，而不陷司马党中。及与元稹游，人谓之元、白，而不陷北司党中。又与杨虞卿为姻家，而不陷牛、李党中。其风流高尚，

进退以义，可想见矣。呜呼！叔世有如斯人之仿佛者乎？"（宋代晁公武《郡斋读书志》）

当然，我们还要了解到，白居易之聪明，之睿智，之不断地调适生存环境，之不停地拓展精神空间，从而延续了他的人生，他的诗歌，奠定了他在历史上的不朽价值。之所以要这样做，我们应该为白居易设身处地想一想，大环境，也就是中唐残酷的党争倾轧，黑暗的政治迫害，无望的社会沉沦，深重的民族危机，所构成的这"居"，使他逃避躲让之外，别无选择。

他在《与元九书》中，曾经这样自我坦承过的。"微之，古人云，'穷则独善其身，达则兼济天下。'仆虽不肖，常师此语。大丈夫所守者道，所待者时。故仆志在兼济，行在独善。奉而始终之则为道，言而发明之则为诗。谓之讽谕诗，兼济之志也，谓之闲适诗，独善之义也。"

白居易被贬江州以后，在那里编纂了他的第一部诗集，从此，诗人实际上中断了他的政治性很强、现实性很浓的讽喻诗写作。倒不完全因为这些作品曾经给他带来了不幸，而是中唐的腐败黑暗、政治迫害、朋党倾轧、兵燹灾变，使他的兼济之志，除了无穷的碰壁、无谓的麻烦、无尽的讨伐、无聊的暗算外，弄得焦头烂额外，一无所得。于是，他在独善之义的闲适诗方面，另辟精神空间，创"元和体"，别出蹊径，独树一帜，不但改变了唐代诗风，也影响着千年以来中国文学。

文学是要变的，作家也是要变的。不变的文学，必死无疑，同样，不变的作家，总有一天，老调子已经唱完，就该找根绳子把自己勒死了。古今中外，很多真正的作家，最后采取自杀的手段结束生命，就因为这种没有出路的彷徨所致。在我们这里，却是相反，那些大作家、老作家，根本已经写不出东西，还要硬写，还要一本书一本书地推到我们眼前，好像发誓，不逼得中国读者在阅读他们的作品时，于愤怒与痛苦中自杀，决不罢休似的，也真是中国式的今古奇观了。

再没有比迁延中唐长达四十年之久的朋党之争，更能暴露中国知识分子，那最污浊、最阴暗、最寡廉鲜耻、最见不得阳光的丑恶灵魂了。宋人钱易在《南部新书》里，讲了一则小故事："白傅与赞皇不协，白每有所寄文章，李缄之一筐，未尝开。刘三复或请之，曰：'见词翰，则回吾心矣。'"看看这个李德裕，是个什么东西，也就无须废话了。

因此，白居易在开辟新的精神空间的同时，也在另谋新的生存环境。

《旧唐书·本传》说："居易初对策高第，擢入翰林，蒙英主特达顾恩，颇欲奋厉效报，苟致身于吁谟之地，则兼济生灵。蓄意未果，望风为当路者所挤，流徙江湖。四五年间，几沦蛮瘴。自是宦情衰弱，无意于出处，唯以逍遥自得，吟咏情性为事。太和已后，李宗闵、李德裕朋党事起，是非排陷，朝升暮黜，天子亦无如之何。杨颖士、杨虞卿与宗闵善，居易妻，颖士从父妹也。居易愈不自安，惧以党人见斥，乃求置身散地，冀以远害。凡所居官，未尝终秩，率以病免，固求分务，识者多之。"

也许，任何一个信口雌黄的人，任何一个站着说话不嫌腰痛的人，任何一个习惯于高调指责一切的人，任何一个其实很王八蛋却总将别人看作王八蛋的人，大可以痛斥白居易的软弱，转向，后退，认输。可是，善良的人们，怎么不能替这位诗人想一想，他为什么要冲锋陷阵，为什么要慷慨就义，为什么要奋不顾身，为什么要一往直前呢？

文学在变，生活更在变。

公元835年（大和九年）甘露事变发生，白居易写过"彼为俎醢机上尽，此作鸾凤天外飞。去者逍遥来者死，乃知祸福非天为"（白居易《咏史》）；"祸福茫茫不可期，大都早退似先知。当君白首同归日，是我青山独往时"（白居易《九年十一二十一日感事而作》）。从这些诗句里，我们看到在那场血腥的政治屠杀中，他能够侥幸逃脱险，未遭杀身之灾，是心有余悸的。但另外一方面，我们也看到，实际上他是在肯定自己，这些年来，为改变生存环境所作出的努力，是值得的。

因为，大约从公元824年（长庆四年），除太子左庶子分司东都洛阳，便基本上离开"居大不易"的长安。而从公元829年（大和三年）起，一直到公元846年（会昌六）去世，就一直居住在洛阳外郭城东南端的履道里。得以存在下来，得以进行创作，得以享受生活，得以安度晚年，为他的快乐神仙。

他写过一篇文章，题曰《池上篇》，讲述他在洛阳履道里那个精神家园里的幸福时光。

> 十亩之宅，五亩之园，有水一池，有竹千竿。勿谓
> 土狭，勿谓地偏，足以容膝，足以息肩。有堂有庭，有

桥有船。有书有酒，有歌有弦。有叟其中，白须飘然。识分知足，外无求焉。如鸟择木，姑务巢安。如龟居坎，不知海宽。灵鹊怪石，紫菱白莲。皆吾所好，尽在我前。时引一杯，或吟一篇。妻孥熙熙，鸡犬闲闲。优哉游哉，吾将老乎其间。

这篇得其所哉的短文，至少可以说明一点，在长安"居大不易"的白乐天，终于在洛阳，在静静的伊水边，实现了当年顾况对他"居天下有何难"的期许。

世事短暂，文学长久，聪明如斯人者，才真是值得我们钦敬啊！

白行简的《大乐赋》
——中国色情文学的最初尝试

　　唐代白行简为中国色情文学之父，渐渐被人公认。

　　在中华文化的全部典籍之中，以文学手段描写性行为的《大乐赋》，是迄今发现最早的一部文学作品，

　　远在明朝万历年间，《金瓶梅》出现前的七百年光景，大约在公元九世纪前后，白行简的这篇赤裸裸写男女交合行为的《大乐赋》，曾经在长安市面上出现过。流行不流行，畅销不畅销，赚了多少银子，拿了多少版税，一概不知。因为，这篇文词相当华丽，内容相当淫靡的赋，很快就湮没了，湮没到神鬼不知的程度。

　　一晃，一千多年过去以后，这部中国色情文学的最初尝试，直接描写性爱的发轫之作，重又现身。

　　这时，已经是公元1907年3月以后的事情了。一个叫斯坦因的外国人，与一个叫王圆箓的道士，打开敦煌石室的藏经洞，这部性文学的始祖又重见天日，由于当时是以批量交易，一手交钱，一手交货。《大乐赋》裹挟其中，一股脑儿都运到巴黎去了。又隔了几年以后，才被人在海外发现，中国人这才知道这本书。

　　书的湮没，其突然，其彻底，其斩根除草，其不留后患，

使我产生这样一个联想，尽管一千多年前的李唐王朝，思想很开放，行为很浪漫，性观点不是那么拘泥，道学之徒不是那么猖獗，但白行简这部在中国历史上，第一次用文学手段，绘声绘色描写"人之所乐，乐莫如此"的性快乐，并直露地涉及男女生殖器官的美文，大概也不是堂而皇之地沿街售卖，到处推销的。从作家本人，到书商小贩，从达官贵人，到平头百姓，对于性文学的自我节制能力，自觉收敛行为，还约束在理智和文明许可的界线之下，因而，其发行量，其传播范围，应该是有限的。

可想而知，当年在长安市区贩卖《大乐赋》的业者，与当下在过街天桥上，在地下通道里，兜售黄碟的那些小贩一样，基本上是属于偷偷摸摸，神神秘秘，不敢光诸天日的行为。也许这篇最早的色情文学作品，比较稀缺和难得，所以，一下子就被收拾得干干净净，了无余迹。

唯其如此，不知哪位吃饱了撑的黄色文学爱好者，专门请人缮写，珍重收藏在敦煌石窟里，遂作成一件功德无量的好事。

在中国，甚至在全世界，色情与淫秽，性文学与道德败坏，性知识的绍介与诲淫诲盗，这其间很难有截然划分的界限。大概因为担忧这一点认识上的不同，这位开创中国色情文学新纪元的大师，在其美文开头，先引用了《礼记》所云："饮食男女，人之大欲存焉。"打出圣人"食色性也"的招牌，以正视听。

所以，这虽是一篇不打折扣的色情文学，但却是一篇严肃的，不以宣淫为目的的色情文学。

其实，性乃人之本能，是再自然不过的事情，不必讳言，也不必将那两个器官，整天挂在嘴边。但人类与动物的区别，正是在于这种原始本能的掌控上。控制得住本能的白行简，堂堂正正地在他的这篇《大乐赋》上署其真名；而控制不住本能的写《金瓶梅》的那位才子，深知自己连篇累牍的猥亵笔墨，下流描写，其不堪入目，其过分肮脏，与动物发情无异，才把真名隐去，用一个"兰陵笑笑生"的笔名，遮住那张大概有点心虚尴尬的面孔。

鲁迅先生批评《金瓶梅》的性文字，"专在性交，又越常情，如有狂疾"，认为几近病态。其实，那不是病，是力必多作怪。在性文学或色情文学这个领域里，很多作者都是由于控制不住自己的动物本能，才诉诸淫秽文字以泄其性欲耳！这种类似手淫的笔淫，正是兰陵笑笑生写作时最酣畅淋漓的性满足。当他在全神贯注于活塞动作、交媾场面的刻画时，那亢奋的，冲动的，流着哈喇子的，某些部位大量充血的生理状态，是可以推断得出的。否则，很难理解他大描大写三十六处，小描小写三十六处，一笔带过三十三处，如此偏执，如此癖好地大写性交。显然，无法控制本能，才乐此不疲地写个没完没了的。

当代作家之中，热衷此道者，屡见不鲜，写着写着，就写到裤裆里去了。可以谅解的是，在当今物质社会，人欲横流的环境中，声色犬马、酒醉饭饱的作家，出现这种动物式的发情冲动，也是顺理成章的必然。

在中国，唐与唐以前，从《诗经》的《蒹葭》《溱洧》《静女》起，文学中涉及男女的笔墨，第一着重于情，第二着重于爱，第三才着重于性。而着重于性者，其表现手法，也着重于隐约、含蓄、委婉、朦胧。因为，中国文人对于男女性爱的研究探讨，很长时期中，一直不把它视为文学应该关注的范畴。

因为在中国古老文化中，它被称为"房中术"，作为一门正经八百的学问。与天文、地理、历算、星象、图谶、卜卦、方技、医药并列，是一种术，是一种技术，是从其实用价值来考量、来对待的。因此，无论以道教、密宗，还是以医学、阴阳五行名义出现的《素女经》《玉房秘诀》《医心方》之类的房中术，无不打着养生摄护、延年益寿、调和阴阳、长生不老的旗号，与文学根本不搭界的。

白行简，中国第一位用文学形式表现性爱的作家，将男女房帏之事，从实用文化的角度，上升到美学意义的享受层次上来。因此，他的这部《大乐赋》，具有开创价值。

对当今那些热衷裤裆文学的作家来说，别看他们津津乐道于性，未必有多少人能知道白行简，乃中国性文学之开先河者，和他迈出这一步之不易。由于《大乐赋》在没有走出敦煌石窟以前，将近一千年间，不为人知，甚至连一点点蛛丝马迹，也不见于记载，故而被中国文学史遗漏，对这位中世纪的性文学先行者而言，实在是有些遗憾的。

白行简（776—826），祖籍山西太原，为陕西渭南人，唐代大诗人白居易之弟。元和二年（807）登进士第，授秘书省校书郎。八年（813），受卢坦庇，为剑南东川节度使掌书记。十二年（817），卢坦卒，至江州依其兄。这一年前，其兄因得罪朝中权贵，被黜外放，为江州司马。白行简不再另谋高就，而与其兄患难与共，相濡以沫，手足之情甚笃。《全唐诗》这样评介："尝从居易谪所，天性友爱，当时无比。"白居易尝作长诗《对酒示行简》："行简劝尔酒，停杯听我辞。不叹乡国远，不嫌官禄微。但愿我与尔，终老不相离。"从中可看出他们之间的感情深厚，融洽无间。

后来，白居易转忠州刺史，他也随着去了。一直到十五年（821），白居易回朝任职，白行简才在京城谋得左拾遗一职，一直到宝历二年（826）冬病逝。两兄弟很长时期生活在一起，我们不由得不作如此设想，为兄者不可能不关注其弟的写作，不可能不曾一览其弟的这篇另类作品。死后，其遗文也是白居易为之编辑出版的，对于这篇性文学，竟纹丝口风不露，也教我们费解不已。

据《旧唐书》说他："文笔有兄风，辞赋尤称精密，文士皆师法之。"这个所谓"辞赋"，作史者多少有些含混其词，没有明确指出，当中是否也包括这篇中国色情文学的最初尝试，但至少可以证明一点，《大乐赋》在当时不像他的其他作品那样尽人皆知，大概是个事实，否则不会一千年间了无所闻。这也使我们看到，即使在非常开放的唐代，作家是有他的自律性的，出版家也是讲究一点节制的。可能因其总量之少，这篇《大乐赋》，很快就从人间蒸发了。

不过，唐代见诸记载的书籍，其中也有很多失传者，但后来几乎都能够在邻国日本找到。譬如也隐秘地写到男女交合，文词相当雅逊的《游仙窟》，著者为唐代张鷟。故事讲他与一位邂逅的美女，于洞窟中幽会的艳情传奇小说。宋以后也湮没了，只见著录，不见文本。直到近代，中国地理学家杨守敬留学日本时期，这是一位有心人，从日本国家图书馆的书库里发现并抄录回来。

但不知何故，《大乐赋》的命运非常之惨，一下子就消失得无影无踪。那时，我们的东邻日本，派来一船一船的遣唐使，到长安来，其中有一项很重要的任务，就是不惜重金购买中国书籍，运回国去。很蹊跷的是，不光日本国的，还有新罗国的、鸡林国的，常驻长安的外交使团也好，从事贸易的商贾也好，好像从来没有接触过《大乐赋》，好像压根没这一回事似的，更甭说觅得一册样本，带回本国珍藏了。

由此，不胜感慨我们中国人的好极端了，左则左到底，右则右到头。要是想灭掉一种什么不愿听到的声音，或者想提倡一种什么让所有人听到的声音，那也真是无所不用其极。要灭，必灭得干净彻底，了无踪迹；要倡，必倡得大张旗鼓，震耳欲聋。而且，不达目的，誓不罢休。中国人口头上讲孔孟的中庸之道，实际上，矫枉必过正，纠偏必过激，踩上一只脚，不够，必踩上千万只脚，才行。其厉害毒辣，其不留余地，让人叹为观止。

现在，无从揣测白行简的这篇在中国说来，第一次用文学样式表现的色情书籍，碰到了什么大麻烦，以至于偌大中国，只能在河西走廊的敦煌莫高窟的石室里，留下一条苟延残喘的命。

我想，有可能是唐朝的什么机构，什么人物，下了什么死命令，要灭《大乐赋》吗？或者是有可能因其兄受到政治上的打击，被牵累，被株连，从他居处找出这部色情文学，当局采取什么扫黄措施吗？不过此说不大容易成立，当然，在中国，别的什么朝代，什么皇帝，会眼睛都不眨地干这种事情，但至少唐朝不会，盛唐之所以盛，就在于当时全社会的宽容精神。

明人胡震亨感叹："骆宾王，上官婉儿，身既见法，仍诏撰其集、传后，命大臣作序，不泯其名。重诗人如此，诗道安得不昌？"（胡震亨《唐诗谈丛》）

如果不是唐朝，那么它遭到的第一劫，应该是唐以后的五代十国，那一场厮杀了近半个世纪的残酷战争，使它绝迹于除敦煌石窟以外的中国大地。试想，在兵燹战乱，烽火连天，赤地千里，饿殍遍野的人间地狱里，中国人到了人食人的地步，还有谁会顾到《大乐赋》？

紧接下来的第二劫，白行简的这篇性文学的肇始之作，就更没戏了。中国之弱，以宋为分界线。赵宋王朝三百年的理学禁锢，礼教桎梏，人性压抑，思想束缚，这种精神上的整肃，一直持续到明、延续到清，而且越来越变本加厉，于是乎，把中国人的生气、活力、创造性、想象力，统统被箝制得往木乃伊的方向发展，《大乐赋》也就失去了最后的生存空间。

战乱对于文化的毁灭，远不及精神上的操控，前者如梳，后者如剃，一下子给你推个光头，一丝一发都休想留得下来。幸好，命不该绝的《大乐赋》，在此之前，不知哪位施主，在藏经洞里留下来这一册海内孤本，总算让我们了解古代的中国人，特别是唐朝，对性的看法，持开放的态度，不禁忌、不封杀，要比宋、元、明、清诸朝，视性为罪恶、为堕落，有着根本上的不同。

直到公元 1907 年，敦煌石窟的藏经洞，被那个贪小便宜的王道士发现，外国的考古家、探险家、传教士、文物商人、蜂拥而至，连骗带拐，连蒙带偷，《大乐赋》也被席卷，流落海外。

据荷兰高罗佩著《房内考》一书，说到这篇中国的最早色情文学，"此件是伯希和（P. Pelliot）发现的，现存于巴黎的敦煌藏品中。中国的巡抚端方（1861—1911）请人把它拍摄下来，1913 年著名古物收藏家罗振玉（1866—1940）把它作为《敦煌石室遗书》的一部分在北京出版了一个珂罗版。有个自题'骑鹤道人'的学者在书后加有跋尾。"

> 这件手稿保存不佳，显然抄写它的唐代抄手，是个文化不高的人，他并不理解原文的内容。因此文中充满讹误脱衍。文末缺，但大约仅缺一页左右。……近代学者叶德辉对这个珂罗版做了仔细研究，于 1914 年在《双梅景阁丛书》中发表一个加有注释的释文。他订正了许多谬误，但仍留下大量工作有待完成。

这部雪藏千年的中国最早的色情文学作品，终于流传开来。叶德辉（1864—1927），这位在第一次国内革命时期的湖南农民运动中被镇压的土豪劣绅，作为学者，对《大乐赋》的重新问世，以及对中国古老的性经典文献的考证搜集，有着很大的贡献。

在此以前，托名汉代的《杂事秘辛》，托名唐代的《控鹤监记》，曾经被视为中国最早的性文学。但经清人沈德潜考证，

《杂事秘辛》为明代学者杨慎所作。而《控鹤监记》据信则是清代作家袁枚所作。杨和袁，为明清两代文坛上的重磅人物，但声名并不十分令人起敬。他们多少像玩票一样，穿上戏装，过一过古人的瘾。这也是中国文人一个最下流、最无耻的行径，尤其没有什么本事，没有什么能耐的文化人，更热衷于假托古人，伪造古籍。

君不见一部《红楼梦》乎，直到今天，仍旧被一帮老的少的蛆虫们，弄得天翻地覆吗？今天发现故居，明天找到墓石，大前天挖掘出脂砚斋，大后天很可能通过 DNA 查出曹雪芹的遗腹子的遗腹子，现在为大名鼎鼎的红学大师云云。这种搭顺风车，这种借古人光，这种花不大的力气，蚁附于前贤而混迹于文学史，这种装神弄鬼，作伪造假，借壳上市，鱼目混珠的种种名堂，成了他们手淫自渎成瘾，难忍难耐难改的恶性病癖。

也曾有人打过《大乐赋》的算盘，说是非白行简所作。但那个荷兰人高罗佩，不怎么肯苟同："我看不出有什么充分的理由，可以像珂罗版跋尾题写者写着的那样，怀疑白行简是否即为该文作者。白行简虽为白居易的弟弟，但名气不大，并不值得二、三流作家借用他的名字以提高身价。"（鲁迅《中国小说史略》）而他的另一篇作品，被鲁迅先生赞赏为"近情耸听，缠绵可观"的《李娃传》，一篇在唐人传奇小说中的领衔之作，其文字之绮丽，词章之华彩，情感之荡佚，声色之艳靡，某种程度上说是一篇带有故事情节的洁本《大乐赋》，也不为过。在这两篇作品中，都引用了《礼记》的"饮食男女，人之大欲存焉"，当然也不仅仅是巧合了。

因此，这篇从敦煌石窟中发现的《天地阴阳交欢大乐赋》，上面明明白白地写着白行简的名字，是迄今为止，所能发现到的最早的，也是最为货真价实的色情文学。

为什么中国文学的发展过程中，为什么到了公元九世纪的唐代，才有《大乐赋》的出现？按照马克义主义的理论，上层建筑与经济基础是一种相应的关系。上层建筑的繁荣，是与经济基础的发达，互为作用，相辅相成的。第一，安定的岁月，第二，富裕的生活，第三，精神的向往，第四，市场的需求，读者渴望看到多彩多姿、多元多样、多层次多角度、多花式多品种的文学作品，是再正常不过的事情。

中国文学的任何进步，都离不开外部环境的影响。这其中，最起作用者：

一、是时代的因素，有一个可以写作的不那么动乱的安定环境；

二、是社会的因素，有一个保证写作的不那么肃杀的宽容气氛。

没有最起码的物质文明和精神文明，文学只能万马俱喑。所以，在唐开元盛世之后，白行简的《大乐赋》，一枝独秀地出现在人们视野之中，既是社会物质生活和精神生活发展的必然，也是文学的多元格局和宽容环境形成的必然。

当然，还不得不指出，白居易是当时文坛的领袖人物，他的作品，按元稹的说法，已经到了"禁省官寺邮候墙壁之上无不书，王公妾妇牛童马走之口无不道"（元稹《白氏长庆集》）的知名程度。他和这位元稹，被公认为"元和体"的创始者和中坚力量，几乎风靡整个中国。白乐天一生，忧国伤时，关心民瘼，为民纾难，干预生活，吃足苦头，始终坚持自己的创作初衷，虽九死不悔。但白行简从不走他兄长那种很政治化，同时又很平民化的写作道路，别出蹊径，写他人之未写，为他人之未为，将笔锋转移到人类的这个基本本能上来，遂有了《大乐赋》这一篇色情文学的开山之作。

有这样巨大影响力的哥哥，却左右不了他的弟弟，岂非咄咄怪事？于是，只能作以下这样的猜测：

一、也许白居易压根儿就没想左右他弟弟；

二、也许白行简从来不曾想过被其兄长左右；

三、也许，因为我们看多了当代文坛上，那些有了一点本钱，就耐不住要左右别人的人物，以为古人也像他们那样，狗肚子装不了几两香油，立马登高一呼，立马拉帮结派、立马占山为王、立马排斥异己的，才会大谬不然地，以今人之心度古人之腹。

通过白居易和白行简，感情如此诚笃，心境如此相通的这哥儿俩，在文学上简直水火不容地各走各路，对古人拥有如此坚定不移的文学信仰，我们不由得不感佩，不由得不震惊。

正是这种心灵上的不被人左右的自由状态，才有唐代文学的辉煌吧！

"王杨卢骆"

——中国文学排行榜的滥觞

> 王杨卢骆当时体，轻薄为文哂未休。尔曹身与名俱
> 灭，不废江河万古流。

这是唐代诗人杜甫《戏为六绝句》中的一首。后两句在"文革"期间，常被造反派的才子，用来批判对手。第一，解气。第二，顺口。第三，显得有学问。所以，很流行。可杜甫的原意，却没有什么政治倾向，倒是很文学的，目的在于探讨诗歌的创作理论。

因此，后人也称这六首诗为"论诗诗"。

杜甫认为，这四位初唐诗人的作品，是那个特定的文学环境下的产物，也只能在那样一个社会转型的初期出现。后人在研究这些方兴未艾的作品时，切不可以背离时代背景，罔顾客观条件，而"轻薄为文"，来哂笑前人的。

王杨卢骆这四个字，谁前谁后，不是杜甫排的，估计他对此不感什么兴趣。只有那些没出息的，没起子的，很无聊的，很猥琐的，已经混不出什么名堂，但又不安于位的三流或四流文人，才掂斤播两于名次前后、座位高低，才偷偷摸摸于暗箱操作，塞进私货。杜甫论李白，"白也诗无敌"，一

句话就完了。要放在这班货色手里，肯定还要加上一句，"稍稍逊色我"。所以，凡文学排行榜，都是一种小人行为。

因为，好与坏，不用比，好与好，无法比。李白和杜甫，谁更好些？《蜀道难》《将进酒》和《三吏》《三别》，焉分高低？宋人严羽在其《沧浪诗话》一书中，说得再透彻不过。"子美不能为太白之飘逸，太白不能为子美之沉郁。太白《梦游天姥吟》《远别离》等，子美不能道；子美《北征》《兵车行》《垂老别》等，太白不能作。"所以，那些企图在排行榜上来月旦，来雌黄者，无不怀一己之私，有不可告人之目的。

王杨卢骆，大概是中国最早的文学排行榜。据《旧唐书·杨炯传》："炯与王勃、卢照邻、骆宾王，以文词齐名，海内称为'王杨卢骆'，亦号为'四杰'。炯闻之，谓人曰：'吾愧在卢前，耻居王后。'当时议者，亦以为然。其后崔融、李峤、张说俱重四杰之文。崔融曰：'王勃文章宏逸，有绝尘之迹，固非常流所及。炯与照邻可以企之，盈川之言信矣。'说曰：'杨盈川文思如悬河注水，酌之不竭，既优于卢，亦不减王。耻居王后，信然；愧在卢前，谦也。'"

若没有这个排行榜，这哥儿四个，心无挂碍，一块儿下个饭馆，一块儿泡个酒吧，应该不会有什么隔阂，可王杨卢骆这么一排，就免不了平添几许瓜葛。所以，一心认为自己是金牌得主的杨炯，便酸不溜丢的，说他排在卢照邻的前面，有点愧不敢当，而排在王勃的后面，有点感到不服。

这种太过露骨的计较，遂成为文学史上的一个有名的典故。

文人是敏感的，而文人又是小心眼的，当过盈川令的杨炯，如此计较排位的说法，有人听了，很不是味。卢照邻跳出来，难道你觉得理所应当地在骆宾王之前吗？于是，打抱不平的他，故意跟杨炯唱反调地说：我倒是"喜居王后，耻于骆前"呢！觉得他们都比我要强得多，显然是对杨炯的这种小人心结，进行反讽了。

看来，文坛之上，在意发表在头条或者二条之区别者，在意是著名作家还是知名作家之不同者，在意作品目录见诸封面或用不用黑体字标出之待遇者，在意媒体宣传是大张旗鼓，还是小张旗鼓，还是偃旗歇鼓之声势者，都是在文学上不怎么自信，创作力不怎么振作的文人，才会热衷地搞排行榜，才会由衷地信排行榜。

杨炯一生，有两憾，一是这王杨卢骆的排行榜，给他的文学地位定了性，众口烁金，一时半时很难翻身，因此他的诗名，未达到他期待的那样响亮。二是他"神童举，拜校书郎，为崇文馆学士"以后，指望在仕途上更进一步的想法，也不容易兑现，这当然很尴尬。大家觉得他应该发达，他自己也相信应该发达，然而，就是发达不起来。换个人，也许就拉倒了，他缺乏这种自我宽解的能力，故而很烦恼，很郁闷，很失落。

杨炯（650—692），华阴人，因曾经当过一阵盈川令，世称杨盈川。当李白、杜甫、王维、陈子昂、王昌龄、高适等盛唐诗人还没有登台亮相之前，他，加上英年早逝的王勃，加上投河自杀的卢照邻，加上那位对武则天大不敬的骆宾王，构成唐诗发展史上"初唐四杰"的发轫期。

那时的文坛，和今天也差不多，面临着整个社会由乱而治，由衰而兴的转型期。宋祁著《新唐书·文艺列传·序论》中说："唐有天下三百年，文章无虑三变。高祖、太宗，大难始夷，沿江左余风，绮句绘章，揣合低昂，故王（勃）杨（炯）为之伯。"隋陈的绮丽风格，已经过时了，盛唐的雄大气象，还没有开始，在这青黄不接之际，初领潮流，唱出先声，蜕变文风，一新耳目的王杨卢骆，便成了风靡朝野，上下追捧的明星。

据元人辛文房的《唐才子传》说，初唐四杰之才华、之能量、之德行、之风操，一个个也是相当人五人六，牛气哄哄，觉得自己有两把刷子，很不把各色人等放在眼里的。宋祁说"故王杨为之伯"，这个"伯"字，即"霸"的意思，在唐初，也是称霸文坛的人物。

　　勃，字子安，太原人，王通之诸孙也。六岁善辞章。麟德初，刘祥道表其才，对策高第。未及冠，授朝散郎。沛王召署府修撰。时诸王斗鸡，会勃戏为文檄英王鸡，高宗闻之，怒，斥出府。勃既废，客剑南，登山旷望，慨然思诸葛之功。赋诗见情。又尝匿死罪官奴，恐事泄，辄杀之，事觉当诛，会赦除名。

　　炯，华阴人。显庆六年举神童，授校书郎。永隆二年，皇太子舍奠，表俊豪，充崇文馆学士。后为婺州盈川令。卒。炯恃才凭傲，每耻朝士矫饰，呼为"麒麟楦"。或问之，曰："今假弄麒麟戏者，必刻画其形覆驴上，宛然异物，及去其皮，还是驴耳。"闻者甚不平，故为时所忌。

照邻，字升之，范阳人。调邓王府典签，王爱重，谓人曰："此吾之相如也。"后迁新都尉，婴病去官。自以为当高宗时尚吏，己独儒；武后尚法，己独黄老；后封嵩山，屡聘贤士，己已废；著《五悲文》以自明。

宾王，义乌人，七岁能赋诗。武后时，数上书言事，得罪贬临海丞，怏怏不得志，弃官去。文明中，徐敬业起兵欲反正，往投之，署为部属。为敬业作檄传天下，暴斥武后罪。后见读之，矍然曰："谁为之？"或以宾王对，后曰："有如此才不用，宰相过也。"及败亡命，不知所之。

人，红得太快，名，来得太易，钱，来得太多，电视、报纸、网络、媒体，露得太多，其浅薄的方面，其负面的因素，其阴暗的心理，其卑劣的本质，也就加快突显出来。这些当代文人加速度的衰败过程，在初唐四杰身上，也程度不同地存在过的。

所以，在新、旧唐书里，这哥儿四个的口碑，也是颇不见佳的：

王勃恃才傲物，为同僚所嫉。有官奴曹达犯罪，勃匿之。又惧事泄，乃杀达以塞口。事发，当诛，会赦除名。

杨炯词学优长，恃才简傲，不容于时。至官为盈川县令，为政残酷，人吏动不如意，辄捶杀之。

卢照邻寓居洛阳，因横祸入狱，经友人救护得免。

后为益州新都县尉，秩满，婆娑于蜀中，放旷诗酒。

骆宾王，落魄无行，好与博徒游。高宗末，为长安主簿，坐赃，左迁临海丞，快快失志，弃官而去。

这也是没有办法的事了，文人就怕得意，一到春风满面的时候，曹丕所说"类不护细行"的毛病，就会暴露出来。当时，吏部尚书裴行俭，是主持遴选、推用、铨叙、升黜工作的朝廷大员，这位专管干部的负责人，对王杨卢骆的看法，相当负面。

《旧唐书》载："时有后进杨炯、王勃、卢照邻、骆宾王并以文章见称，吏部侍郎李敬玄盛为延誉。引以示行俭，行俭曰：'才名有之，爵禄盖寡。杨应至令长，余并鲜能令终。'"

最后一句，翻译成白话，不免刻薄了些。"令"即"好"，"终"即"死"，"鲜能令终"，也就是不得好死的意思。我想这位大唐王朝的组织部长会对他的同事李敬玄说，老兄啊，你推荐的这四位年轻才子，诗写得不错，人却做得很差劲啊，据我估计，他们很少能得到一个好下场的。

我不知道，裴在发表"鲜能令终"看法的时候，这四位是否在场？听了以后，面部是个什么表情？倘若只是裴与李的私下交换意见，我不知道，传到这四位的耳朵里，脸上会有怎样反应？

后来，王勃是往交趾探亲省父，在北部湾渡海时遇风浪船沉而死；骆宾王因从徐敬业举义兵，反武复唐失败而被镇压了的；卢照邻因患风疾久治不愈，苦痛难忍而跳水自溺的，果然，皆未得好死。杨炯当了一阵盈川令长，卒于任，不幸而言中，——证实了裴的预见。

真是很可怕，这判词之一言九鼎，简直成了他们四人终生宿命的谶言。不能不对这位有"人伦之鉴"美誉的裴行俭，其知人之明表示钦服了。

也许文学家看人，和政治家看人，是大不相同的。搞文学的人，很在意那些倜傥风流，拔擢不群，词章华彩，才思捷涌，比较外在的那些方面。搞政治的人，则着眼于大节，诸如品德啊，能力啊，识见啊，气度啊，比较内在的那些方面。形于外的东西，往往不能反映个中的本质，文人，犹如一个玻璃杯，热得快，冷得也快。但忽然的热，忽然的冷，往往禁受不住，就要爆裂。

裴行俭的厉害，就在于他一下子抓住这些浮浪子弟的最基本的因素，暴得大名，成功太快的文人，就像一会儿盛开水，一会儿盛冰水的玻璃杯，常常是浅薄而欠稳重，侥幸而少实干，浮躁而不深沉，行险而难谨慎，便很容易滑向傻狂，嚣张，任性，妄为，不知天高地厚的错误道路上去，最后粉身碎骨。

当然，过去一千年以后，再回过头看初唐四杰，当时那些计较啊，意气啊，高低啊，长短啊，这些人格上的弱点，对后世的读者而言，已经毫无值得介意的感情色彩，没有人再把这些狗屁倒灶的东西，放在心上。随着时光的流逝，会继续淡化下去，直到不过是文学史上录以备忘的文字符号而已。

说了归齐，最后能剩得下来的，还是作品，还是文学本身。

好的，留存着，次的，淘汰着，孬的，消失着。如今，实事求是地看，王勃与他后面的杨、卢、骆，在文学实力上，显然不是一个等量级的。经过一千多年的筛选，证明了王的作品占有更大的市场份额，而杨、卢、骆三位之相形见绌，也是客观事实。

因此，杨炯"吾愧在卢前，耻居王后"的牢骚，第一，浅薄，第二，无聊，纯粹是那下躁的个性难以自控的结果。首先，排行榜这东西就那么靠得住吗？其次，既然不是那么靠得住，你还用得着当回事和在意它吗？

没拿到桂冠诗人、头牌大奖的杨炯，因此好像受了多大委屈和不公平待遇似的牢骚满腹，其实没有多大道理。老实说，他不但写不出王勃"海内存知己，天涯若比邻"（王勃《送杜少府之任蜀州》）的诗，写不出王勃"落霞与孤鹜齐飞，秋水共长天一色"（王勃《滕王阁序》）的文；像卢照邻"北堂夜夜人如月，南陌朝朝骑似云"的《长安古意》，像骆宾王"无人信高洁，谁为表予心"的《在狱咏蝉》，也是杨炯难以企及的。至于骆宾王为之送命的那篇"请看今日之域中，竟是谁家之天下"的《为徐敬业讨武曌檄》，气势磅礴，声威雷霆，使得那位被声讨的女皇也不得不叫好，更是这位杨诗人或杨作家所望尘莫及的了。

因此我总怀疑，唐初的文学爱好者，不至于如此不识货，给他一个银牌位置。也许，这样排列组合，不一定有什么名次上的过多考虑，只不过念来比较合乎平仄罢了。杨炯忒自作多情了一些，也太在乎排名先后了一些，于是说出令人酸得倒牙的"愧在卢前，耻居王后"了。

嫉妒，是一种能够煽动起仇恨的情绪，而文学上的嫉妒，更是一把双刃剑，害人之外，还害自己。因为一个诗人、一个作家，开始感到别人比自己强了，感到受到威胁了，感到中气不足了，感到好日子无多了，感到要退出历史舞台了，那一把嫉妒之火，就会在心中燃烧起来。中外古今，凡文学家的妒火出现之时，也是他创作衰弱之时，这是一个铁的定律。

会咬人的狗不叫，汪汪不已的狗是咬不了人的，作家也是如此。

如果此人还算明智，尚属清醒，不老朽，不混账，或急起直追，或面壁磨剑，或埋头奋斗，或充电加油，来日再在文学的竞技场上一赛短长，这才是正道。然而，一患上这种文学红眼病，通常很难理智。抓耳挠腮，心痒难禁，既坐不下来写诗，也定不下心来做小说，于是就求诸于文学以外的手段，来达到张扬于文学的目的。

前几年拍摄的获奥斯卡奖的《莫扎特传》，就有许多这样惊心动魄的描写。但结果呢？莫扎特是永远的，而那位宫廷乐师呢？谁还记得？

据《旧唐书》，这个杨炯十一岁就举神童了。看来神童不好当，十个神童有九个要被美誉所捧杀，被声名所扼杀。过早的成功，过度的吹嘘，和过分的自我感觉良好，其实是一剂毒药，把他坑了。于是这位神童醉心于虚名的追求，甚于艺术的完善。只知道终日眼红他人的才能，而不明了自己的每况愈下。

杨炯嫌当时文坛对他不够热烈，排名在王勃的后面，是对他的冷落。神童当惯了，当出一身毛病，没有人簇拥着他，没有人给他唱赞歌，一天也过不下去。在这种病态心理的支配下，这位先生居然自己动手，抬爱自己，如时下有人总爱在报章上自吹自擂一样。《旧唐书》说他："又所居府舍多进士，亭台皆书榜额为之美名，大为远近所笑。"那时候，要是有各类媒体为之炒作的话，就省得杨炯这么费事了。

所以，他特别恨那个姓王的，放在他的名字前面，压得他喘不过气来。老实讲，此公诗的造诣，在四杰中是最缺乏创见的了。词藻虽然华丽，内容却很贫乏，由于贫乏，不得不令人讨厌地重复自己。沈德潜的《唐诗别裁》里选了他两首五言，很遗憾，意旨、手法都差不离。论者评他跳不出陈、隋遗风，拿今天的话说，也就是老一套，没有什么新鲜气息吧？

我想，他大概被这种嫉妒心折磨得够痛苦的。

他在《从军行》里写道："宁为百夫长，胜作一书生"，那意思是说，哪怕到部队去当个连长，也不再写作了。这大概是在文学的竞争中，屡屡败北的感慨吧？写不出东西，尤其写不出好东西，硬要人家承认你是诗人，是作家，是大诗人，是大作家，那是枉费心机的事。即使当时主持文学事务的上官婉儿，给武则天奏上一本，封他一个种子作家的名号，难道读者就会买账吗？

后来，求名成疾的杨炯，还真有一点变态，一写文章，来不及地拉名人陪绑。唐人张鷟在《朝野金载》里，说"杨之为文，好以古人姓名连用，如张平子之略谈，陆士衡之所记，潘安仁宜其陋矣，仲长统何足知之。号为'点鬼簿'"。

现在已无法找到他这种热求名位的性格，如何闹到为人所诟病的地步。但有一条是可以肯定，凡执着于成就的大小长短者，凡计较于名声的高低前后者，而又写不出什么东西，或虽还不停炮制，却再也写不出什么令人眼前一亮的东西，盛名之下，其实难副者，这样的文人，必折腾，必生事，必捣乱，必闹笑话。

过去如此，现在也不能不如此。

因此，杜甫笔下"王杨卢骆当时体"（杜甫《戏为六绝句》）的其中"当时"二字，这种角色定位，再明确不过地告诉我们，能做的，做了，该做的，做了，这就够了。然后，以"子在川上曰，逝者如斯夫"（《论语》）的豁然，看长江后浪推前浪，岂非一大快事乎？

"北门学士"

——中国御用文人的滥觞

武则天，中国历史上唯一的女皇帝，一位了不起的女性。

因为中国是个男权至上的专制社会，因为中国是个"唯女子与小人难养"的蔑视女性的封建社会，因为中国从来不曾有过西方那种女性当国的政治传统，所以，武则天能够以皇帝身份统治偌大中国，实在是了不起的。

数千年来，中国就这么一位女性皇帝，前无古人，后无来者。虽然，她的"帝龄"（如果有这样一种计算单位的话），只有 15 年，不算长。但是，她作为这个国家的最高统治者，实际执政的时间，却长达 57 年，在中国全部帝王中间，主政半个世纪以上者，不超过十名，她是其中之一。

武则天，并州文水人。《资治通鉴》称："故荆州总督武士彟女，年十四，上闻其美，召入后宫，为才人。"这是公元637 年（贞观十一年）冬天的事情。

才人是个五品级别的姬妾，在拥有皇后、皇妃、嫔娥、婕妤等众多诱惑的太宗后宫里，她虽年轻貌美，但别人不见得不年轻貌美，因此，要想出人头地，相当困难。所以，她以她的善谋略，多机变，知应对，巧心计，堪称了不起的天性，很快，就以先声夺人的气势，拿下唐太宗的眼球，打开局面。

《资治通鉴》载有她以自诩口吻讲述的一则故事："他日，吉顼奏事，方援古引今，太后怒曰：'卿所言，朕饫闻之，无多言！太宗有马名狮子骢，肥逸无能调驭者。朕为宫女侍侧，言于太宗曰："妾能制之，然须三物，一铁鞭，二铁挝，三匕首。铁鞭击之不服，则以挝挝其首，又不服，则以匕首断其喉。"太宗壮朕之志。今日卿岂足污朕匕首邪！'顼惶惧流汗，拜伏求生，乃止。"

一个小女子，在顾盼自雄、英武自命的皇帝面前，放出如此非凡不俗的豪言壮语，能不引起注意嘛！皇帝虽然有许多女人，但这个出语突兀的武则天，却有别于以美貌，以声色，以狐媚，以淫浪来取悦他的姬姜。于是，她从后宫佳丽中间，得以脱颖而出，跻身这位好色主子的床笫。

不幸，唐太宗因求长生不老，服胡僧药中毒不治，很快就晏驾了。按照唐高祖的惯例，先帝的遗孀们，都得从宫里搬出来，剃度为尼，住进感业寺。好在武则天了不起，就在于她早有预谋，早就放长线钓大鱼，早就对太宗的王位继承人，进行感情投资，做了一笔很成功的期货交易。可以设想，这是一个什么事情做不出来，又是什么事情她不敢做的女人啊！她既然能够近距离地接近李世民，大谈格杀勿论的驭马之道，那她也就能找到机会接近李世民之子，并使他就范服帖，俯首听命，这位太子，很快像一匹连蹶子也不会尥的驽马，被她驯服了。

李世民有若干儿子，独这个李治智商低，体质弱，能力差，属于难当重任的阿斗型接班人。但中国最高权力转换过程中，精明能干者，因锋芒毕露而常遭淘汰，凡庸无能者，倒因表现平平而得到青睐。这个没什么本事，却如他老子一样好色的李治，还在当储君的时候，就被堪称"人精"的武则天给摆平了。《资治通鉴》载："上（即高宗李治）之为太子也，入侍太宗，见才人武氏而悦之。"这一"悦"，李治就被武则天玩弄于股掌之上，一直到死。

按照汉民族的伦理观，武则天既是太宗的遗孀，就不可能成为高宗的老婆。这种逆伦的行径，是非常悖谬的，荒唐的，不齿于人类的。不过，唐代李姓帝王，胡汉混血，蛮风犹存，还未完全进化到中原文明的礼教程度。仍旧秉承匈奴、鲜卑等游牧民族，那种父死妻由子娶、兄死妇归弟纳的恶俗。至于叔侄共奸，姐妹互夫的乱伦，更是不一而足。因此，武则天从唐太宗的床上，转移到唐高宗的床上，为两代人献身，也许不认为有什么不妥。

所谓"脏唐臭汉"，这种皇室中不文明的性混乱现象，一直备受后人訾议。唐太宗李世民的哥哥李建成、弟弟李元吉，就曾经"蒸"过唐高祖李渊的爱妃的。在古汉语中，"以下奸上曰'蒸'"，李世民据此向其父告密，并随即发动了一次杀兄灭弟逼父的"玄武门之变"，夺得政权。所以，李治也好，王皇后也好，认为"蒸"一下武则天，无伤大雅。

但是，等到李治当真要册立武昭仪为皇后，就不是随便睡一睡就拉倒的性放纵，可以不当一回事地马虎过去。既然要堂而皇之地册封，就不能不考虑这个女人的来路不正，妾身不明，就不能不考虑整个社会的纲常伦理，礼教规范。舆论导向怎么办啊？宣传提纲怎么写啊？着实使当朝待诏的御用文人们，伤透了脑筋。

我一直相信册立武后的这份诏书，为上官仪手笔。因为，在高宗的心目中，要解决这样一个意识形态上的棘手难题，非上官莫属。第一，他的官位摆在那里；第二，他的文名摆在那里；第三，或许不无重要的一点，他的人品摆在那里。

在初唐诗坛上，上官仪是出类拔萃的一位。《全唐诗》称其长于五言，"绮错婉媚"，承袭梁陈余绪，延续江左风格，形成风靡一时的"上官体"，人多效之。他的诗，形式上的华丽浮艳，是足够的，内容上的沉重切实，就欠缺了。作为御用文学，讲究的就是这一套，只要好看，不怕浮浅，只要好听，不怕肉麻，只要主子满意，哪怕狂拍马屁。做到这三点，他也就算得上是克尽厥职了。

因此，太宗、高宗两朝，上官仪一直为御用文人的首席写手，成就最大，声望最隆。"太宗每属文，遣仪视稿，私宴未尝不预。转起居郎。高宗即位，为秘书少监，进西台侍郎，同东西台三品。"（《新唐书》）

在朝廷里，在宫阙中，在帝王左右，才叫御用文人。同为御用，也有流品不一，爵禄不同，高下区别，亲疏差异的。这其中：一等的，出理论，出思想，称为国士；二等的，出主意，出韬略，称为谋士；三等的，出笔杆，出文章，称为学士。上官仪介乎二等三等之间，与李白、王维等纯粹哄皇上开心，完全为帮闲的文人，稍有不同，层次稍高一等。

在中国文学史上，真正在朝，直接被御用的文人，少之又少，绝大多数，连紫禁城的大门都进不去，更甭说想出现在帝王的视觉范围之中了。这些乱拍马屁，乱捧臭脚，乱表忠心，乱唱赞歌，乱喊吾皇万岁万岁万万岁者，只是一心想被御用罢了。为什么在中国，会有这么多的文人，自觉排队，自动靠近，自作多情，自我献媚，冀求挤进御用行列之中呢？

道理很简单，凡在朝，有官可当，有车可坐，有赏可得，有福可享，什么都有；凡在野，无职无权，无车无房，无钱无势，无门无路，什么都无。所以，逼得他们不得不拼命巴结，拼命表现，拼命炒作，拼命兜售自己，拼命攀附要员，拼命贴紧官方，心痒难禁，做青云直上之梦，眼红不已，作一步登天之想。

说白了，就是幻想着皇帝打来电话，小车开到门外，一张大红请柬，恭请阁下进宫。金殿赐座，引为上宾，成为经筵的侍讲，成为御用的笔杆；金榜留名，宠幸有加，成为穿黄马褂的作家，成为戴纱帽翅的诗人。从此，引导潮流，所向披靡，主宰文坛，领袖群伦；从此，荧屏露脸，媒体曝光，记者包围，网络追踪；从此，大众情人，风流倜傥，美女如云，追捧对象；从此，官方色彩，身价腾贵，帝王知己，无比荣光。

这就是可爱又可恨，可怜又可嫌的中国文人，埋藏在心底里一个永远的梦！

民国初年，在北京的胡适之先生，就有过这样一次意想不到的梦境实现。一天，他当真接到爱新觉罗·溥仪的一通电话，

"你是胡博士吗？"

"Yes！"

"你知道我是谁吗？"

"I don't know！"

等到终于弄清楚电话对面是逊帝时，胡适也按捺不住亢

奋之情。

　　无论如何，他曾是满清王朝拖过辫子的臣民呀！虽然那是一位末代皇帝，约他进紫禁城一晤，岂有敬谢不敏之说。他不但去了，事后还相当张扬了一番。这也是人之常情，终究不是北新桥的骆驼祥子，或者三河县的老妈子约他会面。

　　从鲁迅先生调侃他的文章里读到，好像有人问过，你见到逊帝，是不是跪下来磕头呢？好像还有人问过，你见到逊帝，是不是向他宣讲杜威主义呢？他笑而不答。这种无声胜似有言的表情，显然这次逊帝的召见，有点喜出望外，使他那中国文人的御用情结，得到了大满足。尽管胡适先生如今已被追捧为当代圣人了，与日月同光，与星辰同辉，差点要在孔庙里配享了。那时，他也难能免俗。可以想象，当他从东华门里走出来时，欣欣然的得意之色，恐怕也是掩不住那一脸贾桂相的。要不然，他后来也不会跟蒋介石走得那么近的。

　　中国文人，努力削尖脑袋盼着被御用，然而，在嘴上却绝对讳言御用。所有已被御用的，未被御用的，想被御用的，都做出一副蔑视御用的清高神气来。这种又要当婊子，又要立牌坊的假撇清的表演，胡适先生拜见末帝，便是一则绝妙的小品题材。

　　唐代的上官仪，似乎不那么装假清高，因为在他那个时代，御用文人的名声，还未顶风臭四十里。从他的诗作题目看，如《奉和过旧宅应制》《早春桂林殿应诏》《奉和秋日即目应制》《咏雪应诏》，颇以此为荣焉！好像这种被御用的情结，后来成为他们上官家的遗传基因，他的孙女上官婉儿也成了操这一行业的内廷写手。

肯定为草拟这封册立武氏为后的诏书，李治把上官仪找来。"爱卿是先帝的笔杆子，也是朕的笔杆子，这份诏书就拜托阁下了！"御用文人之高明，就在于他是皇帝肚子里的蛔虫，你不用张嘴，他就能领会精神；你不用点明，他就能体贴上意；你不用吩咐他如何写，怎样写，他就明白他该说什么，该写什么。所以，当年梁效、石一歌之流，能捧上这碗饭吃，也非等闲之辈。现在好多勇敢者，一张嘴，就骂得人家狗血喷头，体无完肤，如果真把他放在这个位置上，也许未必玩得转的。

上官仪的脑袋，立刻进入构思状态。

第一，你不能否定过去她是太宗女人的这段史实，又不能改变如今她是高宗的女人的这个存在；第二，既然事实不能回避，要怎样才能以正视听，既然历史不可改写，那么该如何乔装打扮呢？这份诏书真是好难做好难做的。

上官仪不愧是高手中的高手，大笔一挥，一字千金，把那个废物皇帝看傻了：

> 朕昔在储贰，特荷先慈，常得侍从，弗离朝夕，宫壶之内，恒自饬躬，嫔嫱之间，未尝迕目。圣情鉴悉，每垂赏叹，遂以武氏赐朕，事同政君，可立为皇后。

真不愧为大师啊！连高宗对他琢磨出如此奇思妙想，也佩服得五体投地。

照这个说法，父子聚麀的宫廷秽闻，成为慈爱恩渥的舐犊佳话，既然李世民早就将武则天赏赐给他，也就不存在"蒸"，不存在"以下奸上"，不存在"二次使用"上的任何道德问题。而且，还找到历史上的先例，汉宣帝就曾把内宫的王政君，赐给太子，后来太子继位为汉元帝，王也顺理成章为皇后，有什么不光明正大的呀！也难怪高宗要格外倚重他了。

于是，本是唐太宗的小妾，如今成了唐高宗的媳妇。历史就是这样，许多似是而非的东西，是经不住推敲的，许多解不开的谜，也是永远找不到答案的。所以鲁迅先生说过，"倘要完全的书，天下可读的书怕要绝无，倘要完全的人，天下配活的人也就有限"，是很有道理的。但是，我怎么也弄不明白，一个已经撵到感业寺为尼的女人，是用什么手段，把这个与她已是天地之隔的新科皇帝，牵线搭桥，拉到尼姑庵来，重叙旧情的？

太宗崩后，恰逢"忌日，上诣寺进香，见之，武氏泣，上亦泣。"（司马光《资治通鉴》）史传上的这两句话，看来似乎是一次无心的巧遇。然而细想开去，殊为吊诡，为什么要到城南的感业寺进香，而不到大行皇帝暂厝的祖庙进香？就在安业坊，既有东南隅的济度女寺（即感业寺），还有西南隅的资善尼寺，为什么偏选此寺而不选彼寺？看来，李治这次进香安排，是按武则天的精心策划而进行的。

那时，既不能发 E-mail，又不能发手机短信，武则天怎么能使旧情人得知她的想法呢？因此，历史上的很多模糊空间，千万不要那么较真，只好不怕有识者撇嘴耻笑，依靠想象来填补了。

如果没有在一旁的王皇后，武则天也许要在寺里青灯孤影，当一辈子尼姑了。但年轻皇后看到老公和这个思凡的女主角，眉目传情的眼神，非但没有生气，相反，忽发奇想，却认为是一个可以利用的契机。

因为高宗登基后，便敢公然地有宠于萧淑妃，而冷淡王皇后，使得她很郁闷。于是，识短见浅的她，想利用高宗与武则天的这段旧情，以制约这个萧淑妃，使其失宠于高宗。她自以为聪明，把她弄进宫里来，谁知却是一个很馊的主意。王皇后鬼鬼祟祟与已经削发的武则天咬耳朵，"阴令武氏长发，劝上内之后宫，欲以间淑妃之宠"。（司马光《资治通鉴》）

"武氏巧慧，多权数，初入宫，卑辞屈体以事后；后爱之，数称其美于上。未几大幸，拜为昭仪，后及淑妃宠皆衰，更相与共谮之，上皆不纳。"（司马光《资治通鉴》）这样，引狼入室的王皇后，为此付出沉重代价，从此，她和萧淑妃，就再也没有好日子过。

如果说，武则天的这出连续剧，至此，其故事情节，仍属于后宫性饥渴女人们的争风呷醋，飞短流长；可接下来，就连莎士比亚也编不出下面这样四幕连台的精彩大戏：

第一幕，政治＋权术＝野心暴露；

第二幕，欲望＋贪鄙＝邪恶展现；

第三幕，无所不用其极＋杀人不眨眼＝无端恐怖；

第四幕，淫乱＋面首＋无聊的御用文人＝肮脏黑暗。

大幕拉开，武则天第一次出场，就做了一件正常人绝做不出来的可怕举动。公元 654 年（永徽五年），这个坏也坏到了极至的女人，亲手掐死自己的新生儿，栽赃于王皇后。

（王皇）后宠虽衰，然上未有意废也。会昭仪生女，后怜而弄之，后出，昭仪潜扼杀之，覆之以被。上至，昭仪阳欢笑，发被视之，女已死矣，即惊啼。问左右，左右皆曰"皇后适来此。"上大怒曰："后杀吾女！"昭仪因泣数其罪。后无以自明，上由是有废立之志。（司马光《资治通鉴》）

虎毒尚且不食子，武则天敢下这样大的血本来赌命，这个世界上大概再也找不到她的对手。嫁祸于王皇后的结果，便是公元655年（永徽六年），武则天正式被册立为皇后。"十月，废后及萧良娣皆为庶人，囚之别院。武昭仪令人皆缢杀之。"

《资治通鉴》对于她报复这两个情敌兼政敌的女人之狠毒，有着骇人听闻的记载：

故后王氏，故淑妃萧氏，并囚于别院，上尝念之，间行至其所，见其室封闭极密，惟窍壁以通食器，恻然伤之，呼曰："皇后、淑妃安在？"王氏泣对曰："妾等得罪为宫婢，何得更有尊称！"又曰："至尊若念畴昔，使妾等再见日月，乞名此院为同心院。"上曰："朕即有处置。"武后闻之，大怒，遣人杖王氏及萧氏各一百，断其手脚，捉酒瓮中，曰："令二妪骨醉！"数日而死，又斩之。王氏初闻宣敕，再拜曰："愿大家万岁，昭仪承恩，死自吾分。"淑妃骂曰："阿武妖猾，乃至于此！愿他生我为猫，阿武为鼠，生生扼其喉。"由是宫中不畜猫。寻又改王氏姓为蟒氏，萧氏为枭氏。武后数见王、

萧为祟，被发沥血如死时状，后徙居蓬莱宫，复见之，

故多在洛阳，终身不归长安。

从此，东都洛阳成为武则天的首都，并将其改名为神都。十年浩劫期间，中国也兴起过一阵改名热，溯本追源，老祖宗恐怕就是这位武则天。大概没有什么真功夫、真本事、真学问的浅薄之徒，就热衷于这种表面文章，文字游戏。武则天尤其喜欢改年号，积习为癖，她一生改过十八次年号，创中国帝王纪年麻烦之最。她还喜欢改字造字，久之成瘾，连她姓名中的那个组合字"曌"，创中国汉字笑柄的破天荒纪录。女人搞政治也好，搞文学也好，要没有大胸襟、大视野，永远也摆脱不了那种小女人的狗屁倒灶，永远也根绝不了从厨房走进客厅的婆婆妈妈。

我见过的女政治家不多，我见过的女文学家不少，不幸，证实了这一点。

那个李治奈何不了她，一、惧内，二、懦弱，三、无能，四、多病。估计此人患有神经关节痛、高血压、视网膜脱落、美尼尔氏综合征多种疾患，碰上这样一个泼妇式的老婆，只好将最高统治权，拱手相让，由她来统治这个国家了。

但是，至少在中国，在封建社会里，女人染指最高权力，绝对是件可怕而不幸的事情。因为第一，在中国人的传统观念之中，"牝鸡司晨"，从来被认为是不祥之兆。所以，处于权力巅峰之上的女性，永远生活在这种精神上的被迫害感当中。第二，在满朝文武悉皆须眉的男性世界里，势必要面对这种超强势的性别压力。所以，作为单个的女性最高统治者，

永远在这种性心理的不安全感当中。

即使一个最善良的女人，放到这个位置上，早晚也会变为一个最恶毒的女人。不管是若干年前的吕雉，或者武则天，还是若干年后的慈禧，或者江青，只要登上权力的珠穆朗玛峰，高处不胜寒，必定在诸多压力之下，要乖戾，要变态，要歇斯底里，要神经质，要恶性膨胀，直到不可救药，直到倒行逆施。

由于武则天的控制欲望，排他念头，疑惧一切，扭曲心态，弄得李治也终于受不了，爆发了他们之间的第一次，也是最后一次的冲突。兔子逼急了也会咬人，可李治，还没张嘴，武则天把他的牙全给薅光了。

这事发生在公元 664 年（高宗麟德元年）秋天。

> 初，武后能屈身忍辱，奉顺上意，故上排群议而立之；及得志，专作威福，上欲有所为，动为后所制，上不胜其忿。有道士郭行真，出入禁中，尝为厌胜之术，宦者王伏胜发之。上大怒，密召西台侍郎、同东西台三品上官仪议之。仪因言：“皇后专恣，海内所不与，请废之。”上意亦以为然，即命仪草诏。（司马光《资治通鉴》）

废掉皇后的诏书，高宗要上官来草拟，由此推断，册封皇后的诏书，肯定也是上官草拟的。上官仪虽御用文人可并不低三下四，虽体贴上意可并不无聊无耻，虽巴结讨好有之，但正直善良更有之。他旗帜鲜明地站在皇帝这一边反对皇后，而不是当骑墙派两边讨好。没想到，这个怕老婆的君王，尚未交锋，先竖白旗。尤其没想到的，这个废物皇帝背过脸去，厚颜无耻地将部下出卖，说是受上官教唆，这就要了他的命了。

武则天是何许人，能不布眼线于这个窝囊废的身边吗？李治与上官还未密谋完，小报告早打过去了。"左右奔告于后，后遽诣上自诉。诏书犹在上所，上羞缩不忍，复待之如初；犹恐后怨怒，因给之曰：'我初无此心，皆上官仪教我。'"

武则天能放过这个背后给她下刀子的上官仪吗？"后于是使许敬宗诬奏仪、伏胜谋大逆。十二月，仪下狱，与其子庭芝、王伏胜皆死，籍没其家。""自是上每视事，则后垂帘于后，政无大小，皆与闻之。天下大权，悉归中宫，黜陟、杀生，决于其口，天子拱手而已，中外谓之二圣。"（司马光《资治通鉴》）

上官仪事件发生以后，武则天感觉到意识形态方面的工作，抓而不紧是不行的了。于是，中国御用文人这个行当，经过这个女人的手，也走上了末路。

在中古以前的中国文学史上，御用文人和非御用文人，事实上是很难截然分开的。屈原、宋玉、唐勒、景差、枚乘、贾谊、司马相如、司马迁、东方朔、朱买臣、班婕妤、扬雄、刘向、刘歆，等等，你可以说他们在人身依附这一点上，是御用的；但也可以认为他们在人格上，具有相当程度的自我意识，并非完全御用的。从他们为人为文的不羁精神看，未必俯首听命于御用的。因此，他们在被当道者所豢养，所雇佣，所喝来斥去，所奴仆畜之的同时，在忍辱负重的状态下，秉笔直书，表达万众之心声，抒愤述忧，记载历史之真实，就完全不具御用的意味。

这也是后来的中国人，尊敬他们的努力，推崇他们的成就，并不介意他们是否被御用或不被御用，而能够理解的原因。

上官仪就是这样一个既"御用"，也"文人"的人，因此，他为人的声名，风采儒雅，风度优美，备受东都士人的尊重；他为文的口碑，格调高尚，韵味精致，大为洛阳黎庶所敬仰。宋人计有功在《唐诗纪事》里，为我们描画这样一个动人场面："高宗承贞观之后，天下无事，仪独持国政，尝凌晨入朝，巡洛水堤，步月徐辔，咏诗曰：'脉脉广川流，驱马入长洲。鹊飞山月曙，蝉噪野风秋。'音韵清亮，群公望之，犹神仙焉。"

但是，从他脑袋砍落在血泊之时起，那些受到尊敬的既"御用"又"文人"的老一代，便成绝响。从此，在武则天诱之以利德禄的淫威胁逼下，那些在她周围耍笔杆谋生的鼻涕虫，以文学混饭吃的跟屁虫，便成为只有"御用"，而无"文人"的新一代。

武则天统治的 57 年，是中国御用文人的转型期，从此走上中国御用文人的末路。

通常，谈武则天，谈她的淫荡，谈她的残忍，谈她的酷刑，谈她的无往而不利的计谋布局，谈她的为李唐王朝决不接受的"武周革命"，谈她的为中国男性社会所不能忍受的称帝御极……这其中，常被官修史书忽略，也不被文学史者关注，就是她在意识形态领域里，如何进行肃反运动，"朝士流贬者甚众，皆坐与仪交通故也"。彻底清算了与她不够同心同德的文人。如何重新清理队伍，将统称之为"北门学士"的御用文人，揽之门下，高官厚禄，笼络起来，也像她对待面首一样地豢养着，为其抬轿子，吹喇叭。

在中国，自有御用文人这个行当以来，不论何朝何代，都不如武则天在位时得到重视，得到重用，因而鼎盛，因而发达，抬爱到从未有过的高度。同时，又是她，将这个行当，彻底污名化，完全颠覆掉，将讨好她的御用文人，作践得与洗脚店，与桑那房，与歌厅的三陪小姐，毫无差别。唯有以"色"侍人和以"文"侍人的不同罢了。

> 天后多引文学之士著作郎元万顷，左史刘祎之等，使之撰《列女传》《臣轨》《百僚新戒》《乐书》，凡千余卷，朝廷奏议及百司表疏，时密令参决，以分宰相之权，时人谓之北门学士。（司马光《资治通鉴》）

> 天后尝召文学之士周思茂、范履冰、卫敬业，令撰《玄览》及《古今内范》各百卷，《青宫纪要》《少阳政范》各三十卷，《维城典训》《凤楼新诫》《孝子列女传》各二十卷，《内范要略》《乐书要录》各十卷，《百僚新诫》《兆人本业》各五卷，《臣轨》两卷，《垂拱格》四卷，并文集一百二十卷，藏于秘阁。（《旧唐书》）

公元 683 年（永淳二年），在位 35 年的李治终于死掉了。她立所生第三子李显继位，是为中宗，在位 3 个月，被武则天废掉。随后，立所生第四子李旦为帝，是为睿宗，在位 7 年，再次被武则天废掉。这一次，她自己要过一把皇帝的瘾了，终于拉下脸皮，不再以皇太后身份主政，公元 690 年（天授元年）改唐国号为周后，而正式称帝御临天下，这年她 66 岁，已经是个老女人了。

尽管年事已高，但精神矍烁，尽管老迈龙钟，但情致不减。这就是美国的前国务卿基辛格说过的话了，他认为权力是催情素，权力是兴奋剂，最高的权力，也是最强的催情素和兴奋剂。武则天需要面首为她保证性生活的满足，需要御用文人为她提供精神上的满足，并不因年近古稀而降低这两方面的要求。干脆，这个只要一息尚存，就风流不止的老女人，将她的男宠队伍，文学马屁精队伍，合二而一，"置控鹤监丞、主簿等官，率皆嬖宠之人，颇用才能文学之士以参之"。于是，在这个罪恶的渊薮里，一个比一个赛着下三烂，一个比一个赛着不要脸。

一直到公元 700 年（则天久视元年），这年她 76 岁，也是这个老太婆死前五年，"改控鹤为奉宸府"，任命她的第一姘头张易之为奉宸令。你不能不为这个了不起的女人，其精力之可怕旺盛，叹为观止，不能不为这个永不满足的女人，其活力之恐怖强亢，五体投地。"太后每内殿曲宴，辄引诸武、易之及弟秘书监昌宗饮博嘲谑。太后欲掩其迹，乃命易之、昌宗与文学之士李峤等修《三教珠英》于内殿。武三思奏昌宗乃王子晋后身，太后命昌宗衣羽衣，吹笙，乘木鹤于庭中，文士皆赋诗以美之。"（司马光《资治通鉴》）

此情此景，中国御用文人的末路，已经完全堕落，无可救药了。

唐人张鷟的《朝野佥载》里有两则记事：

唐天后梁王武三思为张易之作传。云是王子晋后身，于缑氏山立祠，词人才子佞者为诗以咏之，舍人崔融为最。后易之赤族，佞者并流岭南。

唐天后内史宗楚客性谄佞。时薛师有嬖毒之宠，遂为作传二卷。论薛师之圣，从天而降，不知何代人也。释迦重出，观音再生，期年之间，位至内史。

宋人宋祁的《新唐书》里有三篇本传：

元万顷，时谓北门学士，供奉左右或二十余年，万顷敏文辞，然放达不治细检，无儒者风。

李适，凡天子饷会游豫，唯宰相及学士得从……帝有所感即赋诗，学士皆属和，当时人所歆慕。然皆狎猥佻佞，忘君臣礼法，惟以文华取幸。

阎朝隐，性滑稽，属词奇诡，为武后所赏，累迁给事中，仗内供奉。后有疾，令往祷少室山。乃沐浴伏身俎盘为牺，请代后疾。还奏，会后亦愈，大见褒赐，其资佞诡如此。

武崇训，三思第二子也。则天时，尚安乐郡主，时三思用事于朝，欲宠其礼，中宗为太子在东宫，三思宅在天津桥南，自重光门内行亲迎礼，归于其宅。三思又令宰臣李峤、苏味道，词人沈铨期、宋之问、徐彦伯、张说、阎朝隐、崔融、崔湜、郑愔等赋《花烛行》以美之。

读到这里，也就明白了在中国这块土地上，御用文人这名词，御用文学这概念，之所以臭不可闻到极点，之所以来不及掩鼻而逃，其由来，是与这位中国唯一的女皇帝密切相关的。

韩愈的长短

唐贞元十八年五月（802），时值初夏，风光明媚，初露头角的韩愈，作华山游。

那年，他35岁，正是意气风发的好年纪，何况刚刚拿到太学里的四门博士委任状，情致当然很好。虽然四门博士，约相当于今天的研究员，在冠盖满京华的长安，属较低职位，不为人待见。正如时下有的人在名片上标出"一级作家"字样，会有人因此将他，或她，当作一盘菜吗？不过，京师官员的身份，对一个苦熬多年的文士来说，也算讨到一个正果。做一名公务员，唐时和现时差不多，在有保障这一点上，总是值得欣慰的事。

他从唐贞元二年（786），来到京师应试。那是当时的全国通考，要比当下的高考难上十倍，他用六年工夫，一连考了三次，都以名落孙山告终。直到唐贞元八年（792）第四次应试，老天保佑，得中进士。随后，他又用了十年工夫谋官，因为中了进士，不等于就可以到衙门做事，还要参加遴选官员的考试，考上以后，成为公务员，方可留京或外放。唐代的科举，一方面要有学问，一方面要靠关系，后者比前者甚至更重要些。韩愈是个弱势考生，一无门第背景，二无要人荐举，不过他有性格倔强的一面，相信自己的本事，三次参加吏部博学鸿词科会试，结果三次扑空。不认输的韩愈，接着上书宰相，陈述自己的能力和品格，足堪大用，求其擢拔，不知是宰相太忙，还是信未送达，写了三次信，都石沉大海。看来命也运也，难以强求，失望之余，退而求其次，便设法到地方上，谋一份糊口的差使。

正好，宣武军节度史董晋赴任，需要人手，他投奔而去，在其手下任观察推官。后来，董晋病故，他又转到武宁节度史张建封属下任节度推官，不久，张建封也病故了，不走运的韩愈连一个小小的法官或者推事，也干不成，只好回到洛阳赋闲。总而言之，从贞元二年到贞元十八年，他有一首《将归赠孟东野房蜀客》的诗，其中一句"倏忽十六年，终朝苦寒饥"，读来十分辛酸。不过，文学讲夸张，诗歌讲比兴，难免浮泛的成分，可信，也不能全信，韩愈的日子不算好过，确是事实。所以，韩愈一生，怕穷是出了名的，一篇《送穷文》，大谈穷鬼之道。元人王若虚讽刺过他，"韩退之不善处穷，哀号之语，见于文字。"还奇怪他："退之不忍须臾之穷。"韩愈发达以后，很会搂钱，渐渐富有，一直富到流油的地步，唐人刘禹锡这样形容："一字之价，辇金如山"，稿酬之高，骇人听闻，但有了钱的他，为人也好，为文也好，仍旧哭穷不止。

现在，已查不到他怎么谋到四门博士这位置的，但可以查到"国子监四门助教欧阳詹欲率其徒伏阙下，请愈为博士"（《韩愈年谱》）这样一条花边新闻。看来，他有群众，他有声势，甚至还有舆论支持，说明他颇具能量，挺能折腾。竟然蛊惑国子监的师生一众，聚集紫禁城下，伏阙示威，要挟最高行政当局，必让德高望重的韩先生来教诲我们，不然我们就罢课罢教。学运从来是领导人头疼的事，也许因此，韩愈得以到太学里任四门博士一职。这说明十六年他漂在长安，混得不错。穷归穷，诗归诗，苦归苦，文归文，声望日高，人气颇盛，否则，众多太学生也不会成为他的铁杆粉丝。

一个有才华的文人，不使劲折腾是出不了头的，韩愈一生，证明这条真理。话说回来，你没有什么才华，或者，有点子才华也不大，还是不宜大折腾，因为要折腾出笑话来的。同样，你确有才华，确有本事，你要不折腾，对不起，你就窝囊一辈子吧！在整部文学史中，所谓的文坛或文学界，无论过去、现在、将来，总是一块既得利益者和未得利益者充满矛盾和进行斗争的地盘。凡既得利益者，因为害怕失去，无不保守求稳，循规蹈矩；努力压住后来者脑袋，不让他们出头；凡未得利益者，因为没有什么好失去的，无不剑走偏锋，创新出奇，想尽办法，使出吃奶的劲，踢开挡道者，搬开绊脚石。看来韩愈成功的"葵花宝典"，奥秘就在于他始终以先锋、新潮、斗士的姿态出现有关。

应该说，要想在文坛立定脚跟，要想在文学界发扬光大，第一领先，走前一步，第二创新，与人不同，第三折腾，敢想敢干，这是生死攸关的说不上是秘诀的秘诀。哪怕用膝盖思索，用脚后跟思索，也该明白，延续前人的衣钵，前人的影子会永远罩住你；跳出前人的老路，没准能够开辟自己的蹊径。一个人，即使对自己的亲生父母，也不会甘心一辈子扮演乖宝宝的角色，何况有头脑，有思想，有天赋，因此不安于位的文人呢？所以，一个青年作家，若总唯唯诺诺于文学大师，点头哈腰于资深前辈，鞠躬如仪于理论权威，烧香拜佛于文学官员，绝对不会有出息的。不敢说 NO，不敢逆反，跟着一帮文学木乃伊走下去，结果成一具文学僵尸，那是必然死定了的事情。

在韩愈之前，有一个叫陈子昂，字伯玉的人，在中央政府任职，颇受武则天赏识，授麟台正字（相当于国务秘书）。因他见解睿智，能力出色，敢出奇牌，行为独特，那女皇帝用他又疑他，关过他又放了他，曾擢至右拾遗，官四品地高抬重用，也曾一抹到底解职归乡，将他抛弃，最终，诗人竟遭到一个小小县令构陷，瘐毙狱中。死时只四十多岁，实在令人惋惜。当初，他从四川射洪来到长安为官，这个慷慨任侠、风流倜傥的文人，很快成为那些活跃的、时代的、风头的、逆反的、非僵尸型同行的核心人物。长安很大，比现在的西安大十倍，没有公交，而且夜禁，天一黑，就实行戒严，这一伙潮人，吃喝睡住，成天厮混在他身边。陈子昂不甚有钱，但敢花钱，这与韩愈有钱还哭穷正好相反，经常邀朋聚友，高谈阔论，文学派对，座无虚席，或评弹文坛，或刻薄权威，或笑话同行，或索性骂娘。因为，初唐文人仍旧宗奉"梁陈宫掖之风"，骈文统治文坛，而为唐高宗文胆的上官仪，以宫廷诗人的身份，所写的轻靡藻丽的诗篇，竟成为时人竞相仿效的"上官体"，流行一时。让陈子昂相当恼火，什么东西，老爷子这种"彩丽竞繁而兴寄都绝"的玩艺，怎么能够大行其道呢？于是，他和他的文友，酒酣耳热之余，拍案乱喷狂言，对主持文学领导层面的要员，表示不敬，也是可以理解的。

有一次，到幽州出差，登蓟北台，朔风呼啸，山海苍茫，天高地阔，心胸豁朗，这是陈子昂在巴蜀盆地，河洛平原，绝对欣赏不到的大气派，大场面。他马上想到当时那种很不提气，很不给力的花里胡哨，空洞无物，精神萎靡，情志衰颓的文字，马上想到承继着六朝以来，骈偶浮艳，华而不实，毫无生气可言的文风，马上想到这一切与盛世王朝绝对相背的文学状况，马上得出"文章道弊五百年矣，汉魏风骨，晋宋莫传"（陈子昂《与东方左史虬修竹篇序》）的结论。在这样的大时代里，读不到震撼灵魂，振奋人心的大块文章，真是好不爽，好不爽啊！于是，脱口而出，写下这四句名诗："前不见古人，后不见来者，念天地之悠悠，独怆然而涕下。"这首诗几乎无人不知，解释者也其说不一，其实，陈的这首吊古伤今的《登幽州台歌》，并无悲天悯人之意，而是充满着诗人对于当时文学走入绝境的忧虑。有人说他呼唤时代，呼唤英雄，这就是绝对的扯淡了。从李世民到武则天，那是唐朝最强盛的时代，而李世民和武则天，也是唐朝最杰出的英雄，用得着陈子昂在那儿迎风掉泪吗？这四句诗，是领风气之先的文学呼唤，具石破天惊的警醒意义，从此揭开唐代文学运动的序幕。

韩愈有一首《荐士》诗，其中一句"国朝盛文章，子昂始高蹈"，也认为陈子昂是唐代最早提倡文学改革的先锋。从陈子昂到韩愈，约一百年间，尝试文学改革的人士，络绎不绝。包括初唐四杰之一的王勃，他的《滕王阁序》，是多漂亮的一篇骈文啊，即使这样一位大手笔，他也认为唐代文风，没有什么起色，"骨气都尽，刚健不闻"，让他感到沮丧。同期还有萧颖士、李华、颜真卿、元结诸人，用散文写作，推动改革。但改骈为散的努力，一直未成气候，有什么办法呢？文学老爷的厉害，就在于他要掐死你，易如反掌，你要推动他，比撼山还难。上官婉儿的祖父，除了武后能收拾他，一帮文学小青年徒奈他何？直到韩愈打出复古旗帜，加之柳宗元、刘禹锡、白居易、元稹、李翱、皇甫湜等志同道合，才终结了宋齐梁陈以来的软文学。

软文学并非绝对不好，要统统都是软文学的话，文学离完蛋也就不会太远。

历史的经验告诉我们，文学的发展，总是要与时代的发展同步，它俩是命运共同体，两者有时吻合一点，有时疏离一点，但背道而驰是绝不可能的。时代变了，文学也得变，辛亥革命以后的五四运动，取白话文，去文言文，这一场仅仅是书面语言的改变，竟比民国后剪掉满清辫子，更让国人震动，这也是时代变了，上层建筑势所必然的适应；同样的道理，当下中国读者为了期待与我们这个伟大时代相匹配的伟大作品，而恨铁不成钢地鞭策当代作家之不振作，不成器，痛斥那些文学瘪三，制造出无数的文学垃圾，如陈子昂一样地吼出，"念天地之悠悠，独怆然而涕下"地大放厥词，话也许不甚中听，但催促我们这个民族的壮丽史诗产生，期待我们这个国家的鸿篇巨制出现，热忱之心，情急之意，是应该得到理解的。

现在来说攀登华山的韩愈本人，他生于唐代宗大历三年

（768），逝于唐穆宗长庆四年（824），享年五十七岁。字退之，邓州南阳人，后迁孟津（河南省焦作孟州市）。自谓郡望昌黎，世称韩昌黎，因谥文，又称韩文公。他还有一个不见诸典籍的响亮头衔，为唐宋八大家的首席。唐宋两朝，乃中国文学的最最黄金时代，文人如满天星斗，璀璨夺目，作品如大海涌涛，波澜壮阔。就在这成百上千的杰出人士中，选了韩愈、柳宗元、三苏、欧阳修、王安石、曾巩这八位为大家，这是何等崇高的褒誉？我们知道，诺奖每年一个，而近八百年的唐和宋，就选了这八位，平均下来，每一百年才有一位，这就意味着八大家的每一位，等于得了一百个诺贝尔文学奖。首席韩愈，成为"百代文宗"，也就顺理成章地印刻在中国人的记忆里。

如果你问任何一个中国人，你读过古文吗？如果他点头，这就意味着他知道韩愈，知道唐宋八大家，这是稍通文化的中国人，最起码的文学常识。如果你问任何一个外国人，你知道诺奖吗？如果他点头，你要是让他一口气，不查资料，不点谷歌，能说出八位获奖者的名字和代表作，估计张口结舌者多。唐宋八大家的说法，始自明代，有一个叫茅坤的选家，编了一部《唐宋八大家文钞》，将韩愈名列领衔位置，一直为世人所首肯，延续至今，无人异议，这大概是真正的不朽了。近年来，追求不朽，成了某些同行的心病，一些还健在的，有点子成就的作家，一些刚逝世的，有点子名望的作家，便来不及地在家乡盖庙建祠，树碑立传，香烛纸马，供奉鼓吹，以示不朽。其实，文学史这把尺子，以数年计，以数十年计，而不是数百年来测量不朽，往往是不准的。新时期文学三十多年以来，从轰轰烈烈，到一蹶不振，从光芒四射，到了无声息，一串一串的大师，一出一出的闹剧，一批一批的不朽，一堆一堆的泡沫，都是我们大家恭逢其盛，亲眼目睹过的。

如今，已成为广东潮州的一个景点的韩祠，又称韩文公庙，却有值得人们思考的地方。唐代文学大师的庙，到隔朝宋代才修，说明古人对不朽一词的慎重。这座宋真宗成平二年（999）兴建的庙，离韩愈逝世的唐穆宗长庆四年（824），已有175年的时间跨度。是真金白银，是废铜烂铁；是骡子，是马，经过二百年的过滤沉淀，朽或不朽，自有公论，板上钉钉，毋庸置疑。由此来看，肉眼凡胎的我们，对于同时代文人和作品的判断，难免有藕断丝连的感情因素，再加之炒作，起哄，鼓吹，抬轿，云山雾罩，扑朔迷离，薰莸不分，泥沙俱下，弄得读者无所适从，莫衷一是，远不如时间老人那样看得准，看得透的。所以，在跟班和跑腿的马屁簇拥下，在虚荣心和麻木感的微醺懵懂中，那些建纪念馆以求不朽的同行，自封不朽，贻人笑柄，人捧不朽，更是笑话。再说，不朽又不是小笼包子，需要趁热吃，至于那么急着加冕吗！该不朽，谁也挡不住你不朽，不该不朽，你即使如明末魏宗贤盖三千生祠，最后不也土崩瓦解了嘛！

韩愈这个名字，所以在中国文学史上占有一席之地，其来有自，因他是一个具有开创意义的人物。那些活着的和死去的盖文学小庙者，可曾有创新，领先，走在时代前面，令文学面貌一变的努力，能在文学史上留下一笔吗？如果回答为NO，这种一厢情愿，以为竖一个牌位，挂两张旧照，放几本著作，存数册手稿，就会永远被后人记住，那也忒自作多情了。

唐代的古文运动，说到底，是把丢掉的东西重新捡起来，所以又称之复古。不过，韩愈并非全盘照搬的复古，而是在继承古文传统的基础上，创造出全新的散文文体。虽然他主张"破骈为散"，恢复两汉以来司马迁、杨雄的自然质朴的文体，但他更主张"师其意而不师其辞""言贵独到""能自树立""辞必己出""文从字顺""惟陈言之务去"。然而，去陈出新，谈何容易。所以，他在《答李翊书》里说，创新是"戛戛乎其难哉"的事情，问题还在于新生事物，不但不会得到习惯势力、保守思想的接纳，而是被抵制，被非难，甚至受嘲笑，受打击。但他坚信，只要能够"处心有道，行己有方"，顶住压力，冲锋陷阵，古文运动的这场改革，在他看来，只要"用则施诸人，舍则传诸其徒，垂诸文而为后世法"地坚守阵地，倒下再起，总是能够荡涤浮华，扫尽艳丽，而奠定唐代古文基石的。

韩祠建成以后，又数十年，对韩愈崇拜之至，褒美之至的宋人苏东坡，撰写了一篇激情洋溢的碑文，现在，在潮州韩文公祠里，还保存着这块碑石。其中赞他"匹夫而为百世师，一言而为天下法，是皆有以参天地之化，关盛衰之运"，以及"独韩文公起布衣，谈笑而麾之，复归于正，盖三百年于此矣。文起八代之衰，道济天下之溺，忠犯人主之怒，而勇夺三军之帅。此岂非参天地，关盛衰，浩然而独存者乎？"评价之高，可以说是登峰造极。宋人司马光在其《答陈师仲司法书》，说到韩愈，"文章自魏晋衰微，流及齐、梁、陈、隋，赢备纤靡，穷无所之。文公杰然振而起之，如雷霆列星，惊照今古"等文字，也是臻至极致的赞美。

钱锺书在《谈艺录》里，对宋代高抬韩愈的现象，有过一番讽刺："韩昌黎之在北宋，可谓千秋万岁，名不寂寞矣……要或就学论，或就艺论，或就人品论，未尝概夺而不与也。"

其实，北宋追捧韩愈，是一种必然，北宋立国以后，到真宗、仁宗之际，适与陈子昂《登幽州台歌》问世时的唐代，从贞观之治，到武后临朝，同处于盛世光景的辉煌中。因此，对于前朝文学遗产的扬弃，对于当代新兴文学的建立，遂成迫切的要务。而北宋所承接五代文学，除了绵软无骨的花间词，便是空泛无物的西昆体，可谓乌烟瘴气，不成气候，与前朝的"梁陈宫掖之风"，浮艳骈偶之文，有得一拼。于是，以韩愈为样板，欧阳修、尹师鲁奋起拨乱反正，加之司马光、王安石、三苏、两曾等的创作实践，使文学重归于正道。唐宋八大家，唐二宋六，证明宋代散文的发展，要进步于唐。

北宋的诗文革新，也是在阻力多多，障碍重重的进程中前行。嘉祐二年（1057）欧阳修以翰林学士身份，主持进士考，选了苏轼、曾巩，而将时望所归的考生除外，因为他们的文章华而不实。欧阳修本意，希望通过提倡什么，反对什么，来促进文风的改变。结果，事与愿违，开封城里，竟引发了一场落榜考生闹事的风潮。在官道上包围住主考大人，兴师问罪，幸亏当时不兴扔臭鸡蛋，摔西红柿，否则，欧阳修真得吃不了兜着走。"及试榜出，时之所推誉皆不在选。嚣薄之士候修晨朝，群聚诋斥之，至街司逻吏不能止。"（宋·李焘

《续资治通鉴长编》)

　　由此可以想象，北宋文人也许因为惺惺相惜心理，深感唐代韩愈进行古文运动之艰难，出于同志式的知心，战友式的敬意，笔下便情不自禁地拔高。《宋史·欧阳修传》也将韩、欧一体而论："文章涉晋、魏而弊，至唐韩愈氏振起之。唐之文，涉五季而弊，至宋欧阳修又振起之。挽百川之颓波，息千古之邪说，使斯文之正气，可以羽翼大道，扶持人心，此两人之力也。"不过，即使在北宋，韩愈成为抢手的绩优股，溢美夸饰，不绝于口的同时，也有清醒者，既认可他，肯定他，也看到他的不足，他的欠缺。譬如司马光在《颜乐亭颂》中说："韩子以三书抵宰相求官，如市贾然，以求朝夕刍米仆赁之资，又好悦人以铭志，而受其金，观其文，知其志，其汲汲于富贵，戚戚于贫贱如此。"譬如欧阳修在《与尹师鲁第一书》中说："前世有名人，当论事时，感激不避诛死，真若知义者；及到贬所，则戚戚怨嗟，有不堪之穷苦，形于文字，其心欢戚，无异庸人。虽韩文公不免此累。"这就是历史的视觉差距了，历史看一个人，总是聚焦于忠奸贤愚的主要方面，而模糊其小是小非的次要方面，如同电子学上的栅极作用，年代愈久，时间愈长，光辉的部分愈被烛照，愈被强调，无关紧要的部分愈益淡化，愈益虚无。

　　于是，后人只记住"千秋万岁，名不寂寞"的韩文公，而不在意"或就人品论"的其实"无异庸人"的韩昌黎。

　　韩愈一生，最有影响，最为风光的一件事，为"文起八代之衰"的复兴古文运动；最为英雄，最为知名的一件事，为"忠犯人主之怒"的谏迎佛骨事件。唐元和十四年（819），佞佛的宪宗李纯要将法门寺的佛骨，迎至长安，供人敬奉。出于捍卫道统，出于尊儒排异，或出于自我感觉良好，此前一年，"公以裴丞相请，兼御史中丞，赐三品衣，为行军司马，以功迁刑部侍郎"（《韩愈年谱》），韩愈上《谏迎佛骨表》："佛本夷狄之人，与中国言语不通，衣服殊制，口不道先王之法言，身不服先王之法行，不知君臣之义，父子之情。""乞以此骨付之有司，投诸水火，永绝根本，断天下之疑，绝后代之惑。"李纯阅后大怒，要付以极刑。幸亏丞相裴度为之缓颊，保住了一条命，流放广东潮州。

从此，人们记住了上书"事佛求福，乃更得祸，由此观之，佛不足信，亦可知矣"的铮铮铁骨，记住了那首"一封朝奏九重天，夕贬潮阳路八千"的悲壮诗篇，然而，并不在意他反佛辟佛的同时，却与和尚们交往频密。令人不可理解的，这位反佛人士的府邸里，老衲出入门庭，小僧趋前奔后，而且据宋人朱熹说，那都是些酒肉无赖之辈，就不知所为何来了。到了潮州以后，又与一位名叫大颠的法师，结为莫逆之交，书来信往，甚为投契。连苏轼也认为韩愈的拒佛，"其论至于理而不精，支离荡佚，往往自叛其说而不知"（苏轼《论韩愈》），所以，为了他心目中一个完整的，而不是人格分裂的，自相矛盾的韩愈，断然声言韩的《与大颠书》，为伪作，"退之家奴仆，亦无此语"。其实，物有优劣，人有长短，这才是一个真实的世界。虽然，儒学原教旨主义者将复古重儒的韩愈，在孔庙配享的排位，列于孟轲之后，等同于圣人。但圣人并非完人，他发配到潮州以后，攀附，甚至巴结大颠法师，是否期待这位大德高僧，影响那位佞佛的唐宪宗，而对他被贬的政治处境，有所改善呢？按他当年"三书抵宰相求官"的脸皮厚度，未必会不存此心。

韩愈登华山，在其《答张彻》诗中，有"洛邑得休告，华山绝穷陉"句，用他最害怕的这个"穷"字，来形容他华山之行的路径，可见对这次旅行，那想起来后怕的场面，犹耿耿于心。那天，到达华山最高峰后，定睛环视，千峰壁立，万丈深渊，立刻头晕目眩，魂飞魄散，整个人面如死灰，像散了架似的，颤抖不已，惊吓得不成个儿。上山容易下山难，上山时只看到脚前方寸之地，尚可勉为其难地行走，下山时那脚下却是命悬一线的生死之途，往下，深不可测，往远看，云雾飘渺。腿肚抽筋，浑身凉透，举步维艰，精神崩溃的四门博士，竟失控地放声大哭起来。据唐代李肇的《唐国史补》："韩愈好奇，与客登华山绝峰，度不可返，乃作遗书，发狂恸哭，华阴令百计取之，乃下。"

现在传世的韩愈肖像，很是庄严肃穆的，据五代陶谷说，弄错了，那是南唐韩熙载的画像。不过，无论如何，这样一位圣人，那一脸眼泪巴嚓，鼻涕横流的德行，我真是想象不出来。

人，自始至终，从来就是一个矛盾的组合体。有其长处，必有其短处，有其优点，亦有其缺点。而文人，不过多一点掩饰装扮的功夫而已。所以，看人要懂一点两分法，而看文人的话，尤其那些大师，则必须一分为二，千万别被他唬住。

李泌的聪明

凡文人，皆聪明。不聪明者，无以成文人。

当然，同是聪明，也有差别，有聪明多一点的，有聪明少一点的，但所谓文人，自始至终聪明，事无巨细聪明，无论春夏秋冬，雷电风霜，花开花谢，碧落黄泉，都能保持一种心智成熟状态的聪明者，大抵是比较罕见的。翻开一部中国文学史，一直查找到现、当代中国作家，一直到尚未名列文学史的我等所见所闻的前辈和同辈作家，当得上聪明二字评价的文人，还是真的不多。这期间，年轻时聪明颖悟，年老时痴呆顽固；失意时小心做人，得意时忘乎所以；在野时发愤图强，在朝时彻底晕菜；被压迫时谨言慎行，被待见时放浪轻狂；当孙子时规规矩矩，当老爷时牛皮哄哄……所谓聪明一时，糊涂一世，或聪明一过，糊涂到死者，还真是不老少。

当下文坛，个别老人家的撒手西去，竟能使大家如释重负，额手称庆，你说怪也不怪；个别老人家的不停折腾，竟能使大家摇头不迭，烦之又烦，你说奇也不奇，这班老同志，恐怕都是聪明过头，反倒糊涂的极端例子了。至于后辈文人，

書 | 309

特别是那些被推许的明日之星，能否聪明到底，完美到头，尚在未知之数，难以预卜，也就只有拜托他们自求多福了。总而言之，聪明，对一个人来讲，既是与生俱来的禀赋，也是后天磨砺的积累，而对一个文人来讲，聪明，不仅是为文的基础，也是谋生的手段。因此，满腹经纶者成为文人，不以为奇；狗屁不通者成为文人，也同样不足为奇，说不定后者要比前者，活得更滋润，更开心。前者也许终身不能释褐，后者却能衣锦着绣，纱帽翅一翎接着一翎，这就是文人的聪明，其用途不同的结果了。用在写作上，收获的是精神，精神不能当饭吃；用在处世上，得到的是物质，物质不灭，好处多多。所以，在中国，追求精神的文人，多穷；在意物质的文人，常常是鱼和熊掌兼得，过去如此，现在还是如此。

也许因为聪明用在精神上，回报低，用在物质上，红利高，一些本来写得鸦鸦呜的文学同行，作品便努力朝不堪卒读的方向努力，而把聪明全用在仕途的升迁上，官场的干谒上，门路的打通上，苞苴的攻心上，果然功夫不亏有心人，想什么，有什么，要什么，得什么，"春风得意马蹄急，一日看尽长安花"，那牛劲，连他亲娘亲老子也不得不向他们成功儿子脱帽致敬，"想不到俺们家总拖着两条鼻涕的狗子（姑且当他有这个奶名），狗尿苔居然成为贡品，发达到如此地动山摇地步，真是日头从西边出来啦！"

所以，聪明，对于文人，十分关紧。无论精神，无论物质，非聪明不可，无聪明不行。几年前，在《说唐》一书中，曾试着对唐代的聪明人，作过如下的分类：如果说，唐代活得最聪明的大臣，为李泌；活得最聪明的诗人，为白居易；那么，活得最聪明的武将，莫过于尉迟敬德了。这其中，李泌，实在了不起，自始至终，明白他应该做什么，不应该做什么，明白他什么时候该做什么，什么时候不该做什么。这种聪明，是属于智慧型的。而白居易，就略微差池一点了。并非一开始就明白，就清醒，而是经过挫折，经过跌宕，才找好自己的位置，才站稳自己的脚跟，这种于迷失中得来的聪明，是属于醒悟型的。至于尉迟敬德，则完完全全是属于压迫型的聪明，不得不明白的聪明，应该属于被逼型的。要而言之，无论什么型的聪明，也比不聪明要强上百倍。

现在，来探讨公元 755 年突然崭露头角的李泌，是属于精神的聪明呢，还是属于物质的聪明？

我看他的聪明，两者都不是，因为他既不追求精神，更不在乎物质。所以，他不仅是唐朝最聪明的文人，也是中国历史中数得过来的聪明人中的佼佼者。作为一位政治家，一位文学家，一位三天打鱼两天晒网的业余道士，一位不食人间烟火的素食主义者，公元 755 年，天下大乱之际，突然现身于公众视线之中，穿一件非裂非裟、非僧非衲的白衣长褂，踏一双不履不屐、不皮不革的草编芒鞋，这位白衣山人，出则与肃宗同车，入则与李亨同榻。以一个普通人的身份，成为肃宗的座上客，就不能不令人刮目相看了。

木秀于林，风必摧之，得到一个人高看的李泌，受到这个人以外的所有人的抵制，也是势所必然的活该。好精神的文人鄙视他太庙堂，好物质的文人嫉妒他太油水，好靠近领导的同志，觉得他太碍事，好马屁上级的干部，认为他太挡路。这就是我们中国人精神上的通病了，只许他行，不许人行。概括起来，即"笑人无，恨人有"六个大字，你无他有，撇嘴笑你，你有他无，噘嘴恨你，尤其，自己想有而不能有，别人不该有而偏偏有，必然咬牙切齿，恨得牙痒。所以，中国人的牙齿健康状况普遍不好，大概根源在于使用过度。我到过日本东京，发现那里的大街小巷，到处可见齿科医院或牙医诊所的招牌，由此可知，那应该也是一个心胸相当偏狭的国家，或因此故，当下才行出诸多小肚鸡肠，人悉不齿的龌龊。

虽然，李泌从政治上为其顾问，到军事上为其参谋，从化解第一家庭的纠纷，到辅导东宫太子的学业，但其相对超脱。可在他人眼中，妈妈哎，这等上达天听的零距离状态，着实让那些如蝇嗜腐、如蚊噬血般的权力崇拜狂者，羡慕得直流哈喇子。不过，这个神人，这位高士，并不把红眼耗子的流言蜚语，太当回事。他对肃宗，有他的一定之规，作为帝王，我尊重，作为挚友，我更看重，你需要我的时候，我会在你身边，你不需要我的时候，我会马上消失。唯其如此，给官不当，因为我乃出家之人，给饭不吃，因为我从不食荤腥，给钱不要，因为我向不逛商场。那么好了，肃宗说，给你裂土分茅，赐你数个养老送终、世袭罔替的郡县，如何？李泌莞尔一笑，陛下，连臣下这把骨头，都属于您，我要那些捞什子有啥意义？

所以，对这位有则有，无则无，不追求有，不在乎无的李泌，以及因此虽屡遭谗嫉而未被祸及的聪明，《中国名人大辞典》总结其一生，对他评价很高。

李泌，生于公元 722 年，卒于公元 789 年。字长源，为魏柱国李弼六世孙，辽东襄平人，徙居京兆。少聪颖，善属文，尤工诗。常游嵩、华、终南山，慕神仙不死术。天宝间待诏翰林，供奉东宫，太子厚之，为杨国忠所疾，归乡。肃宗即位，匡扶国事，平定安史之乱后，为李辅国所疾，去隐衡山。代宗立，为元载所疾，出为楚州、杭州刺史。德宗时，拜中书侍中，同平章事。出入中禁，事玄宗以下四君，虽为权倖所疾，常以智免，有谠直之风，好谈神仙诡道。封邺侯，卒赠太子太傅。有文集二十卷。

避祸，是本领，在政治旋涡中避祸，尤其在最高层的宫廷斗争中避祸，那需要更高超的技巧，这一点，自古至今，无一人具有李泌这种聪明，事不过三，他一生对付过四位姓李的唐朝皇帝。

李泌还在为文学神童时，就被唐玄宗赏识。头一次见面，据《旧唐书》，玄宗正与张说观棋，"因使说试其能，说请赋'方圆动静'，泌逡巡曰：'愿闻其略。'说因曰：'方如棋局，圆若棋子，动若棋生，静若棋死。'泌即答曰：'方若行义，圆若用智，动若骋材，静若得意。'"张说为当时的大诗人，不得不服气这位小朋友，对玄宗说，他的这四句，境界高出于我。由此，玄宗使其居宫内，与诸王子一起，学史研政，论诗习文。其中第三子李亨，视他为知友，成莫逆之交。所以，安史之乱后，李亨在灵武称帝，最迫不及待地就是盼望李泌的到来。这说明当时的李亨不傻，他知道必须要依靠这位聪明人，来助他一臂之力，挽救危局。

公元 755 年，就是白居易《长恨歌》里写的，"渔阳鼙鼓动地来，惊破《霓裳羽衣曲》"的那一年，安史之乱起，黄河以北的中国，陷入血流成河，尸骸遍野的拉锯战中，多年不动干戈，未上战场的官兵，哪里敌得住北方杀来的胡兵胡骑。很快，两都失守，玄宗仓皇出逃，带上他的爱妃，带上他的爱臣，带上他的并不爱的太子李亨，目标四川，往西而去。李亨那年 40 岁上下，还够聪明，他盘算了一下，与其跟着老子逃亡，无论逃到哪里，头顶上永远有老子这块云彩压着，倒不如摆脱他自立门户，于是，就暗底下策划了马嵬坡的那场兵变。

李隆基年轻时是个玩家，精力饱满，据说他喜好击鼓，光他击坏的鼓槌，堆满一房间。上了年纪以后，人虽老，心不老，这也是所有社会里制造麻烦的因素。更何况此公艺术细胞依然活跃，吹拉弹唱无不精通，而且还具有强烈的表现欲望，按也按不住他，三天两头，动不动要跳出来做一个鬼脸，生怕人家将他忘了。尤为可怕者，先后生有 30 个儿子，26 个女儿的他，是一个很厉害的播种者，证明此公性腺发达，激素强烈。人到 70 岁左右，一切器官均已老化，这个唐玄宗，独是他的生殖系统，依然很壮烈，很辽阔，威风不减，金枪不倒，当算得上是特异功能了。

自从杨玉环，将他的魂勾住以后，"后宫佳丽三千人，三千宠爱在一身。""春宵苦短日高起，从此君王不早朝。"（白居易《长恨歌》）于是，大唐王朝一蹶不振，再无起色，一路下坡，直到灭亡。历朝历代的中国官员，无论职务高低，无论权力大小，最后倒台的原因，可能多种多样，其中百分之八九十，无不蹈唐玄宗覆辙，因女人而败。一直到现在，那些当代犯罪官员，坐在被告席的主因，无一不从包二奶，玩小姐，养情妇起，从而腐化堕落，蜕化变质。所以，从古至今，这班败类便造出"祸水论"一说以卸己责，杨玉环，即是此论的典型代表人物，这当然是胡扯了。其实，史家称公元755年，为李唐王朝的转捩之年，而由盛而衰的真正罪魁祸首，并非杨贵妃，而是李隆基。

唐玄宗，曾经聪明过，因而也英明过，为什么后来变得不聪明和不英明呢？道理很简单，中国历代帝王，为了维持生殖系统的强大攻势，身体的其他系统就不能不加快老化，因此，即使聪明过，英明过，通常都很短促，器官老化以后，很快就会变得不聪明，不英明。最可怕的，成为政治老人以后，仍然觉得自己很聪明，很英明，仍然指手画脚，临场指导，最后，无一不成国之妖孽。

不聪明，也许只是他个人的事，不英明，江山社稷，黎民百姓，可就又跟着倒霉遭殃。在中国历史上，凡老而不死的最高领袖，到了聪明尽失，英明不再的年纪，无一不走向反面，无一不坚持错误，无一不倒行逆施，也无一不一条道走到黑，其胡作非为之遗患，罄竹难书，需要后来一代，甚或数代，为之擦屁股，这大概也是一种帝王周期律了。就在这种耽于安乐、歌舞升平的大快活中，先宠任奸相李林甫，后放手无赖杨国忠，导致朝政紊乱，国事日非，中央政府坐吃山空，穷征厚敛，地方藩镇分崩离析，尾大不掉。野心家安禄山、史思明遂以讨杨国忠（杨贵妃之兄）为名，趁机发动叛乱，很快攻入河洛地区，长安、洛阳，顿成一片焦土。这一仗前后打了七年。司马光在《资治通鉴》中说："由是祸乱继起，兵革不息，民坠涂炭，无所控诉，凡二百余年。"

唐玄宗匆忙逃离长安，到了马嵬坡，现陕西兴平西北，这支兵困马乏的皇家队伍，怨声鼎沸，骚动不安，那些食不果腹，又饿又累的军士，悉皆坐地不起，大有兴师问罪之义。玄宗虽是皇帝，此刻成为孤家寡人，也只能没脾气，太子也不出头维持秩序，任由这帮兵爷乱刀一阵，砍死杨国忠，绳索一条，缢死杨玉环。当时，这支差不多近乎溃散的队伍，三千为保护皇帝的禁军，两千为太子的东宫卫队。禁军司令已被李亨策反，东宫卫队本应听他招呼，加之煽动起来的大批革命群众，围住唐玄宗，要求留下太子领导抗战。唐玄宗一想，也好，反正我儿子有的是，若是这个太子抗战死了，我再立一个便是了。在山呼万岁声中，老爷子跟他儿子握手吻别，祝他好运，分手而去。他哪想到，放走李亨，等于放走他的掘墓人。

果然，太子李亨到了灵武，立即做的第一件事，就是举办登基仪式。然后，才想起来应该行文报告玄宗：老爸，这大唐皇帝归我当了，你就老老实实做太上皇吧，遂改元至德。看来，这种先斩后奏的做法，与李世民发动玄武门之变的格式相同，背后的主谋是谁，也就昭然若揭。说实在的，李亨多年当玄宗的太子，也太难了，第一，这老子很不好侍候，在他之前，好几个太子被赐死，他虽不死，也等于剥了一层皮。第二，李林甫、杨国忠动不动要修理他，编造假案，想将其拖下水。第三，李亨为撇清自己，免受牵连，爱妃都不得不废掉三位，真正窝囊一辈子。这一回，总算聪明，在马嵬坡浑水摸鱼，得到一次实惠。

这时，李亨苦苦等待着的李泌，唐朝第一聪明人，终于千辛万苦，来到灵武。他说是为肃宗来，其实，他更为唐朝来。

李亨一把抓住他，千言万语，千头万绪，不知从何道来。聪明人的最大优点，不纠缠于细节末枝，不关注于一时得失，李泌对鸡零狗碎、婆婆妈妈的李亨指出，当时唐朝的主要矛盾，为平定叛乱，消灭强敌，当时唐朝的关键问题，是收复失地，收揽人心；至于继承是否合理合法，程序是否合乎规范，大敌当前，已无关紧要。此时此刻，时年33岁的李泌，他之所以来到灵武挺李亨，因为，一位敢于打出旗帜、镇压叛乱的新帝，总比只知哭哭啼啼、逃跑求生的旧主，更具号召力量，更具时代精神。

李泌知道肃宗心里有鬼，自立为帝，终属非法，出谋划策之前，先给他定心丸吃。陛下，总有一天，太上皇会回到长安的，那时的他，只做"天子父"，而无他想，这一点，您就放下一百颗心吧！话从李泌口中道出，对肃宗来讲，是最重要的心理支持。李泌估计到李隆基，不一定心服口服，未得到他批准，就继承帝业，自是十恶不赦之逆。可是李泌更估计到，玄宗没有力气折腾，也没有本钱折腾，而且他明白，一朝天子一朝臣，新的围绕着他儿子的利益集团，也不允许他折腾。所以，对李亨的自立为帝，只能采取哑巴吃黄连，默认的态度。后来，玄宗返都，果如当年预判，这就是李泌的聪明了。

解开了李亨忐忑不安的心结，接下来就是肃清叛乱了，李泌出招：A. 缓收两都，使之成为叛贼的包袱，一令郭子仪取冯翊，出河东，一令李光弼守太原，出井陉，直接压迫叛贼的巢穴河北。B. 暂不急取华阴，留一条通道给叛军，任其驰骋，使他们得以南下两都，走马关中，北上河北，进出范阳。C. 为此，安禄山等不得不北守范阳，西救长安，奔命数千里，人不歇脚，马不解鞍，无日无夜，紧张不安，他们能坚持多久。D. 李、郭两军，则以逸待劳，从容出击，敌来时，避其锋，敌去时，剪其疲。胡兵胡马虽众，精卒劲骑虽锐，但经不起终年的长途奔袭，往复鏖战，过不了数载，拖也把叛军拖死了。接下来，李泌又给他加了一针强心剂，陛下，首先 E，"华人为之用者，独周挚、高尚等数人，余皆胁制偷合，至天下大计，非所计也"。说明安史叛乱并未得到中原百姓的支持，民心向我，势在必胜；其次 F，"贼掠金帛子女，悉送范阳，渠能定中国邪？"说明安史之辈无一统宇内的雄心壮志，鼠目寸光，何足为虑哉！（《新唐书》）

如果说，前面的 ABCD 为军事部署硬件，系物质上的聪明，那么后面的 EF，还有 G，则是软实力，就是精神上的聪明了。

听到如此提纲挈领、高屋建瓴的精彩分析，肃宗茅塞顿开，欣然首肯。从此，入议国事，出陪舆辇，军士和百姓见他俩同乘同行，便指点说"著黄者圣人，著白者山人。"（《新唐书》）平定安史之乱，史书多归功于郭子仪、李光弼，对首席参谋白衣山人的贡献，常常一笔带过。实际上，李泌上述高论，有研究者认为，其扭转大唐王朝命运的意义，不亚于诸葛亮与刘备的"隆中对"。在《新唐书·李泌传》里，还载有时人的评价："独柳批称，两京复，泌谋居多，其功乃大于鲁连、范蠡。"可见在历史的缝隙里，仍可看到世道人心的公正。

其实，李泌还说了最重要的G，由于肃宗的急功好利，未能兑现。"不出二年，无寇矣，陛下无欲速。夫王者之师，当务万全，图久安，使无后害。"但这个李亨也难逃帝王周期律的魔咒，他觉得当上皇帝，要不在他父亲、他祖父坐过的龙椅上，御临天下，好像读了四年大学，没有拿到毕业文凭似的。遂将李泌千叮咛、万嘱咐的"无欲速"三字，丢在脑后，将主要兵力，投入于收复两都之战中。虽然得以重回长安，但也造成嗣后贼踞河北、分裂难平的遗患。

回到长安之后，大家争抢胜利果实时，李泌，这个聪明人，觉得是时候跟肃宗说拜拜了。

据《资治通鉴》，公元757年，"泌曰：'臣今报德足矣，复为闲人，何乐如之！'上曰：'朕与先生累年同忧患，今方相同娱乐，奈何遽欲去乎？'泌曰：'臣有五不可留，愿陛下听臣去，免臣于死。'上曰：'何谓也？'对曰：'臣遇陛下太早，陛下任臣太重，宠臣太深，臣功太高，迹太奇，此其所以不可留也。'"而最为重要的第六不可留，则是无法对李亨说的，"时张良娣与李辅国相表里，皆恶泌"，一为李亨妃，一为李亨大内总管，这两人联手修理他，才是他必须离开、归隐山林的原因。《新唐书》中也有此说，"崔圆、李辅国以泌亲信，疾之。泌畏祸，愿隐衡山"。

该仕则仕，该隐则隐，该进则进，该退则退，这也只有持道家"无我"精神，持儒家"无可无不可"态度的李泌，才能做到。《新唐书》说他："泌出入中禁，事四君，数为权辛所疾，常以智免。"《旧唐书》也说他："泌自出入中禁，累为权辛忌嫉，恒由智免。"在玄宗朝，受杨国忠诬陷而归林下，在肃宗朝，受李辅国谗忌而隐南岳，在代宗朝，先受元载，后受常衮的排挤而离开长安，而他由此得却以保全自己，这种在政治绞肉机里全身而退的智，就是我们所说的聪明了。

无私，便无畏，无求，便自强，这是做人的硬道理。他一生事玄宗以下四君，说来就来，说去就去，合则留，不合则拔脚开路，干净利索，决不拖泥带水。这种能够看轻一切的聪明，太了不起。

但不知何故，史书对其评价不高，这当然有点混账。后来，我也能想通，所谓史官，大小是个官，吃国家的粮饷，拿政府的银子，敢不持官方的正统观念吗？哪怕是装孙子，也要对其崇奉老庄哲学，进而以鬼谷黄老，装神弄鬼，大不以为然，而形诸笔下的批判，乃大势之下的原教旨表现。与时下文坛上个别主旋律评论家，排斥新潮流，新尝试，新风气，新实验，多少有点相类。若非迎合讨好，有所冀图，则可断定是脑子进水，失去聪明的变态了。

所以，《旧唐书》称："泌颇有谠直之风，而谈神仙诡道，或云尝与赤松子、王乔、安期、羡门游处，故为代所轻。虽诡道求容，不为时君所重。""（德宗）雅闻泌长于鬼道，故自外征还，以至大用，时论不以为惬。及至相位，随时俯仰，无足可称。"《国史补记》称："泌有谋略而好谈神仙诡诞，故为世所轻。"基本上是负面的。到了《新唐书》，虽然也持"泌好纵横大言，时时谲议，能痟移人主。然常持黄老鬼神说，故为人所讥切"的观点，但也认识到李泌，"德宗晚好鬼神事，乃获用，盖以怪自置而为之助也"。终于，也不得不承认："泌之为人也，异哉！其谋事近忠，其轻去近高，其自全近智，卒而建上宰，近立功立名者。"总算有一个比较正面的评价。

历史是需要沉淀的，李泌死于 789 年，《旧唐书》为后晋刘昫（887—948）作，距约 100 年，《新唐书》为北宋欧阳修（1007—1072）宋祁（998—1062）作，距约 300 年，而到了宋末元初，天台胡三省（1230—1302）注释《资治通鉴》时，距已 500 年，所以他对李泌的看法，当可视作历史对这位唐代第一聪明人的定评。

> 呜呼！仕而得君，谏行言听，则致身宰辅宜也。历事三世，洁身远害，筋力向衰，乃方入政事堂与新贵人伍。所谓经济之略，向未能为肃、代吐者，尽为德宗吐之，岂德宗之度弘于祖父邪！泌盖量而后入耳。彼德宗之猜忌刻薄，直如萧、姜，谓之轻己卖直；功如李、马，忌而置之散地；而泌也恣言无惮。彼其心以泌为祖父旧人，智略无方，弘济中兴，其敬信之也久矣；泌之所以敢当相位者，其自量亦审矣，庸非智乎！其持黄、老、鬼神说，则子房欲从赤松游之故智也。但子房功成后为之，泌终始笃好之耳。（司马光《资治通鉴》卷二百三十二）

这就让我们更深刻地理解李泌，在生存即竞争的人类社会里，做到进退有据，行止有度，很重要；做到厚德宽容，和光同尘，更重要。一个文人，只有达到这样境界，那才算得上是真正的聪明。

说嘴容易

公元 628 年（贞观二年）9 月，唐太宗李世民出宫女三千余人，令之"任求伉俪"。632 年（贞观六年）12 月，"帝亲录死囚，见应死者，闵之，纵使归家，期以来秋就死。"那些关在大狱里的死刑犯，获准走出牢门，得与家人团聚。朝中文武咸认为太宗此举不妥，相信必有就此逃窜亡命不归者。结果，633 年（贞观七年）9 月，"去岁所纵天下死囚凡三百九十人，无人督帅，皆如期自诣朝堂，无一人亡匿；上皆赦之"。（司马光《资治通鉴》）

白居易有诗，"怨女三千出后宫，死囚四百来归狱"（白居易《七德舞》），就是歌颂太宗这次德政的。

放宫女，出掖庭，回家自便，任其择偶，倒不是唐太宗的创举，但假释死囚，限期归狱的这个决策，却是他第一个这样做的。后代的史论者，也有持不同看法的，认为此举不近人情，大有故意安排，为自己树碑立传、沽名钓誉之嫌。

清人王夫之说："太宗之世，天下大定，道有使，州有刺史，县有令尉，法令密而庐井定，民什伍以相保，宗族亲戚比闾而居，北不可以走胡，南不可以走粤，囚之纵者虽欲逃逸，抑谁为之渊薮者？"他认为，"必太宗阴授其来归则赦之旨于有司，使密谕所纵之囚，交相隐以相饰，传之天下与来世，或惊为盛治，或诧为非常，皆其君民上下密用之机械所笼致而如拾者也"。（王夫之《读通鉴论》）

这位大史学家的看法，不能说毫无道理，但对政治家来说，一切行为都是从巩固其统治出发，一切措施无不是权术的运用，因此，是和非的评断，从历史的角度，从现实的角度，有时会不尽相同的。我认为，这是杀了自己的哥哥李建成（王位的确定继承人），又杀了自己弟弟李元吉（另一个觊觎王位的竞争者），接着逼自己老爹李渊为太上皇交出权力的李世民，证明玄武门之变虽然很血腥，但在他的统治下，不过两三年时间，唐帝国达到天下大定的程度，这些死囚走出大牢，能够到期自归，事实胜于雄辩，他是成功者。

在一部《二十五史》中，将三千宫女放出掖庭，自寻夫婿的皇帝并不多，而敢于让死刑犯自由行动，姑且说是假释回家吧，不押不绑，待其自归，不管怎么样讲，却是一件颇有勇气的政治行为。中外古今，这样有气度的统治者，是不多见的。即使不论李世民具有多少人道主义精神，也不论李世民为了造舆论作宣传而故作骇异之举，他敢于把死刑犯放回家，至少表明他对于自己一统天下的高度自信，和非凡胆识。好像此后任何一位皇帝，都未敢再试一试，杀之唯恐不及，哪有打开狱门之理？因此，不佩服这位英主，也是不行的。

当时，"东至于海，南极五岭皆户外不闭，行旅不赍粮，取给于道路"，"海内升平，路不拾遗，外户不闭，商旅野宿"

（司马光《资治通鉴》），史称"贞观之治"。老百姓也好，史学家也好，对于中国的历朝皇帝，抱好感者少，持非议者多，尤其那些独夫民贼，更是唾弃不遗。只有这位唐太宗例外，属于众口赞誉的一位皇帝。因为从东晋末至隋初三百六十九年的南北分裂，接着，隋的一统，不到三十多年，又陷入盗贼蜂起，战乱不已的局面，所以，李世民在人心思定的趋向下，建功立业，实现了中国自汉以来的大统一，正是符合了这种分久必合的历史潮流，他才成为一代英主。

公元 630 年，李靖破突厥，李世民被四边少数民族尊为"天可汗"。当时已为太上皇的李渊，在凌烟阁置酒庆贺，"酒酣，上皇自弹琵琶，上起舞，公卿迭起为寿，逮夜方罢"。这种浪漫场面，老爷子奏乐，李世民跳舞，庆贺之外，也表明了政治稳定，经济繁荣，以及宇内同心，天下一致的大好气氛。兹后，唐军又攻占西域诸国，使中国威势达到葱岭以远，与波斯、印度毗邻。

最有意思的，是明代的万历皇帝，也就是明神宗朱翊钧，对唐太宗很不以为然。"一代英主"，他是不承认的，"贞观之治"，他也不在眼里。这位绝对的昏君，就是埋葬在被挖出来见了天日的定陵里的那位皇帝，此人坐了近五十年江山，只出过两回北京城，而且主要是去视察他的陵寝。所以，《明史·神宗本记》指出："明之亡，实亡于神宗"。但他，却对臣下大讲特讲："唐太宗胁父弑兄，家法不正，岂为令主？"（《明神宗实录》）于是在经筵（文学之臣在皇帝面前讲解经史，事后设筵款待的一种节目）上，不许进讲《贞观政要》，把唐太宗御宇二十二年的光辉业绩，一股脑儿地全给否了。

好像他朱翊钧多么正确，多么了不得似的，这当然很可笑的。

唐太宗拓展疆土，东至海，南下交趾，西达大食、天竺，北抵贝加尔湖。这位万历皇帝却在萨尔浒战役败却以后，再也不敢与扰边的金政权较量，坐视努尔哈赤一天一天成势，外乱内患，最终被李自成逼着他的孙子崇祯上了煤山。明亡于神宗，这句话倒是准确的，但要听他谈起唐太宗来，不知底里的话，还以为他多么高明呢！

也许这是属于中国人的特性了，长着一张嘴，就是为了说别人的。别看自己不怎么样，一屁股不干净，但议论起别人的长短来，却是慷慨激昂，振振有词。所以，我们对那些臂不动，膀不摇，口喷唾沫星子，坐而论道，对干工作的人，永远觉得自己有资格横加指责的那些先生们，想想这么一段历史，也就不禁豁然了。

读《陋室铭》

近年来，散文大见发达，在读者中受欢迎，在市场上有销路，也算是一种古风的复归吧？

其实，中国是散文大国，汉魏以来，迄至明清，有别于诗赋的散文文体，蔚然为文学的主流。例如唐宋八大家诗歌的成就，固然千古吟唱，家弦户诵，但他们更以著作论述的笔墨，在文学史上占得一席荣耀的位置。一般提到韩、柳、欧、苏，都是先想到他们的文章，然后，才是他们的诗篇，就足以说明散文在中国文学中的分量。

刘禹锡以诗名噪世，诸如"旧时王谢堂前燕，飞入寻常百姓家""东风不与周郎便，铜雀春深锁二乔""东边日出西边雨，道是无晴却有晴""沉舟侧畔千帆过，病树前头万木春"等等名句，直到今天，犹传唱不已。

他有一篇不足百字的散文，题曰《陋室铭》。如果在中国文学史上选一篇极短而且绝佳的散文，这篇毫无疑义的是上上之作。因为在中国人的文学欣赏习惯中，文有诗情，诗有文心，那就益发完美了。故而称《史记》为"无韵之《离骚》"，即此谓也。这篇《陋室铭》，其实也是一首音韵铿锵、格律朴质的古诗：

> 山不在高，有仙则名。水不在深，有龙则灵。斯为
> 陋室，惟吾德馨。苔痕上阶绿，草色入帘青。谈笑有鸿
> 儒，往来无白丁。可以调素琴，阅金经。无丝竹之乱耳，
> 无案牍之劳形。南阳诸葛庐，西蜀子云亭，孔子云："何
> 陋之有？"

据说，有人考据并不是刘禹锡的作品，但不论是谁写的，能用八十一个字，写出这番精粹至极、凝练至极、余味无穷至极的意境，是不由人不折服至极的。

因为收入清代广泛流通的读物《古文观止》的缘故，《陋室铭》脍炙人口数百年。特别是最后一句，不知鼓舞了多少住不上像样房舍的知识分子，涌上来一种清高自重、雅洁自珍之情愫，不为室陋而自惭形秽，相反，倒为自己的高尚情操而自豪。

散文与诗一样，易写难工。写散文的作者很多，能写出好散文的作者甚少。像《陋室铭》这样谈精神与物质关系的内容，或者还可以引申为物质变精神，精神变物质的主、客观世界辩证关系的内容，放在别的作家手里，绝不是能用这八十一个字能够完美地表现出来的。

散文这种文体，虽然有一个"散"字在，然而却并不意味着这个"散"就是"散漫""散乱"，或是"松散"的意思。在写作散文的过程中，需要铺陈，更需要缩略；需要丰满，更需要删削；需要感情奔放，更需要字斟句酌。所以，散文

写作中的优选萃取能力，最能表现作者的水平所在。

放比收要容易，简比繁更困难，像《陋室铭》这样言简意赅，并不干瘪，还具有文采；思路明确，论点直截，但耐人回味；情景交融，盎然有趣，若身临其境；远有榜样，近有自勉，具乐观精神；不足百字之文，从室陋与德馨的统一，写出知识分子"淡泊以明志，宁静以致远"的性情；甘于清贫、甘于寂寞、逃避庸俗、追求自我完善的心态，实在是一篇难得的极品散文。

古今文章，谈物质与精神，谈欲望和修养，谈消费意识和道德操守，谈名利情结和思想境界，很多很多，但短得如《陋室铭》者，却绝无仅有，冲这一点，值得读。尤其在今天市场经济社会里，还具有相当的现实意义，冲这一点，就更值得读了。若是大家抱定室可以陋，德却必须馨的宗旨，这世界一定会少却不少烦恼。

胡椒八百石

据《本草》，胡椒，味辛性热，具有温中下气、和胃止呕、消痰解毒等功效，是一种具有药用价值的香料。但如今，多作为调味品，它的香料和药材的作用，倒不怎么被人重视。犹如一位作家，不作文，只作秀，久而久之，读者只记住了他的秀，而记不住他的文一样。

不过，胡椒用来调味的效果奇佳，立刻就能起到十指大动、胃口大开之功。中西餐对于这种香料的使用，稍有差异。中国通常用白胡椒，外国一般用黑胡椒。胡椒分白黑，我原以为是树种有所不同。后来，到过海南一趟，才弄清楚，白的和黑的胡椒，其实都长在一棵树上，不过一个先采摘，一个后采摘，一个不去皮，一个去了皮的区别而已。

现在，胡椒不算什么罕见之物，但是，在唐朝，却是个珍贵物儿。因为中国本土不产，要从很远的外国运来，故而价格不菲。但唐朝人喜食胡椒，为历朝少见，餐餐顿顿，不可一日无此君。为什么对胡椒如此情有独钟，我也讶异，后来仔细寻思，恐怕与豫晋陕甘地区，自中古以来，渐以胡食为主的餐饮方式，大有关系。没有胡椒，压不住牛羊肉的腥膻之气；没有胡椒，盖不住驴马肉的草腥之味；没有胡椒，也刺激不动肠胃产生大量胃液，去消化那些"馎饦""馎镥""焦槌""餶脯""不托"之类的唐代面食。

所以我们在唐诗里，屡屡读到那时的长安城里，遍布胡人的食肆和酒家，其数量当比今日北京市里的麦当劳、肯德基、星巴克、礼拜五所有洋吃喝加在一起还要多。唐人孟棨《本事诗》，讲了一则故事："宁王曼贵盛，宠妓数十人，皆绝艺上色。宅左有卖饼者妻，纤白明媚。王一见属目，厚遗其夫，取之，宠惜逾等。环岁因问之，'汝复忆饼师否？'默然不对。王召饼师，使见之。其妻注视，双泪垂颊，若不胜情。"这对棒打鸳鸯的深情难忘，自是动人。但胡饼店竟开设到了王爷府邸的隔壁，也说明当时无论贵如亲王，无论贫若草民，他们的饮食风尚，都相当程度胡化，胡椒这种少不了调味品，自然也就随之时兴。

每逢一个新时代的来临，诗人总是最先感受和最先接受新鲜事物的一族。初到长安的陈子昂，本吃惯了川菜的那张嘴，很快崇尚胡人饮食，成为胡酒家和胡饼店的常客。我不知道胡椒的刺激，对这个四川人的诗兴，起到多大作用？一首《登幽州台歌》"前不见古人，后不见来者。念天地之悠悠，独怆然而涕下"那强刺激，像呛人胡椒那样，竟将初唐诗坛震惊得个七荤八素，口鼻冒烟。

他的诗，张扬磅礴，慷慨苍凉。纠正梁陈绮丽颓靡之风，一扫南朝铅粉浮华之气。那继往开来的诗风，高蹈崇实的精神，令陈子昂马上成为非主流的，反潮流的，以及不入流，当然也包括下三流的诗人们，一致拥戴的领军者。

因此，他的身边，总围着一批作品写得很差，胃口却奇好的同行，一批文章不见精彩，却吃吗吗香的文友。如今文坛不也如此吗？你就看那些评论家屁颠屁颠跟在大哥大后边，等着拿红包的嬉皮涎脸，也就了然。陈子昂虽然有钱，但不派利是。那时，他已任命为麟台正字，有点官方色彩。很有些文化界的头面人物，和虽不头面但也不甘寂寞的人物，也来捧他的场。

他在宣阳里居住，这地段很类似旧北京的前门大栅栏一带，往东就是有名的东市，一个商贸中心，往北则是更有名的平康里，一个声色所在。陈子昂怎么打发这些客人呢？倒也简单，派小僮到市面上，背回一沓沓胡饼，裹以一坨坨熟肉，淋以一杓杓浓卤，佐以一锅锅杂碎汤，关键在于胡椒，必须大把大把地撒将起来，吃得那些发达的、不发达的诗人，成材的、不成材的评论家，要脸的、不要脸的文坛混子，大快朵颐，求个不亦快哉，也就轰出门去，倒头睡觉。

我猜测，当下颇流行的西安的"肉夹馍"，天津的"煎饼"，北京的"灌汤""卤煮火烧"，没准还保留着一点唐代余韵呢！而陈子昂和他的那些吃货们，一个个舌麻若木，汗下如雨，热血沸腾，胡说八道，都是胡椒的辣素折腾的。

看到这些人既痛苦，又快乐，既遭罪，又欢畅的德行，你对唐朝人的风流、浪漫、豁达、大度，不能不感慨，不能不佩服。他们为了这一份口腹享受，为了得到又辣又香的刺激，竟万里迢迢，跑到原产地去购买这种中国没有的调味品。当时的全世界，只有地处热带的天竺国或身毒国，出产这种香料。那里也正是《西游记》里唐僧师徒们要去取经的所在。

这证明在中国历史上，只有唐朝奉行了真正的拿来主义。物质上的东西，我要，譬如胡椒；精神上的东西，我也要，譬如佛经。看来，唐朝人不怎么怕被人"西化"，可能他们对自己能够"化西"的力量，充满信心。果然，佛经被唐三藏背回来了，加之以黄老，益之以禅宗，变成中国式的佛教；胡椒被骆驼队驮回来了，压成粉末状，变成餐桌上的调味品。南北朝至隋三百年间，那些策马扬鞭，铁蹄践踏整个北中国的匈奴、鲜卑、突厥、羯、氐、羌等民族，何其猖獗，何其嚣张，可有唐一代，这些边外游牧民族，全都融于农耕社会的华夏文明之中。

归根结底，到底你化了我，还是我化了你，必须把眼光放远些，才能得出答案。

一个胸怀开阔的人，一个身心健康的人，其消化能力必强。一个心胸狭隘的人，一个体衰力薄的人，其肠胃功能必弱。人如此，国亦如此，民族更如此。唐朝人的胃口，似乎连铁钉子铁蒺藜，也会给消解吸收掉的。所以，无论什么外来事物，统统敢于问津。不挑拣，不排斥，不预设界限，不约法三章，什么能吃，什么不能吃，什么可以多吃，什么最好少吃，唐朝人不讲这一套，通吃，相信自己的五脏六腑，会选择，相信自己的臣民百姓，识好歹，有用有益的留下，无用无益的扬弃。这样一个民族，这样一个国家，不强何待？

我们知道，胡椒是明代以后方在中国南方种植。李时珍在《本草纲目》中说："今南番诸国及交趾、滇南、海南诸地皆有之。"在唐朝，胡椒的来处可相当遥远。据唐人段成式的《酉阳杂俎》，"出摩伽陁国，呼为昧履支"。这个地方，应该在印度南部的马拉巴尔海岸一带。新、旧两《唐书》均载："属中天竺，距长安九千多里。"从那里到唐朝的首都长安，从地图上看，航空距离也得有三千多公里，证明《酉阳杂俎》，所言非虚。现在回想中世纪，驮着一篓一篓胡椒的骆驼商队，穿过戈壁、沙漠，翻越雪山、高原，该是一个怎样艰苦卓绝的场面？

唐朝人到西天取经，到天竺贩胡椒，证明了两点，第一，唐全盛时期，具有能做任何事情的强大经济实力。正是整个社会富庶，百姓安康，才产生这种消费欲望，才不远万里去求取精神产品和物质产品。第二，唐全盛时期，具有做成任何事情的坚定信念，尽管知道印度离中国实在太远，尽管知道翻过喜马拉雅山，非同小可。但唐僧师徒，历经艰难险阻，精诚所至，金石为开，到底达到目的，到底取得经归。为了嘴巴痛快，舌头痛快，肠胃痛快，不惜工本，大费周章，到底将胡椒弄回来，到底成为佐餐佳品，在中国历史上，也只有大唐帝国的臣民行得出来。

相比之下，嗣后宋元明清，就小家子气了。也许被番邦吓破了胆，尤其1884年鸦片战争以后，凡外来事物，无不视为洪水猛兽，躲之不迭，逃之不及。一朝比一朝畏缩，一代比一代禁忌，恨不能把脑袋缩到裤裆里，再也找不到大唐帝国那非凡的风范了。

别的不说，对于胡椒的计量，唐人口气之大，以"石"为单位，后人口气之小，以"克"为单位，也是天壤之别。按现藏于中国历史博物馆的武德元年的铜权，知道唐朝的一石相当于今天公制的79320克，近80公斤。后来的中国人，到副食品商店，顶多买上一两半两胡椒，足够全家吃上一年半载，就以公制的"克"为计量单位了。"石"和"克"，一字之差，前者的大手笔，显得意气风发，后者的小儿科，是那样的抠抠搜搜，也就让人不得不憧憬唐朝的气魄了。

公元777年（唐大历十二年）3月，当中国历史上的数得着的权奸，顶尖等级的贪污犯，官居一品，拥有权力胜于帝王的宰相元载，终于从他生命的最高峰巅，一头栽下来，赐自尽，在万年县，一只臭袜子塞进嘴，生生绞杀；同时，他的妻子、他的两个儿子、他的秘书和文书、他的在宫廷里面的内线，统统伏诛以后，一件堪称中国贪污史上的惊世奇闻，在长安城里出现了。

可惜那时没有DV，没有数码相机，这难得的起赃检阅场面，竟埋没了。

唐代的宦祸，是从肃宗李亨、代宗李豫开始为患，先是李辅国，后是程元振，接着是鱼朝恩。如果说，玄宗李隆基的安史之乱，是唐代衰败的命运开始，那么随之而来的这三个太监相迭弄权于肃、代两朝，李唐王朝便一蹶不振，不可救赎地走向灭亡。元载虽从玄宗时就因"嗜学，好属文，性敏惠，博览子史"而"名稍著"（《旧唐书》），但他明白，按照丛林规则，你倘不能占山为王，你就必须投靠别的王，得到他的庇护。恰巧，李辅国因拥立肃宗，权柄天下。他早就探听好了，这个宦官居然有个老婆，居然也姓元。虽然他本不姓元，而是随母改嫁，冒姓元氏，但他为了能巴结上李辅国，就以姻亲的身份认了这门姑舅亲。于是"载与幸臣李辅国善，辅国妻元氏，载之诸宗，因是相昵狎"。"代宗即位，辅国势愈重，称载于上前。载能伺上意，颇承恩遇。迁中书侍郎，同中书门下平章事，加集贤殿大学士，修国史，又加银青光禄大夫，封许昌县子。"（《旧唐书》）

不过，李辅国专权跋扈，以前朝老臣自居，对李豫多有冒犯，于是，代宗先下令免了李，再派人杀了李，这样，另一个宦官鱼朝恩走向台前。此人比李辅国多了个心眼，手中始终掌控着军权不放，这样，颐指气使，干预朝政。结果，李豫很痛苦，好容易摆脱李辅国的束缚，却又落入鱼朝恩的控制下。元载是个绝顶聪明的人，就偷偷地对代宗咬耳朵。"大历四年冬，载乘间密奏朝恩专权不轨，请除之。朝恩骄横，天下咸怒，上亦知之，及闻载奏适会于心。"君臣一心，要搞掉这个"观军容使"。元载先下功夫做御林军的工作，再与北军大将结成同盟，纵使鱼朝恩握着兵符，也只不过是个空头司令。"五年三月，朝恩伏法"（《旧唐书》），从此，占山为王的就是他元载了。

元载得势之时，可不再是捧着一碗岐山哨子面，吸溜吸溜，连吃带喝的一介贫士了，可不是见了哪位领导都低头侍立，努力讨好的公务员了，偌大的长安城，几乎都装不下这个无限膨胀的大人物。因为他自负除恶之功，觉得连皇帝也要感激他干掉鱼朝恩，谦让三分，那么还有谁，他会放在眼中。

"志气骄溢，每众中大言，自谓有文武才略，古今莫及，弄权舞智，政以贿成，僭侈无度。"凡求官者，无不贿赂其子弟和他的主书，才得以如愿。"又以政事委群吏，士之求进者，不结其子弟及主书卓英倩等，无由自达。"（司马光《资治通鉴》）主书相当于秘书，凡与首长沆瀣一气的秘书，串通作奸犯科起来，则更是贻患一方了。

元载纵容其老婆，其子弟，聚财敛货，卖官鬻爵，凡江淮方面的地方要职，以及京师行政机构的重要官员，必安排他的党羽。满朝文武，慑于他的引用亲信，排斥异己，皆帖服求安，俯首听命。于是，代宗除却宦官之患，却又面临这个尾大不掉的元载，对这前门驱虎，后门进狼的局面，既懊悔，又害怕，既寝食不安，又无计可施，看着他为非作歹，看着他疯狂作恶，而无可奈何。因为，满朝文武，无不仰其鼻息求生，无不视其颜色行事。李豫眼看着自己被元载架空，成为孤家寡人一个。要不是吴凑是他舅舅，他连一个可以说话商量的亲信都没有。最后，对元载已经无计可施的代宗，只好求朝中唯一听命于他的吴凑，趁机将其拿下。"载长恶不悛，众怒上闻。大历十二年三月庚辰，仗下后，上御延英殿，命左金吾大将军吴凑收载于政事堂。"所以，这次审讯，实际上是这位皇帝在幕后操纵，因为贵为帝王的他，有时也得受这个贪官的气。

这场审讯，"推究其状，辩罪问端，皆出自禁中，仍遣中使诘以阴事"（《旧唐书》），可以想见代宗对元载的切齿之恨。而他最感兴趣的，莫过于抄元载的家了。如果李豫不是考虑到自己的万岁身份，他也会跑去看热闹的，只好打发小太监一拨一拨地来回通风报信。在所居的大宁、安仁二坊，以及他祖庙的长寿坊，抄出的无数财物之中，最骇人听闻、最叹为奇观、最难以想象、最莫名其妙的赃物，就是摆满大理寺（最高法院）里的那八百石胡椒了。就连李豫的眼睛都直了。

按唐时一石的重量，为 79320 克计，那么，800 石胡椒，总重应为 63456000 克，也就是 63456 公斤，将近 64 吨。不仅够长安百万市民敞开吃用一辈子，即使像沃尔玛、家乐福这样全球杂货供应商，一个会计年份里的胡椒采购量，也未必有我们中国唐代这位权奸收藏的赃物多。

贪污现象，并非中国特有，在世界范围内，只要拥有一定权力，就有权钱交换的可能，权力越大，可能性越大，职务越高，犯罪率越高。总统玩女实习生，留下做过手脚的裙子，国防部长贩卖军火，取得大笔回扣，哇啦哇啦的国会议员，私底下接受红包，指手画脚的阁僚政客，一直拿着财团奉送的津贴，这些自号为文明国家的官员，只要摘下白手套，几乎没有一双手是干净的。

但外国官员贪污，很少有这些官员，贪污变态，如此匪夷所思的。你元载，贪污什么不好，哪怕以权易色，玩一百个女明星、女歌星、女实习生，也比囤积这八百石胡椒强啊！

那一院子来自天竺的胡椒，称得上是从那时以后，世界贪污史的一个极具黑色幽默意味的纪录。你可以说他白痴，你也可以骂他傻叉，我始终弄不懂，元载干吗这样执着，这样执拗，这样坚决，这样不可理解地，要积攒下来这 64 吨胡椒？他吃？清人丁耀亢在其所著的《天史》一书中，这样疑问："人生中寿六十，除去老少不堪之年，能快乐者四十多年耳。即极意温饱，亦不至食用胡椒八百石也。惟愚生贪，贪转生愚。黄金虽积，不救燃脐之祸，三窟徒营，难解排墙之危，事于此侪，亦大生怜悯矣。"他卖？因为，胡椒之来之不易，因为，胡椒之非常需要，因为，胡椒实际上属于奇货可居的垄断性商品，因为，胡椒之耐储存，几乎不可能贬值的货币作用，这位出身贫寒的政治家，莫非是从经济角度出发，准备囤积居奇。但囤什么不比囤胡椒强？

既然，一吃不了，二卖不了，而且，珍藏之，秘收之，宝贵之，爱惜之，只能视作这位中国最大贪污犯之一的元载，一种病态的嗜好，一种精神缺陷的恋物癖。但是，无独有偶，在中国贪污史上，元载先生的这种贪污的奇怪取向，并不仅仅是他一个人的毛病，同好者甚矣，历朝历代，不乏知音，简直可以组成一个中国贪污分子特别嗜好者俱乐部。

宋朝的蔡京，就是与宋徽宗沆瀣一气的，断送了北宋江山的权奸，他喜欢吃一种"黄雀酢"，估计很有滋味，很吊胃口，大概类似醉蟹糟鱼，属于腌制的小食品。他好这一口，而且大家也都知道他好这一口，由于他权高位重，跟宋徽宗琴棋书画，吹拉弹唱，亲密得恨不能穿一条裤子。所以，大宋天下，无人敢不讨他的好，更何况讨他的好，其实也为自己好。于是，纷纷进献，络绎不绝，到他倒台，抄他家的时候，这种小食品，整整堆满了三大间屋子，从地上一直堆到房梁。

同样，与蔡京狼狈为奸的童贯，《水浒传》里提到过这个无恶不作的太监，也是一个有着奇特收藏癖的贪污犯。他不知得了一种什么隐疾，必吃一种"理气益中丸"。因此，拍他马屁的人，投其所好的人，想攀附他混得一官半职的人，都表示出对他健康的担忧，都进贡这种用地道药材炮制出来的丸药，以效忠心。于是，他吃的药，与蔡京一般，也是将三大间屋子，装得满满的。据说，有人估计，童贯哪怕转世投胎一千次，也吃不完这些药丸。

明朝的严嵩父子，既是藏金狂，又是色情狂，那就更异类了。他热衷于用黄金浇铸裸女，左右侍列，用白银灌注出女阴状的溺具恭桶，常备使用。家中藏镪无算，金银太多，连随便用的棋盘棋子，也是金打成，银制就。当时，若能到严相府上，陪他下棋执子，就要准备手腕累到脱臼的可能，这也可算是中国式贪污的笑话了。

清朝的和珅，也是苦出身，侍候乾隆一辈子，落下一个帝王瘾，特别好收藏唯有皇帝才可御用的冠冕顶戴，袍笏靴带。但偷来的锣鼓打不得，这些都是属于违规犯禁之物，只敢夜间独自一人，在密室中偷偷地穿戴起来，对着镜子，自怜自恋，自我欣赏，真不知是种什么变态心理了，也许是弗洛依德所说的同性恋中那种恋衣癖的哀鸿现象吧？

在中国封建社会历史上数得着的四大权奸，唐之元载、宋之蔡京、明之严嵩、清之和珅，其共同的特点，他们无一不是贫穷微贱出身。据《旧唐书》的《元载传》："家本寒微，父景升，任员外官，不理产业，常居岐州。载母携载适景升冒姓元氏。"而《宋史》的《蔡京传》，《明史》的《严嵩传》，则只字不提他们的家族及先辈，好像他们是从石头缝里蹦出来似的。《清史稿》的《和珅传》，则说他"少贫无籍"，因是贫寒旗人，得以编入朝廷的仪仗队。再从这些年来或毙或关或死缓或外逃的级别很高的贪官，他们的聚敛兴趣，贪污癖好，搜括目标，守财奴性格，都与早先贫穷的身世，寒苦的家庭，找到某种千丝万缕的因果关系。

贫穷，是促使这班人改变生存状态的动力，卑贱，是推动这班人改善社会境遇的压力。在这两股力量的夹攻下，第一种可能，便是造反，"豁出一身剐，敢把皇帝拉下马"，起义，闹革命；第二种可能，想尽一切办法，从体制缝隙中求得出头之天，挖空全部心思，在统治阶层中找到升腾之机，使出浑身解数，于官僚架构中物色依靠对象，尽量伪装自己，以假骗取高层权力。凡有点才智，有点聪明，有点狡猾，有点野心的清寒贫苦，卑微低贱的人士，很少采用揭竿起义的方式去获得，而是用这种徐图大计的手法。因此，一旦得手，那如狼似虎的胃口，便足以吞下一头大象。

无论过去的贪官，无论现在的贪官，无论巨贪、惯贪，无论大贪、小贪，胃口之贪婪无耻，手段之穷凶极恶，行为之卑鄙下流，淫乱之动物本能，贪黩之为非作歹，道德之沦丧殆尽，这都是精神上小农意识的支配，基因中的穷人心理影响所致，有程度的不同，无本质的区别。吃哨子面的元载，身世平平的蔡京，祖辈白丁的严嵩，抬轿打旗的和珅，这穷根折腾得他们身心不宁啊！

因此，即使洗净泥巴，脱掉草鞋，即使穿上洋装，打上领带，即使当上干部，职务高升，即使能力出众，重任在肩。很遗憾，当他手中握有权力时，而脑袋里那个小农的穷根犹在，就按捺不住小农心理的占有欲。绝对的权力，绝对的占有，而绝对的占有，便是绝对的快乐。

所以，元载私宅里收藏的八百石胡椒，绝对是这个贪污犯的快乐所在。他知道吃不了，他也知道卖不了，但他看着它，那心情就如同喝了蜜般地滋润了。因其占有，他就快乐，因其满足，他就充实。这就元载的最高境界，也是所有贪污犯的追求目标。到了贪污一千万和两千万，到了贪污一个亿和两个亿的程度，对巨贪来讲，已是无差别境界。只要那堆钞票的存在，看得见，摸得着，他就觉得物有所值。这就是我们中国农民"三十亩地一头牛，老婆孩子热炕头"的绝对现实主义；这也是农民出身的贪污犯，守着那堆赃物，所能得到的囤满、仓满、锅满、碗满的大满足，大愉悦。

记得亡友叶楠在世时，我们偶尔谈到，为什么那些押送到被告席上的贪污犯，总能在其家中不费事地就抄出绝非一瓶两瓶，而是一箱两箱，绝非二锅头、老白干，而是人民币四位数、五位数的进口名酒，甚至还有价值连城的陈酿佳醪。

既然是贪污来的，别人行贿来的，一伙乌龟王八蛋孝敬的，为啥不喝？按说，不喝白不喝呀！

叶楠说，谬矣谬矣，他认为，一、别忘了他们都是农民，不懂喝，不会喝，也舍不得喝；二、别忘了他们都是官员，一日三顿，有人供着他喝，即使家中藏得再多，也顾不上喝。

这当然言之成理，也许，一个贪污犯，贪多了，贪久了，贪惯了，贪上瘾了，贪得刹不住车了，整个贪污机器在加速运转的时候，人被异化，也就由不得自己了，想不贪也不行。这时的他，已经不是他，而是完全物化了的吃角子老虎，只追求吞吃钱币时那种占有的快乐，无暇顾及其他。

小占有，小快乐，大占有，大快乐，疯狂地占有，则是疯狂的快乐。

据史说，这个元载，家本寒微。但越是贫苦出身的官员，一旦获得权力，其贪赃枉法的可能性越大。"膏腴别业，轸域相望"，"名姝异乐，内廷不及"，就冲他家中抄出赃物胡椒八百石，钟乳五百两，就略可知其奢靡腐败的程度了。

元载更有一种癖好，热衷于大兴土木，建房盖屋，这也是所有贪污犯金钱、房子、女人三部曲少不了的一环。他所建的屋宅，竟占了长安城里的大宁、安仁两坊，其规模之大，难以想象。他倒台后，这两座宅舍，足够分配给数百户有品级的官员居住使用，便知道连结数条街的大宅子，是怎样的巍巍然了。他在东都洛阳建造的一座园林式的私宅，没收充公之后，竟能改作成一座皇家花园，想象原来该是何等的堂皇奢华了。

这一切，带给他多大的占有快乐呀！

元载，是公元 8 世纪的一台开足马力的贪污机器，能与他相比拟的，也就是公元 11 世纪的蔡京，公元 15 世纪的严嵩，公元 18 世纪的和珅，都是一人之下万人之上的大人物，一跺脚，整个朝廷都会颤动的巨无霸。但是，到底还是唐朝厉害，连出个权奸，也了不起。数来数去，还是数唐朝的元载无与伦比，他创造出来的这个胡椒八百石的贪污史上的吉尼斯纪录，谁也休想打破。

这位权奸终于走到了生命的终点，宋人罗大经在《鹤林玉露》中，用"臭袜终须来塞口，枉收八百斛胡椒"两句诗，给这位跋扈大臣做了总结。

元载，这个自以为精明，自以为干练，却是天底下最傻冒，最弱智的贪污犯，其所贪的 64 吨足足两卡车的胡椒，就成了千秋万代，没完没了的话柄。只要中国有贪污犯和贪污现象，就得把他从胡椒瓶里拎出来示众。

如果他活着，这傻瓢会连肠子都悔青了的。

唐末食人考

在原始蒙昧时代，或封建社会的早期，以及现在还处于野蛮状态的未开化部落里，用活人作为祭祀品，然后分而食之；或将掳掠俘获的敌人，杀来吃掉的习俗，是屡见不鲜的。

这种食人恶俗，至今还流行于西非和中非，及南太平洋群岛。据说，苏门答腊的巴塔克人，在由荷兰人完全控制以前，还在市场上出售人肉。而打了胜仗的毛利人，将战斗中死去的人的尸体切碎，摆出人肉宴席，也是常见的。但是，社会进入文明状态以后，这种骇人行径，已普遍被视为反人类的罪恶。

中国虽称作文明古国，但在漫长的封建社会里，却一直有持续不断的不文明的食人记录：

《管子·小称》载："夫易牙以调和事（齐桓）公，公曰：'惟蒸婴儿之未尝。'于是，蒸其首子而献之公。"为了讨君王的欢心，这位极善烹调，后来被视为中国厨师开山之祖的易牙，竟把自己的儿子弄死，精心做了一道菜，端到宫殿上去。暴虐的纣王，就是挖比干的心的那个家伙，曾经将姬昌（周文王）拘押在羑里，为了测试其忠诚度，将他的一个儿子宰了，剁成极细的醢（也就是肉糜），包在饼里，而姬昌居然一点不动声色地，将这人肉馅儿饼，全部吃了下去。三国时刘备落难，逃到山村里，一位老乡听说他是皇叔，没有什么好招待的，连忙把老婆杀了，割下肉来炒了一盘菜，让刘备充饥。第二天离开时，才发现那个可怜的女人，像宰杀的猪那样，还在厨房里挂着呢！

想不到进入 9 世纪以后的唐代，白居易《秦中吟》，其中之七《轻肥》，竟出现了"是岁江南旱，衢州人食人"句。中国人愈益文明发达的同时，将人食人的丑恶现象写到了诗里，那真是够吓人一跳的。

《新唐书》卷一九二写安史之乱时，睢阳被围："（张）巡士多饿死，存者皆痍伤气乏。巡出爱妾曰：'诸君经年乏食，而忠义不少衰，吾恨不割肌以啖众，宁惜一妾而坐视士饥？'乃杀以大飨，坐者皆泣。巡彊（强）令食之。（许）远亦杀奴僮以哺卒，至罗雀掘鼠，煮铠弩以食。""被围久，初杀马食，既尽，而及妇人老弱，凡食三万口。人知将死，而莫有畔者。城破，遗民止四百而已。"

无论有多么正当理由，一座三万人口的睢阳城，吃到最后，只剩下四百来人。读到这里，那昏天黑日之感，压迫得连血管里的血液，都会凝滞住的。可在史官笔下，一声"止四百而已"，就了事了。文人们能以如此平静的笔调，写出这段惨绝人寰的悲剧，真让人为之气殪。张巡坚守睢阳，直至城破被俘，不屈而死，其英名千古长存，其气节青史留芳，那是毫无疑问的。但是，对于围城的最后阶段，这种大规模的自相残杀，以人果腹的现象，任何一个有良知的人，绝不能视为那是理所当然的做法。

因为具有"正义"的堂皇理由，就可以为所欲为地作出反人类的罪行吗？《资治通鉴》卷二二〇载："议者或罪张巡以守睢阳不去，与其食人，曷若全人。"说明当时，也是有人持不同看法的。清代的王夫之说：张巡"捐生殉国，血战以保障江、淮"的功绩，"出颜杲卿、李澄之上"。但是，他更认为，"守孤城，绝外援，粮尽而馁，君子于此，唯一死而志事毕矣"，"过此者，则愆尤之府矣，适以贼仁戕义而已矣，无论城之存亡也，无论身之生死也，所必不可者，人相食也"。

所以，他的结论："其食人也，不谓之不仁也不可。"（王夫之《读通鉴论》卷二三）王夫之发出这样正义的呼声，对这位远遁湘西四十年，筑石室著书而不仕清的明遗民，更多了一份崇敬。坚贞不屈的他，似乎应该赞赏这种为了一个崇高的目标而作出的牺牲。但他却谴责了这种贼仁戕义的食人现象。如果连最起码的人道精神也不存在的话，人性泯灭，兽性张扬，这世界还有什么希望呢？

但是，回顾历史，唐以后的宋，宋以后的元……人食人的可怕事件，仍是层出不穷，这实在是中华文明中极不光彩的一页。

北宋末，"靖康丙午岁，金狄乱华，六七年间，山东、京西、淮南等路，荆榛千里，斗米至数十千，且不可得。盗贼、官兵以至居民，更互相食。人肉之价，贱于犬豕，肥壮者一枚不过十五千，全躯暴以为腊。老瘦男子之'饶把火'，妇人少艾者，名为'不羡羊'，小儿呼为'和骨烂'，又通目为'两脚羊'……杀戮焚溺饥饿疾疫陷堕，其死已众，又加之以相食，

杜少陵谓'丧乱死多门',信矣,不意老眼亲见此时,呜呼痛哉!"(宋·庄绰《鸡肋编》卷中)

元末,"天下兵甲方殷,而淮右之军嗜食人,以小儿为上,妇女次之,男子又次之。或使坐两缸间,外逼以火。或于铁架上生炙。或缚其手足,先用沸汤浇泼,却以竹帚刷去苦皮。或盛夹袋中,入巨锅活煮。或剒作事件而淹之。或男子则止断其双腿,妇女则特剜其双乳。酷毒万状,不可具言。总名曰想肉。"(元·陶宗仪《南村辍耕录》卷九)

明末,"蜀大饥,人相食。先是丙戌、丁亥,连岁干涸,至是弥甚。赤地千里,粝米一斗价二十金,荞麦一斗价七八金,久之亦无卖者。蒿芹木叶,取食殆尽。时有裹珍珠二升,易一面不得而殆;有持数百金,买一饱不得而死。于是人皆相食,道路饥殍,剥取殆尽。无所得,父子、兄弟、夫妻,转相贼杀。"(清·彭遵泗《蜀碧》卷四)

一直到清末,食人风仍不绝如缕,20世纪初叶,辛亥革命前夕,与秋瑾同时起义的革命团体光复会人徐锡麟,行刺清政府安徽巡抚恩铭,率领学生军,攻占军械局,弹尽被捕,最后,惨遭杀害。心肝竟被恩铭卫队的鹰犬们,挖出炒食,惨不忍睹。

从以上的例证来看,不禁得出这样一个结论:在封建王朝的全部历史中,凡是标明为"末"的时期,都存在着农民起义和统治者不甘心退出舞台而疯狂镇压的对峙局面。无穷的战乱,无尽的天灾,和大大小小屠夫的毁灭性疯狂,就构成了中国人苦难的岁月。

虽然,总的来说,人类进步文明,社会发展成熟,是历史的大趋势，是不会倒退的。但是，在前进的过程之中，并不意味着不再出现倒退和逆转的可能。值得我们庆幸的是，食人族在中国这块土地上，终究是少得不能再少了。否则就果如唐太宗时魏征驳斥封德彝所言："若谓古人淳朴，渐至浇讹，则至于今日，当悉化为鬼魅矣。"（司马光《资治通鉴》）

在中国人所经历过的许许多多苦难之中，最大的苦难，莫过于人食人，而所有发生在王朝末代的这类人间惨剧，莫过于唐末。而在唐末，所有食人者，又都比不上以黄巢为首的农民起义军。

他在失败前夕包围陈州近一年时间里，采用过的机械化方式，将活人粉碎，以人肉作军粮，供应他围城部队，以保证他起义军的战斗力，创造了前无古人，后无来者的人食人纪录。

这一份骇人听闻的食人纪录，既是中国之最，大概也是世界之最。

据唐代张鷟的《朝野佥载》："隋末荒乱，狂贼朱粲起于襄、邓间，岁饥，米斛万钱，亦无得处，人民相食。粲乃驱男女小大仰一大铜钟，可二百石，煮人肉以餧贼。生灵歼于此矣。"

据《旧唐书》："贼首（秦宗权部），皆慓锐惨毒，所至屠残人物，燔烧郡邑。西至关内，东极青、齐，南出江淮，北至卫滑，鱼烂鸟散，人烟断绝，荆榛蔽野。贼既乏食，啖人为储，军士四出，则盐尸而从。"

无论是黄巢以前的朱粲，用二百石铜钟煮人肉，还是黄巢以后的秦宗权，腌人尸作随军粮糗，都比不上黄巢。

（黄巢）贼围陈郡三百日，关东仍岁无耕，人饿倚墙壁间，贼俘人而食，日杀数千。贼有舂磨寨，为巨碓数百，生纳人于臼碎之，合骨而食，其流毒若是。（《旧唐书》卷一五〇下）

到底黄巢这座食人工厂，一共吃掉多少人，史无记载。但据史书，他"围陈州，营于州北，立宫室百司，为持久之计"。看来，他从长安城里的龙椅上滚跌下来，意犹未尽，没有过足皇帝的瘾，干脆在此再成立一个临时朝廷，好"唯辟作威，唯辟作福"一番。中国封建社会能迁延数千年之久，毛病就出在这里，农民革皇帝的命，不过是革掉了皇帝以后，他来做皇帝而已。

但是，这位皇帝要养活自己的文武百官，和数万名为他打陈州的起义将士，持续三百天，按最保守的估计，至少得吃掉十倍于张巡守睢阳城时的被食人数。

"舂磨寨"的发明权，不是黄巢，应该属于朱粲，名称略不同，叫"捣磨寨"，黄巢围陈州，他已预感到，自己的丧钟快要敲响。一个知道死神即将来临的赌徒，还有什么筹码不敢推到赌桌中央呢？于是，将朱粲的食人法，光而大之，数百（一说三千）巨碓，同时开工，成为供应军粮的人肉作坊，流水作业，日夜不辍。将活生生的大批乡民，无论男女，不分老幼，悉数纳入巨舂，顷刻磨成肉糜。陈州四周的老百姓吃光了，扩大原料供应来源，"纵兵四掠，自河南、许、汝、唐、邓、孟、郑、汴、曹、徐、兖等数十州，咸被其毒。"（司马光《资治通鉴》）在铁与血的较量中，你不能将敌人消灭，对手也会将你毫不留情地除掉。所以，历代农民铤而走险，反抗强大的统治者，起义军的头目，无不残忍野蛮，无不杀人无算。但是，像黄巢以人肉为粮糗的恶行，绝非一般意义的战场上的较量，而是人性灭绝的屠杀。

从长安退出来以后，"使其骁将孟楷将万人为前驱，击蔡州。节度使秦宗权逆战而败；贼进攻其城，宗权遂称臣于巢，与之联兵。"结果，他没想到，碰到了陈州这个硬钉子。"孟楷既下蔡州，移兵击陈，军于项城；（陈州刺史赵）犨先示之弱，伺其无备，袭击之，杀获殆尽，生擒楷，斩之。巢闻楷死，惊恐，悉众屯溵水，六月，与秦宗权合兵围陈州，掘堑五重，百道攻之。"不下，不但不下，赵犨"数引锐兵开门出击贼，破之。巢益怒……"（司马光《资治通鉴》唐纪卷七十一）。这里所说的"怒"，表明他精神状态，已经接近疯狂。

读中国史，农民造皇帝的反，确是封建社会改朝换代的动力。但在争夺过程中逐渐形成的领袖人物，不管是成功的，还是不成功的，真正出身于农民阶层者，真正"锄禾日当午，汗滴禾下土"的劳动者，是并不多的。通常，都产生自农村中好逸恶劳的躁狂一族，也就是农村流氓无产者。由于他们具有坚定的野蛮性，破坏意识，盲动力量，亡命的痞子精神，所以，很容易在斗争中脱颖而出。

而黄巢，更属于这类痞子中训练有素的亡命徒、急先锋，起义前，他就是一个私盐贩子，起义后，追随的那个渠首王仙芝，也是一个私盐贩子。盐作为封建王朝重要税收来源，历来统治者对其生产销售的管制，采取极严密的措施。然而，极大的利润，自然诱发极大的冒险；而极强的镇压，也就难免遇到极强的反抗。所以，私盐贩子干的这种把脑袋掖在裤腰带上，以生命为赌注的危险行当。残忍、狠毒、亡命、冒险、破坏、毁灭、嗜杀、劫掠，便成为职业习惯。

暴虐趋于极端，与疯狂无异。所以，食人，又算得了什么，如果黄巢需要这样做的话，连眼皮也不会眨一下的。这大概就是一千多年来，从官方史书，到稗官野史，所有描写黄巢的章节，看不到他的一生曾经有过任何人性流露的缘故。

因此，这位先生，一、文不成，始终是一个不及第的秀才；二、武不就，围三百日食人无算拿不下陈州；三、想被招安，讨价还价总谈不拢条件；四、想当皇帝，进了长安连板凳也未坐热，又卷铺盖去当"流寇"。是一个基本没有做成什么，或从来没有做好什么的，让人无法讲出特点和长处的半吊子。

不过，也许他可算是一个诗人。

清代编纂的《全唐诗》，收诗近五万首，录有他的诗作三首。因为在中国，不光唐朝，历代之君，都有爱写诗的雅兴。有的写得很好，有的写得很屁。黄巢的诗，属于后者。《全唐诗》，书名有个"全"字，自然要收黄巢的诗，不过占总量的万分之几，说得过去。解放后，社科院文研所编的，收诗六百三十首的《唐诗选》，对他破格相待，与王勃、宋之问、王之涣、贺知章等大家同享被选两首的规格。

其中一首《菊花》，"待到秋来九月八，我花开后百花杀，冲天香阵透长安，满城尽带黄金甲"。这首诗，更像打卦问卜的签词，既有预言的神秘感，也有不第秀才的腾腾杀气。果然，应了这首诗的谶言，他第一次进长安，还真是什么花都

"杀"，连菊花也"杀"光的冬天。

我估计这首《菊花》诗，应该是在公元 880 年左右，他挺进中原，直奔洛阳，西岳在望，临潼不远，都城长安已成为他囊中之物时写出来的。黄巢第一次进长安，是一个应考的举子；如今，第二次进长安，就是等着当大齐王朝的新科皇帝了。他曾自号"冲天大将军"，以及这首诗中"冲天"词语，现在他可以踌躇满志地说，那个不让他科举及第的唐朝之天，马上就被他冲破了。

黄巢能有这一天，第一，他得感谢唐王朝进入末期的倒行逆施，老百姓到了活不下去的程度，使他有了造反的群众基础；第二，他得感谢统治集团的腐败、无能、涣散、失控，无法形成合力，使他有了游走的生存空间。黄巢揭竿以后，先投奔王仙芝，王兵败被戮，王的二把手尚让，率余部与黄巢会合，就这样，渐渐壮大起来，成了气候。

黄巢的人马，在官方的史志中，通常称之为"流寇"，这个"流"字，倒颇为准确地描写了他们在各个节度使的夹缝中，从中原"流"到岭南，又从广州"流"到洛阳的征战过程。

公元 879 年，"黄巢北趣襄阳，刘巨容与江西招讨使淄州刺史曹全晟合兵，屯荆门以拒之。贼至，巨容伏兵林中，全晟以轻骑逆战，阳不胜而走，贼追之，伏发，大破贼众，乘胜逐北，比至江陵，俘斩其什七八。巢与尚让收余众渡江东走。或劝巨容穷追，贼可尽也。巨容曰：'国家喜负人，有急则抚存将士，不管官赏，事宁则弃之，或更得罪，不若留贼以为富贵之资。'……由是贼势复振，攻鄂州，陷其外郭，转掠饶、信、池、宣、歙、杭等十五州，众至二十万。"

公元880年，"黄巢屯信州，遇疾疫，卒徒多死，张璘急击之，巢以金赂璘，且致书请降于高骈，求保奏；骈欲诱致之，许为之求节钺。时昭义、感化、义武等军皆至淮南，骈恐分其功，乃奏贼不日当平，不烦诸道兵，请悉遣归，朝廷许之。贼谲知诸道已北渡淮，乃告绝于骈，且请战，骈怒，令璘击之，兵败，璘死，巢势复振。"

同一年，"初，黄巢将渡淮，豆卢瑑请以天平节钺授巢，俟其到镇讨之，卢携曰：'盗贼无厌，虽与之节，不能止其剽掠，不若急发诸道兵扼泗州，汴州节度使为都统，贼既前不能入关，必还掠淮、浙，偷生海渚耳！'从之，既而淮北相继告急，携称疾不出。京师大恐。庚申，东都奏黄巢入汝州境。"（司马光《资治通鉴·序记》）

唐王朝本来有多次机会，可以将他肃清，或者，将他招安，但政权到了垂死阶段，文官武将，各怀鬼胎，终于坐看着一个私盐贩子要到长安坐龙椅了。

中国的知识分子，似可分为两类：一类为大多数，属于绝对不敢造反的一群，刀架在脖子上，宁写悔过书，作深刻检查，痛骂自己为王八蛋，高喊吾皇万岁万万岁，也绝无站直了，任砍任杀决不低头的气概；一类为极少数，犹如农民中有流氓无产者一样，文人当中也不乏个别的痞子型的知识分子，黄巢就是这种不甚安分的躁动强项一族。《新唐书》说他"世鬻盐，富于赀。善击剑骑射，稍通书记，辩给，喜养亡命"。

前者，大多数举子，不第就不第吧，落榜就落榜吧，顶多作一首"不才明主弃"的五绝，发发"怨而不怒"的牢骚而已。后者，如黄巢，就不一定咽下这口气，"巢喜乱，即与群从八人，募众得数千人以应（王）仙芝，转寇河南十五州，众逾数万。"你不让我当进士，那我就豁出一身剐，把你皇帝拉下马。

这点革命精神，应该肯定。

宋朝的赵姓皇帝，在总结唐代失败的经验教训时，一是削弱地方政府的实权，不让他们成为唐代节度使，动不动带部队开到西安灞桥，要中央政府听他的摆布。二就是扩大科举取士的录取面，使知识分子得以成为政府一员的机会大大增加，免得他们心怀不满，走向对立面。虽然，这也并非良策，地方官手无兵权，难以抵御边敌，以致疆土日蹙；大量开科取士，政府冗员日多，只好坐吃山空。但两宋三百年间，特大规模的流寇现象，具有全局性的农民起义，倒也未曾发生过，说明这样的绥靖政策，未必没有道理。

黄巢似乎也明白这点奥妙，"士"这个阶层，可得罪，也不可得罪。当你坐稳了江山，他们就成了豆腐，你想怎么吃就怎么吃。但是，你尚未坐稳江山，或者，你江山有一点坐不稳的时候，他们就有可能将你视作豆腐，给你捣点小乱了。

所以，"巢因民谣，有'逢儒则肉师必覆'之语，遂戒军中，不得害儒者。所俘民称儒者，辄舍之。至福州，杀人如麻，过校书郎董樸家，令曰：'此儒者'，乃灭火弗焚"（清·赵翼《廿二史札记》）。当然，如果他果真以这样的政策来笼络知识分子，也许取唐而代之的不是后来当过他部下的朱全忠，而早就是他了。如果他能有朱元璋那点耐性，等坐定了江山，再腾出手收拾那些豆腐也来得及，也许不至于最后脑袋搬家。

我一直怀疑，这句顺口溜式的民谣，出自这位三流诗人的笔下，显然是为他千秋大业着想。最初还真是像模像样地做出了一些姿态，第一次进洛阳，"丁卯，黄巢陷东都，留守刘允章帅百官迎谒；巢入城，劳问而已，闾里晏然"。第一次进长安，"民夹道聚观，尚让历谕之曰：'黄王起兵，本为百姓，非如李氏不爱汝曹，汝曹但安居无恐。'"（司马光《资治通鉴·唐纪》）

应该说，这是一个颇为不坏的开头，要是黄巢能够坚持下来，也许真能成气候。但是，他率领的农民兄弟，和原来就不是地道农民的流氓无产者，以及与他一齐亡命过的盐贩死党，以及与他通声气的痞子型的知识分子，从金碧辉煌的春明、通化、延兴三门，进入长安城，到达皇城中更为富丽堂皇的朱雀、承天门时，眼前的红男绿女，花花世界，弟兄们一个个眼睛都直了。

当然，首先将眼睛直起来的，应该是黄巢。

从陈胜吴广起，中国全部的揭竿而起者，所有进城的农民弟兄，眼睛都会直的。毛泽东同志在全国解放前夕，让全党同志读一读郭沫若的《甲申三百年祭》，也是有这一份担心在内。再看看如今挖出来的巨贪，若是查查他们的干部登记表，你会发现一个奇怪的现象，十之八九，都拥有极好的出身，极好的成分，但由于眼睛太容易直起来，最后终于坐到了被告席上，拉到了法场上。

现在回过头去看黄巢带进长安城的数十万起义军中，有官逼民反，不得不反者，有无以为生，铤而走险者，有打家劫舍，盗掠成性者，有造反发财，投机倒把者，有匪枭亡命，杀戮为生者，这些胜利者总不能整日里在长安城的百货公司里闲溜达吧？即使那一水儿被裹胁而从，失去了土地和家园，跟着黄巢厮杀过来的地道农民，又如何？总不见已上尊号为"承天应运启圣睿文宣武皇帝"的黄巢赏赐下来的金银财宝，便迫不及待地自己动手，丰衣足食了。

于是，"寇"性大作："居数日，各出大掠，焚市肆，杀人满街，巢不能禁；尤憎官吏，得者皆杀之。"（司马光《资治通鉴·唐纪》）

史书上称这些在统治者缝隙间辗转作战的农民起义军，为"流寇"。是中国人"成者为王败者寇"的成败观的反映，不能责备史书作者的势利眼。因为，在"流"的过程中，兼而"寇"之的行径，历史上所有的起义军，都程度不同地存在过的。但夺得政权后，不"流"的同时，也不"寇"，或少"寇"，坐稳江山的可能性就大一些，相反，超越不过这个"寇"字，也就只能永远为"寇"了，历史总是这样惩罚那些太沉不住气的进城农民弟兄。

遗憾的是，黄巢和他的起义军，始终也未摆脱掉"流寇"状态，一路征战过来，所经之地，旋即放弃，都是雨过地皮湿地一掠而过，既不派兵驻守，也不建立政权，而抱着吃大户的迫不及待，去攻打下一个目标，这就注定了他最后失败的结局。甚至拿下长安以后，居然不继续派兵马追赶逃亡的唐僖宗，而是忙于登基，忙于封官，忙于找女人充实三宫六院。那么，他的数十万军粮匮乏的战士，有什么理由不去大"寇"而特"寇"呢！

第二年，有人在尚书省门口，贴小字报，写了几句打油诗，嘲讽新任尚书的尚让。此人也是一个盐贩子，立刻火冒三丈，估计一定是本部门的干部或门卫所为，全部拉出来，一个个都挖出了眼珠，杀死，倒挂在尚书省的大门口。盐贩子觉得还不过瘾，下令把长安城中，所有能写几句歪诗的人，杀了个精光，不会写诗但识文断字的人，一经检举，统统去扫大街，淘厕所。这一场文化人的大清洗，三千多人掉了脑袋。

从这次整肃以后，曾经被大齐皇帝聘为翰林学士的，做样子也好，不做样子也好的那位诗人皮日休先生，便不知下落。黄巢杜撰出的那句"逢儒则肉师必覆"的民谣，便成了一句彻头彻尾的屁话。

于是，广明元年（880）十二月，起义军攻占长安的入城式，在长安史上，怕是最壮观的一次，便成黄巢再也找不回来的美梦了。"白旗满野，不见其际"，"举军大呼，声振河、华"，"晡时，黄巢前锋将柴存入长安，金吾大将军张直方帅文武数十人迎巢于霸上。巢乘金装肩舆，其徒皆披发，约以红缯，衣锦绣，执兵以从，甲骑如流，辎重塞涂，千里络绎不绝。"（司马光《资治通鉴·唐纪》）

然而，以唐僖宗为首的统治集团，以及那些虽离心离德，但也不愿意看到黄巢取而代之的将领、节度、实力派，反扑过来。广明二年（881）四月，在官军的围逼下，黄巢曾经一度退出长安，倒有点不怕摔了坛坛罐罐，诱敌深入的勇气，但是，再次攻占，首先他自己的流寇习性大发，"巢怒民之助官军，纵兵屠杀，流血成川，谓之洗城。"索性破罐子破摔，再无入城时的长远之想了。

广明三年，中和元年（882）四月，"诸侯勤王之师，四面俱会"。黄巢起义军的形势便走下坡路了。"时京畿百姓皆寨于山谷，累年废耕耘，贼坐空城，赋输无入，谷食腾踊，米斗三十千。官军皆执山寨百姓，鬻于贼为食，人获数十万。"（《旧唐书》）黄巢从杀人到食人，大概从此开始，一开始便不可收拾。如果可以给他后来的食人罪行稍加开脱的话，也只能说，诱使他走上这一步的唐王朝的统治机器，是毫无疑义的教唆犯。

人类的恶行，从来像癌症的基因一样，潜伏在社会机体之中。恰逢盛世，社会如同健康的躯体，有足够的抵御邪恶的能力，纵使有个别或局部的恶，在受到抑制的条件下，文明、文化、道德、教育，能够有力量战胜恶的挑衅，即使构成一定程度的黑暗，其危害程度，不至于使历史倒退。

相反，一旦恶本质得到肆意释放的机会，便如癌细胞的转移扩散，整个社会处于失控的状态下，黑暗压倒文明，邪恶压倒善良，腐败压倒良知，动乱压倒秩序，那么，这个社会只能产生腐朽的政治、腐旧的思想、腐败的官吏、腐烂的制度、腐蚀的文化，以及使得王朝覆灭的，从上而下的一大批腐恶的败类。

正是这样的乱世，官方的败类才能按肥瘦论价，卖活人给起义军作食粮。随后，黄巢更创造出来世所罕见的食人纪录，自然与官方的启发分不开。于是，这种反人类的罪行，便以不可遏止之势，贯穿于整个唐末，直到五代。食人恶行之频密发生，到了无可救药的地步。

黄巢虽死，食人不止。公元 9 世纪末，10 世纪初的中国，堕入空前的黑暗之中。

887 年："戊午，秦彦遣毕师铎、秦稠将兵八千出城，西击杨行密，稠败死，士卒死者什七八，城中乏食，樵采路绝，宣州军始食人。"

同年："杨行密围广陵且半年，秦彦、毕师铎大小数十战，多不利，城中无食，米斗直钱五十缗，草根木实皆尽，以堇泥为饼食之，饿死者太半。宣军掠人诣肆卖之，驱缚屠割如羊豕，讫无一声，积骸流血，满于坊市。"

同年，"高骈在道院，秦彦供给甚薄，左右无食，至然木像，煮革带食之，有相啖者。"

889 年："杨行密围宣州，城中食尽，人相啖。"

891 年："（孙儒）于是悉焚扬州庐舍，尽驱丁壮及妇女渡江，杀老弱以充食。"

893 年："李克用出兵围邢州，辛巳，攻天长镇，旬日不下。（王）镕出兵三万救之，克用逆战于叱日岭下，大破之，斩首万余级，余众溃去。河东军无食，脯其尸而啖之。"

902 年："汴军每夜鸣鼓角，城中地如动，攻城者诟城上人云'劫天子贼'，乘城者诟城下人云'夺天子贼'。是冬，大雪，城中食尽，冻馁死者不可胜计。或卧未死已为人所剐。市中卖人肉，斤直钱百，犬肉值五百。"

906 年："时汴军筑垒围沧州，鸟鼠不能通，（刘）仁恭畏其（朱全忠）强，不敢战。城中食尽，丸土而食，或互相掠啖。"（以上见司马光《资治通鉴·唐纪》七十三卷至八十一卷）

……

重新翻阅一遍中国历史上的食人记录，使我想起鲁迅先生所写的第一篇小说《狂人日记》，其中有主人公这样一段话，实在值得深思的："我翻开历史一看，这历史没有年代，歪歪斜斜的每页上都写着'仁义道德'几个字。我横竖睡不着，仔细看了半夜，才从字缝里看出字来，满本都写两个字是'吃人'！"

　　不管是以"仁义道德"的名义，理直气壮地食人；还是以各种名义，名正言顺地食人，当然也包括那种连眉头也不皱一下地咬人在内，所有提出来的一切冠冕堂皇的口实，不过是历史上非人道，或反人类的全部恶行的遮羞布罢了。黄巢只不过是其中之一，由此，便可知道中国人为了求得自身进步，数千年来，为这些"食人狂"所付出的代价，真是到了罄竹难书的程度。

　　写到这里，除了"夫复何言"的摇头感叹之外，还有什么好再说的呢！

ⓒ 李国文 2016

图书在版编目（CIP）数据

李国文说唐 / 李国文著 . —沈阳：万卷出版公司，2016.6

ISBN 978-7-5470-4180-2

Ⅰ.①李…　Ⅱ.①李…　Ⅲ.①中国历史 – 唐代 – 文集　Ⅳ.① K242.07–53

中国版本图书馆 CIP 数据核字（2016）第 094945 号

策 划 人：刘一秀
出版发行：北方联合出版传媒（集团）股份有限公司
　　　　　万卷出版公司
　　　　　（地址：沈阳市和平区十一纬路25号　邮编：110003）
印 刷 者：北京鹏润伟业印刷有限公司
经 销 者：全国新华书店
幅面尺寸：146mm×210mm
字　　数：240千字
印　　张：11.5
出版时间：2016年6月第1版
印刷时间：2016年6月第1次印刷
责任编辑：孙郡阳
装帧设计：刘萍萍
责任校对：王　斌
ISBN 978-7-5470-4180-2
定　　价：42.80元

联系电话：024-23284442
传　　真：024-23284448
E - m a i l：vpc_tougao@163.com
网　　址：http://www.chinavpc.com